国立清华大学
生物学系发展史

徐丁丁　著

中国科学技术出版社

·北　京·

图书在版编目（CIP）数据

国立清华大学生物学系发展史 / 徐丁丁著 . —北京：
中国科学技术出版社，2021.1
ISBN 978-7-5046-8430-1

Ⅰ. ①国… Ⅱ. ①徐… Ⅲ. ①清华大学—校史
Ⅳ. ① G649.285.83

中国版本图书馆 CIP 数据核字（2019）第 247102 号

责任编辑	余　君	
装帧设计	中文天地	
责任校对	张晓莉	
责任印制	李晓霖	

出　　版	中国科学技术出版社	
发　　行	中国科学技术出版社有限公司发行部	
地　　址	北京市海淀区中关村南大街16号	
邮　　编	100081	
发行电话	010-62173865	
传　　真	010-62173081	
网　　址	http://www.cspbooks.com.cn	

开　　本	710mm×1000mm　1/16	
字　　数	260千字	
印　　张	16.5	
版　　次	2021年1月第1版	
印　　次	2021年1月第1次印刷	
印　　刷	河北鑫兆源印刷有限公司	
书　　号	ISBN 978-7-5046-8430-1 / G·849	
定　　价	78.00元	

（凡购买本社图书，如有缺页、倒页、脱页者，本社发行部负责调换）

序一

近代中国在引进西方自然科学的过程中，生物学和地质学无疑是在本土植根并发展较好的两门学科。以往不少科技史工作者都曾致力于对其中缘由的探析，以期总结历史经验，为当代地学和生物学发展提供有益的借鉴。

毫无疑问，人才培养是科学发展的基本前提，也是上述学科得以迅速发展壮大的关键。民国年间有数个国立大学生物系在这方面的工作非常引人注目，而清华大学生物系无疑是其中的佼佼者。虽然截止至二十世纪五十年代初被裁撤前它仅仅存续了二十多年，期间还经历了长时间的战乱，但其辉煌业绩毋庸置疑。在陈桢、李继侗和吴韫珍等教授的努力下，这里堪称培养生物学优秀人才的一个重镇。先后走出了娄成后、徐仁、王志均、王伏雄和吴征镒等一批著名生物学家。《国立清华大学生物学系发展史》一书，以丰富翔实的档案、访谈和相关文献资料，全面系统地研究了清华大学生物学系从1926年正式组建，直至1952年院系调整并入北京大学，这二十六年中的学术建制、科学研究、人才培养、图书仪器等多层面历史。透过这个突出的个案，探讨了当时生物系教师团队的组建、科学实验的安排，学生的个性化培养等诸多方面取得的成就。相信读者阅后会对中国生物学早期的发展，特别是人才培养方面有更深入的了解。

该书在史料的分析和研究水平方面都有一定的深度，不仅填补了民国年间大学生物系个案深入研究方面的空白，而且也为今天生物学科的人才培养提供了有益的历史借鉴，故乐为之序。

罗桂环

2018 年 8 月 2 日

序二

　　本书是清华大学生物学系自 1926 年建立后到 1952 年院系调整这二十六年间的发展史。

　　清华的生物学系是在清华学校改办大学的基础上设立的。作为创立者和骨干力量的钱崇澍教授、陈桢教授、李继侗教授等人，都是中国现代生物学奠基和开路的领袖人物。他们秉持"学术独立"的理想，立志发展中国自己的生物学事业，发展国人自办的生物学高等教育。他们以"纯粹学理"为研究宗旨，在清华生物学系形成了浓厚的学术研究风气。陈桢的遗传学研究，李继侗的植物生理学和生态学研究，吴韫珍的植物区系研究，在当时都是开创性的工作。

　　和高等师范学校博物科转型而来的一些生物学系不同，清华生物学系主要是依据大学建制和学科建设的需要建立和发展起来的。清华有退还庚款做基础，经费比较有保障。在系主任陈桢教授的带领下，清华生物学系施行通才教育，重视实验生物学的学习，成为当时国立高校中办得最好的生物学系之一。在战争年代，清华生物学系适时调整研究方向，坚持研究工作，并较早引进了生物化学等新的分支学科。和许多国立高校和机构主要培养动植物分类学人才不同，清华生物学系培养了不同方向的人才，不少人日后都成为中国生物学各个分支的领军人物。清华大学生物学系早期的成绩与这些因素是分不开的：安定的学术环境、先进的办系宗旨、出色的师资力量和优秀的学生生源，其经验很值得学习与借鉴。

周海梦

2020 年 1 月

目录

引言

在中国近代自然科学中，地质学和生物学是两门引入较早、成绩又最为显著的学科。1913 年成立的工商部地质调查所（前身为实业部地质科），是国人主持的第一个科学研究机构；继之成立的科学研究机构，则是 1922 年组建的中国科学社生物研究所。这两个国人自办的机构筚路蓝缕，在经费有限的情况下进行了大量的调查研究工作。1935 年，中华教育文化基金会（简称中基会）董事、中国科学社社长任鸿隽说："十年来（指 1925 年至 1935 年），补助经费有加无已，于是地质调查所在学术上的贡献也日进不息……中基会未加入它（生物学）的臂助以前，国内的生物科学，还没有摆脱当时博物科的旧观念。几年以后，各研究所的成绩，论质论量，便都差不多与国内的地质学相颉颃。"①

对于地质学和生物学在中国的率先发展，有人归因于这两门学科对工业基础依赖性较小，对应于民国时期工业不发达的实际情况；②亦有学者认为经验性和历史性的学科更适宜于中国的传统，故能较早得到

---

① 任鸿隽：十年来中基会事业的回顾。《东方杂志》，1935，32（7）：19—25。
② 徐特立：怎样进行自然科学的研究。《中国文化》，1940，2（4）。

中国学者之认同；① 还有研究者认为，学问之具体者易而抽象者难，故
"以调查、分类为主要工作者，研究既轻易而又有成绩"。② 他们均从不
同的角度说出了部分原因，但都似乎较简略而有所不足。

对中国近代自然科学的发展而言，首先面临的是经费问题。任鸿
隽曾表示，"至各种研究中所以独先生物者，则以生物研究因地取材、
收效较易，仪器设备经费亦廉，故敢先其易举，非必意存轩轾也"。③
二十世纪三十年代爆发的中国生物学的"实验派"和"调查派"之间的
论战，研究经费的分配就是导火索之一。经费的匮缺在很大程度上决定
了中国近代生物学以动植物的分类调查为主要方向。其次是学界与学者
所秉持的学术理念和学术态度。二十世纪二十年代中期之后，中国科学
界对于优先发展地质学、生物学等"地方性"科学的态度，杂糅了在当
时有限条件下如何从事科学研究的理性思考，与"科学救国""利用厚
生"等从实用角度出发、利用国内资源造福大众的良好愿望。地质矿产
和生物资源调查工作在满足此两类要求方面较为直接。第一批庚款留美
生、化学教育家王琎认为："科学之较有地方性者，当推地质学与生物
学，故此二种科学，在中国较易发展。"④ 此外，强烈的国家观念和爱国
情怀也是驱动生物学学者从事分类学研究的重要因素。早期的标本采集
完全为外国人掌握，模式标本和分类研究俱在国外，中国学者的采集所
得，要寄到国外进行标本鉴定。1931 年，蕨类植物学家秦仁昌在英国
邱园（Kew Gardens）进修时写信给胡先骕，希望早早建设中国自己的
生物标本库以便品种收藏与鉴定，"不再以辛苦所得之标本，断送于外
人，使祖国科学陷于万劫不回之地"。⑤

---

① （美）费侠莉：《丁文江：科学与中国新文化》。丁子霖、蒋毅坚、杨昭译。北京：新
星出版社，2006 年。
② 陈胜崑：《中国科学社生物研究所之研究》。台湾师范大学硕士论文，1984 年。
③ 任鸿隽：中国科学社之过去及将来。《科学》，1923，8（1）：6—8。
④ 王琎：一年来之中国科学界。《科学》，1931，15（6）：833—840。
⑤ 秦仁昌致胡先骕函，1931 年 10 月 19 日。转引自：胡宗刚：《静生生物调查所史稿》。
济南：山东教育出版社，2005 年，第 40 页。

近代中国生物学学者所努力的目标，乃是将西方生物学引进中国并使之在国内扎根，因而他们尤为注意建立生物学教育和学术研究的基础。如秦仁昌即在上述信函中提出，要"一方积极采集标本，一方培养有望青年"，"则十年之后，祖国植物学不患其与世界各国并驰也"。特别是生物学高等教育，如不能在本国实现生物学专门人才的培养，仅仰赖于留学，一者人数太少，无法满足中国这样一个幅员广大之国家的生物学发展需要；二者留学海外进行研究训练，与本国情形颇相隔膜，所学不能很快转为所用。美国昆虫学家尼登（J. G. Needham）1927年访华时直言不讳地指出："中国之生物科学尚完全为舶来品，既未能根据本地材料，亦未能适用于本地情形是也。"[①] 然而近代生物学毕竟由西方传入，如何一方面传播其知识并紧跟世界生物学发展之潮流，使中国生物学发展快速进步，另一方面又需造就适宜中国情况的生物学人才，使中国生物学发展不致脱离本国实际，就成为民国时期生物学高等教育所面临的难题。

二十世纪初，中国近代生物学高等教育和研究工作的主体是国外的科研机构和外国人在国内开办的教会学校。辛亥革命以后，国内的几所高等师范学校如北京高师、武昌高师陆续建立博物学系，由留学日本归来的学者教授动植物学。1915年以后，自西方留学的学者（特别是庚款留美生）陆续归国，并于1921年在国立东南大学成立国人自办的第一个生物学系。该系与稍后成立的中国科学社生物研究所，是中国近代生物学高等教育及科学研究的两大源头，近代西方生物学的研究方法和体系，由此逐渐移植到中国。北洋政府1922年颁布的《学校系统改革案》（"壬戌学制"），以美国学制取代了此前的日式教育标准，并催生了二十年代的"改大潮"。[②] 其间，许多高校成立了生物学系。到1936

[①] 尼登：尼登博士之临别赠言。《科学》，1927，13（4）：590—591。
[②] 《学校系统改革案》规定高等师范学校应在一定时间内提高程度，改为师范大学。1923年以后，各地高等师范学校纷纷升格，多数改成普通大学。故称为"改大潮"。

年，已有四十余所大学和独立学院设有生物学系。[①]

东南大学生物学系与中国科学社生物研究所的主要力量是分类、形态等描述性生物学家，其研究取向也以采集分类为主，受他们影响，其他高校与研究所也大体以采集分类或形态研究为主。如秉志、钱崇澍所在的厦门大学、胡先骕实际主持的静生生物调查所、陈焕镛所在的中山大学农林植物研究所、许骧和张景钺所在的北京大学，等等，均成为名重一时的分类学研究机构。被视为"德日派"聚集地的中山大学生物学系，有留日的费鸿年或留德的辛树帜、董爽秋，他们都是分类学者，中山大学也在生物学采集分类工作上成绩卓然。厦门大学后来虽然也引进了著名的遗传学家摩尔根（T. H. Morgan）的高足、遗传学家陈子英，但他 1930 年到厦大后，为适应当地需求，则改行研究海洋生物，最终成为一名水产学家。对此，陈子英曾不无遗憾地表示："本来一个大学，从理论上讲，能够平衡发展，是最好不过的。但实际上看，因为地理历史与人事的关系，往往不期而然的，各方面的工作与成绩便不同了。"[②]环视民国时期国立各大学生物学系的发展情形，环境和人事诚为两大影响其发展方向的决定性因素。

与同时期建系的其他高校相比，国立清华大学生物学系的发展独具特色。一方面，清华生物系的办学条件得天独厚。对于民国时期的学人而言，地处北京西郊、风景秀丽的清华园无疑是学术研究的理想场所；而有退还庚款作为经费保障的清华，在硬件和教师待遇上无疑是国立大学中的佼佼者。相对僻静的清华园可以使师生少受外界的干扰，一定程度上保证了学术研究的独立性和自主性。同时，清华园并非与世隔绝，除了步行、骑驴和时间不定的火车之外，每天有两趟往返西直门的汽

---

① 民国二十五年度全国高等教育概况统计表。见：中国第二历史档案馆编：《中华民国档案资料汇编》，第五辑，第一编，教育（一）。南京：江苏古籍出版社，1994 年，第 300—311 页。

② 陈子英讲，苏旭昇记：太平洋科学协会海洋学组中国分会成立经过。转引自：厦门大学校史编委会：《厦大校史资料》，第一辑，私立时期的厦门大学。厦门：厦门大学出版社，1986 年，第 54 页。

车，行程约四十分钟。^① 这使清华和它相邻的燕京大学一样，可以借助北京这座古都的吸引力和经济社会条件，保持一流的师资和生源，并及时获得图书设备的补充，且与北京的各个科学文化机构进行经常性的学术往来。另一方面，清华大学生物系的研究方向色彩鲜明。在中国科学社生物研究所早期之生物学家群体之中，治实验生物学且有较大学术影响力者，唯有动物遗传学家陈桢一人。他所领导的清华大学生物学系，遂成为国立大学中少有的实验生物学色彩鲜明的研究与教育机构。

清华大学生物学系成立于 1926 年，诞生于"改大潮"中。在陈桢任系主任之前，清华生物学系分别由植物分类学家钱崇澍和昆虫学家刘崇乐领导，但两人任期都不长。1929 年后，清华改由"国立"，而生物学系亦开始其跃迁式发展。教师如动物遗传学与动物行为学家陈桢、植物生理学与植物生态学家李继侗、植物分类系统学家吴韫珍、动物分类学家寿振黄以及后来之生物化学家彭光钦、生理学家赵以炳、生物化学家沈同等人，均是国内当时生物学各分支的优秀人才，且大多具有实验生物学教育背景，在学科分布方面也比较均衡。1931 年，生物学馆落成启用。中华医学基金会（China Medical Board）顾问狄斯代尔（W. E. Tistale）在 1933 年的《中国科研机构访问记》中写道："就其发展潜力而言，这个系似乎是目前我在中国所见到的最强的一个系。"^②

优秀的师资和硬件条件，使得清华生物学系名声在外，吸引了众多有志学子。教师们高超的教学水平和严格的教学质量，则保证了高水平生物学人才的产出。1926 年至 1952 年二十六年间，该系培养的学生中，有七名后来成为中国科学院院士。清华生物学系的毕业生此后大多数成为生物学领域的专门人才，成为校长、系主任者也有不少。他们也把清华生物系的教育理念传播开来，影响着一代代学生。故该系实为中国近

① 新晨报丛书处编：《北平各大学的状况》。新晨报出版部，1929 年，第 130 页。
② W. E. Tisdale：Report on Visit to Scientific Institutions in China。Rockefeller Archive Center，1933 年，601 D. Box 40。该文出处在不同著作中记载方式有别。此处转引自：L. Schneider：*Biology and Revolution in Twentieth-Century China*。Rowman & Littlefield Publishers，2005 年，第 30 页、49 页。

代生物学人才培养的一处重镇。夏鼐说:"一个学校中师资的优劣,和他所造就的人才,自有相当的关系。"[①] 这句话很适合作为对国立清华大学生物学系人才培养的评价。

二十世纪上半叶的中国动荡不安,中国近代生物学的发展也打上了深深的时代烙印。对国立清华大学生物学系来说,其"黄金时期"无疑是 1937 年抗日战争全面爆发前,在有限平静的数年中获得了发展。但在更长的流离播迁和新旧交替的时期里,清华生物系则不得不一再寻求改变与适应之方。中国近现代生物学的发展与国运休戚相关。

本书主要依托清华校内史料、档案资料、回忆录、口述访谈、今人著述等材料,试图从清华大学生物学系的成立背景、发展环境、师资阵容、硬件条件、课程设置、教学活动、学术研究等几个方面,力图较好地勾勒出辉煌的国立清华大学生物学系整体风貌。

---

① 夏鼐:中央研究院第一届院士的分析。《观察》,1948,5(14):3—4。

第一章

清华学校时期的生物学教育

一、从美籍教师到中国教师

1900 年（庚子年）6 月，英、美、德、法、俄、日、意、奥八国组成的侵华联军，以"保护使馆"为名发动了侵华战争。1901 年 9 月，清政府被迫签订《辛丑条约》。条约第六款规定中国向列强赔款银四亿五千万两，合六千七百五十万英镑，分三十九年还清，年息四厘，本息共计九亿八千多万两。[①] 这笔赔款在近代史上被称为"庚子赔款"。

在这笔巨额赔款中，美国所占的比例大约为 7.3%，为三千二百九十三万余两，折合美元二千四百四十四万余元，连同利息在内共五千三百三十五万余元。但美国的实际"损失"只有一千一百三十五万余元。1905 年，在中国驻美公使梁诚与美国国务卿海约翰（John Hay）、驻华公使柔克义（William Woodville Rockhill）等人的交涉谈判下，1908年 12 月，美国总统西奥多·罗斯福（Theodore Roosevelt）发布"退款

---

① 张岂之主编：《中国历史·晚清民国卷》。北京：高等教育出版社，2001 年，第 99—102 页。

令",将二千八百九十二万二千五百美元作为第一批退款,用于筹办清华学校和派遣学生留学美国。① 清政府亦于 1909 年 7 月设立游美学务处,由外务部、学部考选学生出国,"以十分之八习农工商矿等科,以十分之二习法政理财师范诸学"。该处附设"游美肄业馆","为选取各生未赴美国之先,暂留学习",② "所有办法均照美国学堂,以便学生熟习课程,到美入学可无扞格"。③ 1910 年,负责游美学务处具体事务的外务部主事唐国安④ 建议,邀请基督教青年会(Young Men's Christian Association,YMCA)国际总干事穆德⑤(John Raleigh Mott)为肄业馆延揽教员。⑥ 第一批总共聘请了十七名美籍教师,给予优厚待遇,负责各科课程的讲授。1911 年 2 月,游美学务处迁入北京西北郊的皇家赐园——清华园,将游美肄业馆正式改名"清华学堂"。但是,开学仅半年余,就爆发了辛亥革命。11 月 9 日,清华学堂宣布停课,就此结束了它在清末的历史。

民国建立后,在校长唐国安等人的奔走努力下,清华师生陆续返校,1912 年 5 月 1 日重新开学。10 月 17 日,依照民国政府教育部令,

---

① 崔志海:关于美国第一次退还部分庚款的几个问题。《近代史研究》,2004,1:46—73。宓汝成:庚子赔款的债务化及其清偿、"退还"和总清算。《近代史研究》,1997,5:39—76。

② 会奏收还美国赔款遣派学生赴美留学办法折,1909 年 7 月 10 日。见:清华大学校史研究室编:《清华大学史料选编》第一卷。北京:清华大学出版社,1991 年,第 115—116 页。

③ 遣派游美学生办法大纲,1909 年 7 月 10 日。《清华大学史料选编》,第一卷。第 120—121 页。

④ 唐国安(1858—1913),字国禄,号介臣,近代外交家、教育家,广东省香山县上恭都鸡山村(今属珠海市唐家镇)人。1873 年入选第二批留美幼童,肄业于耶鲁大学法学系。1885 年回国后,曾在开平矿务局、上海圣约翰书院(圣约翰大学前身)等处任职,并一度担任《南方报》《环球中国学生报》主笔。1907 年任清政府外务部候补主事,1909 年参与筹办游美学务处并主持实际校务。辛亥革命后,任清华学校第一任校长,不久病逝。

⑤ 约翰·穆德(1865—1955),美国基督教社会活动家,1946 年诺贝尔和平奖获得者,曾主持历史性的爱丁堡宣教会议(Edinburgh Missionary Conference,1910)。他曾长期领导基督教青年会和世界学生基督教联合会(World Student Christian Federation,WSCF),组织国内外青年投入宣教及社会服务工作,曾数次来华访问。

⑥ 唐国安本人是一位虔诚的基督教徒,也是青年会的骨干和活跃人物,1907 年后担任上海和北京的基督教青年会董事。

清华学堂正式改名为"清华学校"，① 归外交部管辖。

　　清华开办之初，为了培养及选拔学生留美，课程以英语和西方文学、史学等为重，意在使中国学生尽快融入美国社会。所以，除了数学之外，其他自然科学课程并不太受重视，而生物学课程又不及物理、化学、地理等科。从当时的课程安排② 来看，生物课的课时仅多于体育、美术等科目，开课时间也大多集中在中等科时段，程度相当于高小和初中水平。高等科虽然设有生

图1-1　布乐题（Richard Arthur Bolt）

理课程，但时数少，教师由美籍校医布乐题（Richard Arthur Bolt）③ 兼任。而且，由于此时高等科尚未开课、初等科师资不足以及学堂很快停课等原因，这一时段可能并没有正式的生物学课。④

---

　　①　呈外交部文，1911 年 10 月 17 日。清华大学档案，1-1-3。

　　②　参见 1911 年 2 月的《清华学堂章程》中所列的"通修课程学分表"和"修业毕业"章。

　　③　布乐题（1880—1959），1906 年获美国密歇根大学医学博士学位，随后在克利夫兰的圣文森特慈善医院（St. Vincent's Charity Hospital）任实习医师，后为妇科门诊的内科医生。1909 年起担任过一年婴幼儿病院院长。1917 年返美后，任职于多个大学和医学机构，并继续其婴幼儿健康和疾病治疗方面的研究。1945 年自克利夫兰儿童卫生委员会卸任，受邀回到加州大学伯克利分校公共卫生学院任教，1949 年退休，1959 年去世。其经历参见布乐题个人档案，见：Richard Arthur Bolt 文件，BANC MSS 69/111 c，The Bancroft Library，University of California，Berkeley；以及 *University of California Bulletin*，*Register*，1923—1924，Volume II，1924 年，第 6 页；*University of California Bulletin*，*Register*，1924—1925，Volume I，1926 年，第 16 页。

　　④　由《吴宓日记》（1911 年 3 月 31 日）可知，开学第二天，学生即领取了"清华学堂课项总表"和"修业时间表"。但吴宓"视此表中，各种学科亦不完备，姑俟上课后再观教授何如而已"。而直至辛亥革命爆发、清华学堂暂停时，也未见吴宓有生理学或动植物学的上课记录。见：《吴宓日记》，第 1 册，1910—1915。吴学昭整理注释。北京：三联书店，1998 年。

表1-1　清华学堂中等和高等两科八年通修及专修学分比较表

类别＼学年	一	二	三	四	五	六	七	八	合计
哲学教育							2	2	4
中国文学	4	4	2	2	2	2			16
世界文学	4	4	4	4	4	4	2		26
美术音乐	1	1	1	1					4
史学政治	2	2	2	2	2	2	2	2	16
数学天文	4	2	4	4	4	2	2		22
物理化学	⎧	⎫			4	4			(14)*
动植生理	⎨2	4⎬	2	2		2			(12)*
地文地质	⎩	⎭	2	2			2	2	(14)*
体育手工	1	1	1	1	1	1	1	1	8
通修合计	18	18	18	18	17	17	11	7	124
专修学分							6	10	16
升级和毕业所需学分	18	18	18	18	17	17	17	17	140

　　资料来源：《清华学堂章程》（1911年2月）中所列的"通修课程学分表"和"修业毕业"章。列表参考苏云峰的方法，有改动。[①]

　　* 此系中等科一、二学年时选修该类课程所累计的单科最高总学分（实际应为只需选修其中一门即可满足当年学分要求）。"通修合计"一栏中，以实际学分计算。

　　生物课程地位不高的局面自1913年起得到一定的转变。此时清华中等科可能有了专门的博物课教师，[②] 中等科一、二年级每周有三小时的博物课课时，内容包含一些动物学、植物学的基本知识。[③] 而随着高

---

　　① 　根据章程，中等科一、二学年中，物理化学、动植生理、地文地质三门通修课程只需择其一即可修满当年应修学分，而非苏云峰所认为的第一、二学年只有动植生理课程。见：苏云峰：《从清华学堂到清华大学 1911—1929》，北京：三联书店，2001年，第185页。

　　② 　1913年后该课程的任课教师可能是张永平。张永平，字子衡，山东广文大学毕业，曾在山东潍县中学任数学教员，后于上海沪江大学任理化教员，1913年到清华学校任教。见：清华学校编：《清华一览·教员一览表》，清华学校，1920年。其任教科目根据《癸亥级刊》的记载推测。

　　③ 　金富军、王向田：清华早期的农学教育与研究。《清华大学教育研究》，2011, 32(3)：98—103。

等科的开课，布乐题也开始讲授生理课程。而他作为美籍教师中核心人物的地位也使该课程的地位迅速拔高，"生理"一课改至高等科一年级，每周三课时，与历史、修辞等"重点"课程课时相同；文科① 三年级的选修课程中则有"高等生理"课，每周四课时。②1912 年插班到清华、1914 年毕业的文科学生郑晓沧回忆说，"也读过生理学，主要是从化学的角度来讲授的"③，指的应当就是这门"高等生理"。这个课表在 1914 年有微调，但生理卫生课程的设置没有变化。④

　　从叶企孙日记⑤（叶氏于 1914 年秋升入高等科）中可以看出，当时生理课的内容还是比较完整的。自 1915 年 2 月到 5 月初为例，课程基本上安排在周一、周四和周六，内容包括讲课和实验两部分。初期"先讲神经之作用，次讲神经之递衍，次分部细讲"。5 月后的主题多为传染病防治，如肺病（肺结核）、疟疾、痢疾、脚气病等。实验课则有脑神经的显微观察、血液循环观察、神经反射实验等。此外，日记中还时常有"作生理札记""作生理学插图"等记载。在课程之外，布乐题还通过一些演讲来传播生物学知识。如 1914 年 2 月，他以"进化论大意"为题，连续进行了三场讲座。听课的吴宓感在日记中写道："述遗传性问题，极有兴味也。"⑥ 在 1915 年 3 月 18 日的一场演讲中，布乐题认为思想守旧、科学的不发达和追求功利是导致中国落后的原因，"华人视西人学说，似痴人说梦者，亦不少见"，希望清华学子"毋忽于理想科学也"。这一演讲给叶企孙留下了深刻的印象。但是布乐题的科学演讲在当时还没有得到普遍认同。叶企孙曾记载，布氏某次演讲主题为"蝇

---

　　① 　清华学校自 1913 年起，自高等科二年级开始分成文、实两科。自 1914 年起，高等科自一年级即分科。

　　② 　R. A. Bolt: The Tsing Hua College，Peking。*The Far Eastern Review*，1914，5（9）：363—369。

　　③ 　《郑晓沧教育论著选》，王承绪、赵瑞瑛编。北京：人民教育出版社，1993 年，第297 页。

　　④ 　北京清华学校近章。《神州》，1914，1（2）：4—7。

　　⑤ 　由于目前留存的叶企孙日记是从 1915 年开始的，故只有 1914—1915 学年第二学期的记录。《叶企孙日记》，叶铭汉、戴念祖、李艳萍编。北京：首都师范大学出版社，2013 年。

　　⑥ 　《吴宓日记》，1914 年 2 月 2 日，4 日，6 日。

与病之关系"，"到者不多，听者亦不信其说。如说蝇有八千小眼时，群情喧哗也"，因而感慨"吾国人不好科学，而不知二十世纪之文明皆科学家之赐也"。布乐题在清华工作了五年半后，于1916年暑期离开了中国，并向图书室捐赠了"公共卫生学九十卷，各种医学书九十七卷"。[①]

二、"改大"进程与生物学课程的变化

清华建立之初，第一任教务长胡敦复[②]即有增加数理课程、多用中国教员的建议，意在提升清华的办学层次，最终达到大学程度。[③]但这个方案受到美籍教师的抵制。[④]在建校之初，美籍教师在清华的地位举足轻重，他们总体认为清华教育的第一要务是帮助学生留美升学，故应强化英语教学和学习西方文史课程，使学生适应美国文化，对理科课程并不十分重视。胡敦复也因此很快去职。[⑤]但是"改办大学"的计划却一直为校方、特别是1913年后担任校长的周诒春[⑥]所认同并努力践行。

---

① 校闻：赠书鸣谢。《清华周刊》，第二次临时增刊，1916年6月17日。

② 胡敦复（1886—1978），数学教育家，江苏无锡人。1909年毕业于康奈尔大学，获理学学士学位。1911年担任清华学校第一任教务长。1912年后担任上海大同大学校长十六年，1930年担任上海交通大学数学系主任，1941年再次担任大同大学校长，1949年去台湾，1950年后去美国，任华盛顿州立大学客座教授。

③ 胡光麃：《大世纪观变集》，第一册。台北：联经出版公司，1992年，第588页。

④ 布乐提是反对最力者之一。他曾在文章中直截了当地批评胡敦复道："第一任教务长是个刚从美国大学毕业不久的年轻人，他是个优等生，数学尤其好。但他缺乏实际工作能力，在管理学校方面也没有经验。他既不打算与美国教师合作，也做不到激励教师的信心做好教育工作。他的第一个课程安排，数学的内容太多，使其他课程课时不足。事实上，这个课程安排几乎把英语教学挤到第二的位置上了。美国教师曾委婉而礼貌地探寻教务长对学堂发展的一些想法，结果令人失望。"

⑤ 另一方面，胡敦复当时年仅二十五岁，年轻气盛，应周自齐聘请，自康奈尔大学回国，志在有所作为。学堂总办周自齐曾对学生说："（胡敦复）诸多举动皆嫌过于专制，自拿主意，不与众商量，同那些美国教员很不和睦，而且性高气傲，连我们总办、监督全莫有放在眼里"。见：《吴宓日记》，1911年5月12日。

⑥ 周诒春（1883—1958），字寄梅，祖籍安徽休宁，生于湖北汉口。1907年自上海圣约翰大学毕业后赴美，先后就学于耶鲁、威斯康星大学，修读心理、教育专业。1910年获硕士学位后回国，在上海中国公学任教。辛亥革命后，担任过孙中山的英文秘书。1912年4月，受外交部派，继张伯苓为清华学校教务长，10月，兼任副校长。1913年8月唐国安病故后继任校长。

他认为将清华设为大学，"一可增高游学程度，缩短留学年期以节学费；一可展长国内就学年限，缩短国外求学之期，于本国情形不致隔阂；一可谋善后以图久远"。[①]清华学校时期的生物学科正是借助这一趋势发展起来的。

周诒春的计划，是逐步扩充课程数量、提高层次，"以原定学程上，分年扩充增加，俾于数年之后，得完全成一大学本科之程度，以应形势之需要"。这就要求在师资的数量和质量方面都有大的提高。此时适逢 1915 年后早期学成回国的留学生（特别是清华早期留美生）如梅贻琦、虞振镛[②]等人陆续返回清华任教。他们的到来，改变了原有中、美教师的结构，增加了自然科学教师的比例，使提高课程水平成为可能。虞振镛出身农科，因而负责讲授高等科的生物学、农学方面的课程，[③]他成为清华生物学专业教育事实上的开拓者。这些较早归国的留学生教师对清华的教务和校务的影响力也较大。1916 年前后，生理课已移至中等科四年级，而生物学（包括动物学、植物学）则与物理学、化学一样，成为高等科的必修课，是这一时段内地位上升最快的科目，且有一门"生理图形学"作为高等科选修课。课程安排的变化，标志着生物学教育的地位在清华学校得到正式确立。生物学的主要内容，如动物、植物等均安排在高等科，中等科只教授一些简单的内容，这一课程安排与现代中学的情况很相似，而与清华学堂设立之初的安排完全不同。1917级学生、著名的植物生理学家汤佩松[④]回忆说：

---

① 周诒春：详外交部文为逐渐扩充学程预备设立大学事，民国五年七月二十七日。《清华大学史料选编》，第一卷。第 276—278 页。

② 虞振镛（1890—1962），字谨庸，浙江慈溪人。1907 年考入上海圣约翰大学，1911年庚款第三批直接留美，在伊利诺伊大学攻读畜牧学，1914 年获农艺学学士学位后考入康奈尔大学研究生院，1915 年获硕士学位后回国，受聘于清华学校。此后成为清华中颇有实权的人物，清华改大后，成为农学系第一任系主任。1928 年因校内风潮离开清华。

③ 朱俊鹏：注重农业改良和教育——农业学系。清华大学校史研究室编：《清华漫话》，2。北京：清华大学出版社，2009 年，第 139—142 页。

④ 汤佩松（1903—2001），植物生理学家，湖北浠水人。1925 年毕业于清华学校，赴美入读明尼苏达大学，主修植物学，1927 年获学士学位，1928 年转入约翰霍普金斯大学，师从列文斯顿（Burton E. Livingston）攻读植物生理学，1930 年获博士学位。此后（转下页注）

在我读书时，还没有专门的生物学课程，当时只有名为"格致"（General Science）和"博物"（Natural History）的课。当时在三院前排正中间有一个教室，面积约一百平米，叫做"博物"教室，很神秘，平常不开门，我进去过两次，里面就像现在的博物馆，清华的生物学科可能最早从这里开始的。我在清华第一次上与生物学有关的课程，是在一、二年级时学的"生理卫生"，[①] 由校医授课，内容包括如何使用酒精、碘酒消毒等一些卫生常识，也没讲什么理论，时间是在 1917—1920 年。[②]

表1-2　1916—1917 年清华学校高等科课程安排（自然科学部分）

课别	课目	每周学时	必修班级	选修班级
初等科学	生理及卫生	4	中等科四年级	
	生理图形学	2		高等科二年级
自然科学	生物学	4	至少须修习此项学科 4 学分	高等科二、三年级
	化学	4		高等科三、四年级
	物理学	4		高等科三、四年级
	高等物理*			高等科四年级

资料来源：清华学校纪略。《东方杂志》，1917，14（10）：171。转载自 1917 年 3 月 7 日的《光华学报》。

* 此项由苏云峰自《清华高等科学生程树仁成绩报告表》（1917 年）中摘录而得。学时不详。

（接上页注）他在伍兹霍尔海洋生物学实验室短暂进修，1930—1933 年，他在哈佛大学从事普通生理学研究，发现细胞色素氧化酶的存在并研究了其作用。1933 年回国，任武汉大学生物学教授，1938 年短暂参与贵阳医学院的创立，此后转往清华农业研究所，创办植物生理学研究室，并成为农研所的实际领导者及此后清华农学院院长。此后清华农学院合并为北京农业大学，汤佩松担任副校长。1956 年后筹建并主持了中国科学院北京植物生理研究室，1962 年与植物所合并，1977 年后担任植物所所长。1948 年当选为中央研究院第一届院士，1955 年当选为中国科学院学部委员。

① 汤佩松回忆的时间，似与表 1-2 所列时间不符。鉴于清华学校时期课程时间安排的多变，如非汤佩松回忆有误，则似可认为该课程在 1918 年左右又调整至中等科低年级。

② 汤佩松：忆清华生物学系的历史沿革。清华校友总会编：《校友文稿资料选编》，第三辑。北京：清华大学出版社，1994 年，第 91—93 页。

　　课程设置的改变，使生物学科的教学内容和实验设施也得到充实和增加。前往中央农事试验场[①]进行实地考察似在 1916 年后成为惯例。从资料来看，1918 年，清华学校已有了专门的生物学实验室，格局不大，但有实验台以及标本柜等基本设施，[②]可以进行一些显微镜观察和简单的解剖实验。1919 年科学馆竣工后，则在二楼设立了一间生物学实验室和一间办公室。

　　1918 年年初，周诒春因受上层人事变故之影响而辞职，但他的改办大学计划仍在继续进行。1920 年继任校长的金邦正[③]，又将其发展实用科学的理想施行到清华的教育上。金氏是中国科学社的元老之一，有着强烈的"科学救国"志向。他于 1921 年 3 月在原高等科四年级的基础上设立大学一年级，"大致分文实二科，文科有政治、社会、经济、银行学科等；实科有医学预备科、农林科及工程科"。[④]生物学科作为医预和农林两科之基础，地位因而迅速上升。金邦正还计划"使自然科学之程度加高，俾吾校同学之习实科者，亦能不劣于文科生，而插入美国大学三年级"。

　　金邦正的措施加速了清华"改大"的步伐，把对清华生物学科的水平要求提高到了大学的程度。然而实事求是地说，这一目标对于当时的清华而言未免过高。虞振镛虽然受命负责筹建农林科，但合格的教师事实上仅他一人。因而 1921 年开办大一级时，虞振镛聘请同样为农科背

---

　　①　地址在今天的北京动物园。旧为清代福康安花园，故又称三贝子花园。1906 年改为农商部农事试验场，北洋时期改名中央农事试验场，后又称天然博物院等。其东南角之小动物园旧称万牲园。
　　②　清华大学校史研究室编：《清华大学九十年》。北京：清华大学出版社，2001 年，第 20 页。
　　③　金邦正（1886—1946），字仲藩，安徽黟县人，1909 年第一批庚款留美生。就读康奈尔大学林科，先后获得林学士学位和森林学硕士学位。他也是《科学》杂志的九位创办人和中国科学社的发起人之一，担任推广部部长。回国后，金邦正先后在安徽省立农业学校、省农业试验场和森林局任职，1917 年担任国立北京农业专门学校校长，1920 年初任职清华。
　　④　清华大学校史研究室编：《清华大学九十年》。第 25 页。

景的陈隽人①来到清华担任生物学教师。1922年，他们已开设了动植物学、生理学、农学、农产学等必修和选修课程，②这使得农林科的课程设置比医预科好得多（医预科大一级仅有植物学一门勉强可算专业课），但仍然显得仓促和缺乏计划，与当时英美大学的课程设置也不相衔接。更重要的是，由于过分拔高办学层次、过早进行实科专门教育，相应的基础课程的训练不免受到忽略，造成揠苗助长的后果。1923年毕业、此后成为植物细胞遗传学家的李先闻③回忆这段时期的学习时说："以我个人而论，我学农科，但基本科学，都没有学到……如果使我数理化生物各课都学好，我现在的成就也许更好些。"④

金邦正在任两年左右即离开清华。由于课程设置等方面所产生的问题，继任的曹云祥⑤随之开始进行课程改革。自1923年秋季学期起，高等科和大一级不再设置分科，取消了专业设置，废除了过早讲求实用的教育方针，避免了清华"改大"可能成为一所专科学校的倾向。此时，除了基本的英语、国文等必修课程外，清华学校大量增加选修课程。⑥自然科学各科（生物学、物理学、化学）成为高等科二、三年级的选修课。在生物学课程方面，高等科二年级有"高中生物学"，三年级有"生物学"。给高年级（高等科三年级和大一级）开设的"自然科

---

① 陈隽人（1898—？），农学教育家，康奈尔大学农科学士（当与虞振镛相熟，因虞在康大上过一年研究生课程）。此后又在马里兰大学获农科硕士，曾任马里兰大学农科助教兼农场技士。

② 高等科功课表。《清华周刊》，1922，254：29。

③ 李先闻（1902—1976），字达聪，重庆江津人。中国细胞遗传学奠基人。1923年毕业于清华学校，1926年毕业于普渡大学园艺系，旋入康奈尔大学，师从遗传学家艾默生（R. A. Emerson）学习植物遗传学，1929年获博士学位。回国后，历任东北大学、河南大学、武汉大学教授，1938年任职于四川省农业改进所，在水稻育种方面贡献甚大。1946年任中央研究院植物研究所研究员，1948年当选为中央研究院院士（生物科学组）。1948年后去台湾，服务于台湾糖业公司，因其在甘蔗育种方面的成绩，被誉为"甘蔗之神"。

④ 李先闻：《李先闻自述》。长沙：湖南教育出版社，2009年，第26页。

⑤ 曹云祥（1881—1937），字庆五，江苏南翔人，教育家、管理学家。出身于望族，是北洋政府外交部部长、内阁总理总统颜惠庆和医学家颜福庆的表弟。早年毕业于圣约翰大学，1914年获哈佛大学商业管理硕士学位，历任北洋政府驻英国和丹麦使馆秘书等职，1921年回国后担任外交部参事，1922年就任清华学校校长，至1928年离任，在任内完成了清华升级为大学的重要工作。

⑥ *Tsing Hua College：Bulletin of Information*，1923—1924。

学选修目"中，除了生物学，还有植物学。[①] 这一改革，应当说更为符合清华培养学生的实际要求。

如果说曹氏此时的改革并没有使清华的生物学教育突破中等学校的水平，但与之前相比，1924年后清华生物学授课教师的层次得到明显改变。1923年年底，时在国立北京农业大学任教的植物学家钱崇澍[②]来到清华，担任"科学概论"课程教师，并于次年开始讲授生物学和植物学课程，此外又请来美国昆虫学家、康奈尔大学助理教授克乃升[③]讲授动物学。这是清华生物学科由生物学专业出身教师任教的开始，就师资而言，这一起点无疑是很高的。汤佩松回忆说：

图1-2 钱崇澍

图1-3 克乃升

① 1924—1925年的课程表（科目说明附后）.《清华大学史料选编》，第一卷。第307—327页。

② 钱崇澍（1883—1965），字雨农，浙江海宁人。庚款第二批留美生。1914年进入伊利诺伊大学学习理科，1914年获学士学位，此后又在芝加哥大学、哈佛大学进修。回国后，钱崇澍先后受聘并任教于江苏甲种农业学校、金陵大学、国立东南大学等地，1923年回到清华学校，1927年后又在厦门大学、中国科学社生物学研究所等地长期工作。1948年成为中央研究院第一批院士，1955年成为中国科学院学部委员。钱崇澍一生的主要工作在植物分类学方面，同时也是我国植物生理学、植物生态学等学科的先行者。

③ 克乃升（Peter Walter Claassen，1886—1937），又译作克拉申，美国昆虫学家，康奈尔大学动物学教授。1913年毕业于堪萨斯大学，获学士学位，1915年硕士毕业后进入康奈尔大学攻读昆虫学专业，1918年获博士学位。

我在预备班快要毕业时，清华请来了钱崇澍先生，他是植物学专家，曾特别为我们讲授一学期的植物学课。记得与我一同听课的有同班的段续川、裴鉴（后来都成为我国有名的植物学专家），好像还有一位姓王的[①]，名字想不起来了，可能是在清华农场（牛奶场）工作的，时间是在1924年。这可能是清华最早正式讲授的生物学课程，对我们的影响是明显的。

表1-3　清华学校高等科二、三年级课程表（1924—1925年度）

高等科二年级			高等科三年级		
课程名称	课时			课程名称	课时
中文	6	共同必修	中文	3
英文	6		英文	4
第二外语（第二年法语或德语）	4		现代文化	3
欧洲史概论	4			
高中生物学		选修	生物学	
高中物理	4		物理 1	4
高中化学			化学 1	
立体几何和三角学（或）中国文化史	3		自由选修（不超过三门）	6—8
总计	27		总计	20—22

资料来源：*Tsing Hua College*：*Bulletin of Information*（*1923—1924*）。第20页。

前文已述，清华学校时期的生物学教育，其根本目的是培养学生留美继续学习深造。从1924年前的情形来看，受实用观念的影响，学生对生物课程兴趣不大，有志于从事农科学习的学生也不是很多。钱崇澍、克乃升的到来很快改变了这种状况。钱崇澍早期的学生秦仁昌[②]

---

① 可能指王兆泰。王兆泰情况不详。

② 秦仁昌（1898—1986），江苏武进人，植物学家，蕨类植物"秦仁昌系统"的创立者。1914年入读江苏甲种农校，1919年考入金陵大学，1925年担任东南大学生物学系助教。1932年自欧洲返回后，在北平静生生物调查所任研究员兼标本室主任。1935年创办庐山植物园。毕生研究蕨类植物。1955年当选为中国科学院学部委员。

回忆道："学生们对钱师的讲课，不仅注意听，认真学，而且对植物学发生了很大兴趣。我原是学林业的，可是在钱师的感染下改学了植物学。"[①] 此后来到清华担任植物学教授的吴韫珍[②] 也是如此走上分类学之路的。钱崇澍在清华的时间不长，但他的学生中仍然产生了数名生物学领域的知名学者。在清华听过他讲课的学生中，裴鉴因为对植物学这门课特别感兴趣，留美时遂专攻植物分类学，[③] 成为著名的植物分类学家和药用植物学家；[④] 汤佩松、段续川等人也成为著名的植物生理学家和植物细胞学家。根据时人统计，钱氏和克氏到达清华后，生物课程在1925、1926 两级学生中受欢迎的程度迅速上升，有志于学习农科的人数也大为增加。这一结果，很大程度上应当归功于钱崇澍和克乃升出色的工作。

表1-4　清华学校 1924—1926 三级学生的生物课程兴趣和农科职业兴趣的排名情况

级　　课程兴趣与志向选择	生物课程（共 17 门课程）	农科志向（共 17 个职业方向）
1924	12	8
1925	4	1
1926	7	3

资料来源：庄泽宣：清华学生对于各学科与各职业兴趣的统计。《清华学报》，1924（2）：287—304。

---

① 刘昌芝：近代植物学的开拓者——钱崇澍。《中国科技史料》，1981（3）：35—39。
② 吴韫珍（1898—1942），江苏青浦人，植物分类学家。1922年毕业于金陵大学农林科，受钱崇澍影响，对分类学产生浓厚兴趣。1923年考取清华公费留美，入康奈尔大学攻读园艺学，辅修分类学，1927年获博士学位。1928年受聘于清华大学，专注于中国植物系统分类研究。1933年前往维也纳进修，师从植物分类学家、中国植物学权威韩马迪，抄回分类学卡片甚多。1937年随清华南迁，任西南联大教授。1942年因病早逝。
③ 佘孟兰：裴鉴。见：谈家桢主编：《中国现代生物学家传》，第一卷。长沙：湖南科学技术出版社，1985年，第 211 页。
④ 裴鉴后来成为钱崇澍的侄女婿。

三、重视实验与实践的教学特色

1916 年后，清华学校的生物学课程逐渐走上正轨，成为与物理、化学并列的高年级自然科学课程。其开课内容已如上述，值得一提的是实验课和实习课程的情况。

重视实践是清华的传统，自然科学的实验课程安排得相当绵密。从一份实验课时间安排来看，1919 年由虞振镛负责的高等科生物实验课，分为甲乙两组，每组每周安排了两次课程，每次三小时，时间均在上午。[①] 这可能是实验场地不能供所有学生同时进行实验所致。时为高等科学生的徐世瑚回忆道：

> 生物学教师是清华公费留美专学农牧的虞振镛教授，我们除读英文教本外，每周还要做实验，一次两小时。实验室内有显微镜十余台，在助教指导下，做了许多观察蝇子、蚊子、蝎子、臭虫、虱子等昆虫的实验，并将结果绘成图交给老师。[②]

从实验课的内容看，显微观察以及解剖是最重要的两项。前者对于大多数学生来说十分有趣，但要完成一份实验作图就不是那么轻松了，有人写道：

> （科学馆）三层楼[③]上，还有一个生物学试验室。那里头的生活，简直可叫做显微镜的生活。一只眼睛看镜子里的东西，一只眼

----

① 高等科手工用器画及理化生物试验时间表。《清华周刊》，1919（第五次临时增刊）：49。

② 徐世瑚：九十自述。山西文史资料编辑部：《山西文史资料全编》，第十卷，第一〇九辑—第一二〇辑。2000 年，第 1241 页。

③ 科学馆建成时，生物学办公室和实验室在二楼。曹云祥掌校后，行政机构搬入科学馆，挤占了原本的教学实验场所，生物学实验室可能不久即搬迁到三楼。

睛闭着，左手旋着螺丝，右手就拿着一支铅笔，慢慢地向纸上画镜里的细胞组织。依着这个姿势，站了一点多钟……看看那极微小的玩意儿，放大到几千倍，有时还要加上一点红绿颜色，倒亦然是有趣，但是画起图来，又要真确，又要干净，又要带点儿美术的意味，可真是不容易呀！①

从实验的性质和难度来看，与解剖课相比，显微观察还是相当容易的，至少心理上的难关就要小得多了。1923届毕业生梁实秋回忆说：

> 教我们生物的是陈隽人先生。他对我们很宽，我在实验室里完全把时间浪费了，我怕触及蚯蚓、田鸡之类的活东西，闻到珂罗芳（注：即氯仿）的味道就头痛，把蛤蟆四肢钉在木板上开刀取心脏是我最怵的事，所以总是请同学② 代为操刀，敷衍了事。③

从上述回忆可见，生物实验课的内容是颇为丰富的，和今天的高中生物课程相比也未见逊色。有同学总结实验课时说："学生物学，时时由显微镜里，看出许多奇异的事情。起初解剖时，都有点怕，到后来也就'残忍性成'，杀蛙杀兔，行无所事了。"④

除了课堂实验，野外实习也是生物课的一项重要内容，地点一般在中央农事试验场。如虞振镛带领学习植物学的学生前往"考察一切植物，并按株讲解花之状态，及辨别花类之要件等等"。⑤ 从校刊的数次报道来看，这种考察的时间均为每年的 5 月下旬或末尾，说明这应该是生物课程中的固定内容。随着教师的增加，生物实地考察的内容也更为丰富，一则校刊报道说：

---

① 清华介绍·科学馆的生活。《清华周刊》，1925（第一次增刊）：82—85。
② 梁实秋在另外的回忆中写到，是李先闻帮他完成了这个实验。
③ 梁实秋：《清华八年》。南京：江苏文艺出版社，2011 年，第 47 页。
④ 大铨：清华学生课堂上的生活。《清华周刊》，1925（第一次增刊）：70—74。
⑤ 生物学班旅行。《清华周刊》，1921，222：26。

生物学教授克乃升先生，为考察动植物起见，特于上星期六（注：1925 年 5 月 16 日）下午，率领生物学班同学五十余人，往中央农事试验场参观。农学教授钱先生（注：即钱崇澍），同助教刘先生（注：即刘宝善①），复各带尖斧一柄，绿铁箱一个，以备收集标本之用。……（入万牲园后）首由克先生述明来参观宗旨：在以此一年来，习生物学已有之智识为基础，而考察各种动物之状态类别，并其适应环境之能力。克先生遇有特别之鸟兽，则向大众解释，听者领益不少。过一时许，各种动物，参观已毕，乃转赴植物园。②

从这次野外考察的人数来看，五十多人的班级规模对当时的清华学校而言并不算小，可以佐证当时生物学课程受欢迎的程度。两位此时完全胜任国内一流大学教职的教师，也并不以学生只有中学程度而轻视这类实践课程，而是带领助教，亲自前往并动手采集和讲解。克乃升不仅要求学生学习动物分类，且要求学生根据已有知识，注意动物与环境的关系，可见他很善于利用条件，对学生进行启发式的教学。而这也是清华早期生物学教育的一个重要特色。

总的来看，清华早期的生物学教育，是为学生出国学习农、林、医等实用学科而设立的，其主要教师也大多出身于农科。但虞振镛、陈隽人等教师讲授的主要内容仍是生物学基础。即使是"农学"课程，汤佩松回忆说，"实际上是'应用生物学入门'"。③ 不过，由于时代背景的

---

① 刘宝善（1896—1988），江苏无锡人，药用植物学家，生药学家。1920 年入南京高等师范学校学习生物学，是钱崇澍的学生。1924 年于国立东南大学生物学系毕业后，到清华学校任生物学助教、教员。离开清华大学后，他在重庆国立药学专科学校任教。1945 年前往英国诺丁汉大学进修，在此期间对植物分类法有新的贡献。1947 年回国，任浙江大学药学系教授。1952 年后调任军事医学科学院药物学系，任生药室主任、研究员。在中药科学化研究方面有重要贡献。有回忆提到，刘宝善在清华期间，"曾受清华大学的美国教授腊克生（应为克腊生，即克乃升）的指导，使他在生物学的实验技术和标本的采集方法上，获得较深的造诣"。

② 生物学班旅行。《清华周刊》，1925，348：24。

③ 汤佩松：为接朝霞顾夕阳。韩存志主编：《资深院士回忆录》。上海：上海科技教育出版社，2003 年，第 38 页。

影响，这一时期在美攻读生物学的人数并不多。张景钺[①]曾说："全美中国学生二千人，习纯粹生物学的最多也不过四五人。"[②]清华学校毕业生也是如此，但为数不多的人选，却几乎都成为中国近现代生物学各个分支的奠基人和开拓者。如早期直接留美的秉志、钱崇澍，此后的戴芳澜、李汝祺、张景钺、张锡钧、刘崇乐、邓叔群、李先闻、陈克恢、汤佩松、裴鉴、仲崇信、段续川、彭光钦、赵以炳，以及考取清华专科出国的胡经甫、陈桢、李顺卿、李继侗、吴韫珍、张宗汉、冯德培，还有受清华庚款资助的津贴生陈焕镛、寿振黄等人。不过，在当时的条件下，他们的成就更多地反映出他们个人的努力和中国近现代生物学几乎处于空白的时代特征，清华学堂和清华学校所起到的，更多的是一种筛选、聚集优秀生源和提供出国保障的作用。

[①]　张景钺（1895—1975），江苏武进人，植物形态学家。1916年考入清华学堂，1920年赴得克萨斯州农工学院，1922年转入芝加哥大学，1925年获芝大博士学位。1926年受聘于东南大学，后任中央大学教授、生物学系主任。1930年赴欧洲考察访问进修，1932年受聘北大，任生物学系教授兼系主任。西南联大成立后，为联大生物学系教授，1941年兼系主任，1947年后续任北大生物学教授、植物系主任。1948年当选为中央研究院院士，1956年受聘为中国科学院学部委员（生物学部）。

[②]　张景钺：一个学生物的呼声。《清华周刊》，1924，317：36—38。

第二章

生物学系的成立与发展环境

一、曹云祥时期：清华"改大"完成与生物学系的成立

1925 年清华学校成立大学部，是生物学系成立的直接基础。清华"改大"其来有自，并不是一蹴而就的，在周诒春时代已开始付诸实践，但进展始终不快。究其原因，清华当时本身不过一所中学程度的学校，由上至下缺乏办理大学的经验；而且，在清华学校的十七年中，任校长者即多达十人。由于"校长数易"、"政出多门"，前后的办学理念和方法缺乏统一和延续。如曹云祥所言："清华之弱点，则为缺乏久远之教育方针，以为设施标准。"[①] 而这与北洋政府的动荡和不断改组，以及清华的直管机关——外交部把清华视为一个下属部门而非纯粹之教育机构有直接关系。曹云祥之所以能够"改大"成功，很大程度上是因为他熟知外交部的工作方式，以及他所具有的深厚人脉。这使他在清华校长任上能获得较多上级的支持，任期相对较长，也较少受到掣肘，从而能保持一个较为稳定长期的办学方针。

长期的外交工作经历使曹云祥有十分深厚的教育为国的理念。他认

---

① 曹云祥：改良清华学校之办法。《清华周刊》，1924（十周年纪念增刊）：69。

为"清华宜提倡中国国家教育"①、"至现时所办之大学，课程则中西并重，目的则体用兼赅。为国储才，以才救国"②。而从事学术研究的目的，也同样是为国家服务，这一点与周诒春一脉相承。曹氏认为："无论何种学术，皆须先明其研究之法，然后用之以研究中国问题。"③而此前清华的教育美式痕迹太重，"几与中国社会隔绝"、"所学不与中国实际生活相关"，对此他无疑是很反感的。1923 年秋，在谈及"审定大学课程"计划时，曹云祥表示应"特别注重下列之三点：（一）不抄袭外国课程，使清华自行发展而有活泼之生气；（二）中西文并重，无所偏倚；（三）以适合中国社会之大学课程为目的，俾所学能适合所用，且此后演讲亦不分中西"。④这是清华第一次公开强调课程设置应符合清华自身的发展和本国的要求（而不是留美升学、与美国大学相衔接），意味着清华在教育思想的一次极为重要的转变，即从全盘美化开始向"本土化"转型。生物学得以在清华"改大"这一过程中脱颖而出，成为"改大"后首批成立的学科之一，就基于两个主要条件：其一为"改大"决策者对于生物学科的认识；其二即为这一"本土化"思想的出现和扎根。

曹云祥自知长于行政而在教育领域经验较少，所以他在清华的几年间，很注意听取和采纳专门学者的意见，在"改大"这一事关清华未来发展的重要问题上更为慎重。1924 年 2 月，他邀请范源廉、胡适、丁文江等五人为清华大学筹备顾问⑤，为"改大"出谋划策。对于清华究竟要办什么性质的大学，胡适早在 1923 年即建议"清华至少该办成文科和理科"⑥。清华的政治学教师钱端升也说，"清华一时经费有限，与其

---

① 曹云祥：清华学生生活与教育。见：蔡德贵：《清华之父曹云祥·文献篇》。西安：陕西师范大学出版社，2011 年，第 23 页。

② 曹云祥：清华学校之过去现在及将来。《清华周刊》，1926（清华学校十五周年纪念增刊）：3。

③ 曹云祥：西方文化与中国前途之关系。《清华周刊》，1924（326）：34。

④ 本校秋季开学志事。《清华周刊》，1923（286）：15—17。

⑤ 1924 年 2 月，曹云祥邀请周诒春、胡适、范源廉、张伯苓、张福运、丁文江六位学界和教育界知名人士担任清华大学筹备顾问（周诒春谢绝未就）。他们为清华"改大"在制度设计、办学方针等问题上建议颇多。

⑥ 华：与胡适之先生谈话记。《清华周刊》，1923（268）：23。

开科甚多，各科均有支绌之虑，不如先办文理科"①。曹云祥采取了这些意见，决定"民国十四年起，先办文理、教育、新闻、外交诸部，以次办农工商等科"②。1925年5月，清华学校大学部正式成立，③ 按章程分为普通科和专门科。普通科学习基础课程，为择业或升学选定专业；专门科开始分系，为"已选就终身职业或学科之学生，作专精之预备"。④当年开出专修课程的十一个专门科中，属于文理科的有八个，基本搭起了文理科大学的框架。

范源濂等人的意见不仅影响了清华的办学方向，同时也决定了生物学在清华"改大"中的地位。在1925年10月的校务会议上，生物学门作为第一时期应当开办的四个专业之一获得通过。⑤ 而校中科学仪器设备缺乏的问题，也准备先从生物学科开始解决。校方解释说"因生物学自达尔文以来，不但是近世科学革命的前驱，且于哲学心理学以及各种社会科学都有绝大影响"，更重要的是，"当代教育家如范静生、梁任公、丁在君诸先生均以为，要中国科学化，须从生物学入手"。⑥ 范源濂、丁文江等人均为社会名流、学界领袖，社会影响力极大；梁启超不仅是著名学者、社会活动家，此时还是清华研究院的导师。他们的建议，可能就是生物学门作为首批开办专业之一的直接原因。而钱崇澍作为此时清华少有的高水平的专门学者，他的学识以及在学界的地位无疑给这一决定又加上了一枚重要的砝码。

范源濂、丁文江、梁启超等人何以如此重视生物学？首先与他们本人的学识背景有关。范源濂毕业于东京高等师范博物科，同时是一位著名的教育家。他是梁启超的学生，学过博物学，且将这一兴趣保持终生。晚年他常自行采集、研究，并且试图在北平设立一座自然历史

---

① 钱端升：清华学校。《清华周刊》，1925（362）：39。
② 曹云祥：西方文化与中国前途之关系。《清华周刊》，1924（326）：35。
③ 清华大学校史编写组：《清华大学校史稿》。北京：中华书局，1981年，第48页。
④ 北京清华学校大学部暂行章程。《清华周刊》，1925（358）：35。
⑤ 另外三个为数学、经济学或社会学、西洋文学。
⑥ 学校新闻：大学专门科：调查本校人才设备。《清华周刊》，1925，24（8）：18—19。

博物馆。① 在他故去后，1928 年成立的静生生物调查所即为纪念他而命名。丁文江是中国近代最早到西方学习动物学的学者之一，他的《动物学》也是民国时期较早的以西方相关教材为蓝本编写的生物学新教科书。② 此后他虽然转向地质学研究，但并未停止对生物学的关注。1924年，他在北大担任教授时，即呼吁北大校方设立生物系，因为地质系学生无从学习古生物学，在知识结构方面有重大缺陷。而作为民国早期知名的学者和社会活动家，梁启超素来关注并推崇生物学，他很早就表示"动、植物学推其本原，……乃格致中最切近有用者也"。③ 在中国科学社生物研究所成立时，他也到场并致辞说："讲到学问力量之伟大——一种学问出来能影响于一切学问而且改变全社会一般人心，我想自有学问以来，能够比得上生物学的再没有第二种。"④ 其次，无论是当时的社会各阶层还是学界，均对生物学十分重视。其中一个重要原因在于自《天演论》之后社会达尔文主义的广泛传播，使生物学受到中国社会特别是知识界的普遍关注，梁启超即是绝佳代表；另一方面，自二十世纪二十年代中期开始，中国科学界特别重视"本土化"和"地方性"的科学研究，⑤ 生物学和地质学以其研究材料和研究对象的区域化特征，又成为"本土化"的代表性学科。1924 年，尚在美国留学的张景钺呼吁清华的青年学生出国攻读生物学时说："（学习生物学），因它带着本土的彩色，生物学与其他自然科学不同。数理化学，他人学成，我们借来

---

① 任鸿隽：静生生物调查所开幕记。《科学》，1929，13（9）：1263—1264。

② 罗桂环：《中国近代生物学的发展》。北京：中国科学技术出版社，2014 年，第 47 页。

③ 梁启超：读西学书法。《饮冰室合集，集外文》，下（专集补编）。北京：北京大学出版社，2005 年，第 1162 页。

④ 梁启超：生物学在学术界之位置（八月十八日在南京应科学社生物研究所开幕讲演）。《饮冰室合集》，文集之三十九。上海：中华书局，1989 年，第 19—20 页。

⑤ 所谓地方性的科学，是以各地特殊事实为题材而研究建立的科学，如地质学、生物学、气象学等。而物理、化学等则是具有"世界性"或"普通性"的科学。任鸿隽认为应当先注重前者，然后才有能力发展后者。这一看法在当时得到严济慈等许多科学家的赞同。见：杨翠华：《中基会对科学的赞助》。台北："中央研究院"近代史研究所，1980 年，第 204 页。中华医学基金会主任、中华教育文化基金会董事顾临（Roger Sherman Greene）也在 1924 年致周诒春的信件中说："在世界各地的知识能够有效的运用之前，中国有太多的特殊问题，必须在自己的土地上研究清楚。"同上书，第 77 页。

就可应用。但动植物各地不同，所以要随地研究。"[1] 学界有关学术"本土化"的思想与曹云祥的看法十分契合，曹氏曾表示："新计划（注：即开办大学及设立研究院）之大目的能使新教育在中国有自动的能力，而后有生活气象。譬如栽培树木，使其日见繁荣。故研究各科学，不必专恃外国书籍，即研究中国书籍，亦可发展，如地质学、生物学、农学之成绩。"[2] 在这种内外环境的共同促进下，生物学迅速成为清华"改大"中发展的重点学科。

清华学校大学部开学半年后，由于普通科培养目标不明确，与国内一般大学也不相衔接，因而提前取消。1926 年 4 月 26 日，清华校方以"（1）已有之设备（2）现今学生人数（3）本校之特别情形（4）中国之需要"等四项要求为标准，在大学部设立十七个学系，其中国文、西洋文学、物理、化学、生物、历史、政治、经济学、教育心理、农业、工程十一个系设立专修课程。[3] 清华生物学系由此正式成立，时年四十三岁的钱崇澍成为第一任系主任。

在各方的关注下，初兴的清华生物学系多少成为清华的一面"旗帜"，前景极佳。在专门科开办之初，美国洛克菲勒基金会即许诺提供一半资金，赞助清华建筑博物学馆（后改名生物学馆）一栋。[4] 在教授方面，自克乃升于 1925 年返美后，钱崇澍又邀请原东南大学的动物学教授、中国第一代动物遗传学家陈桢[5] 来清华担任兼职教授。1926 年初，

---

① 张景钺：一个学生物的呼声。《清华周刊》，1924（317）：36—38。
② 曹云祥：开学词。《清华周刊》，1925（350）：3—5。
③ 国立清华大学评议会会议纪录。清华大学档案，1-2：1-6：1。
④ 从吴中伦等人回忆钱崇澍的文章来看，这一建筑计划可能出自钱氏的建议。
⑤ 陈桢（1894—1957），字席山，中年后又改字协三，祖籍江西铅山，生于江苏邳江，动物遗传学家。1914 年考入金陵大学农林科，1918 年毕业后留校任育种学助教，1919 年考取清华第四批专科生留美。先在康奈尔大学进修，1920 年到哥伦比亚大学动物学系学习，师从细胞生物学家威尔逊（Edmund Beecher Wilson），1921 年获硕士学位，此后又在遗传学家摩尔根（Thomas Hunt Morgan）的实验室进行过研究。1922 年回国，担任国立东南大学生物学系动物学教授，曾负责动物、生物、优生学、细胞学、遗传学等课程（其中遗传学课程可能是首次在国内大学开设）。专注于中国金鱼的遗传学研究，对金鱼的变异、发育、遗传与进化提出了系统的资料。此后在动物行为学、中国生物学史等方面亦有出色的工作。

陈桢计划将金鱼等实验材料运往北京，曹云祥即应允补助"开办费常年费各二千元"。[①]此例一开，"专门科因各教授亟须预备中国教材，对于此种研究颇思提倡"，纷纷向校务会议申请研究补助。生物学系的工作可以说开清华"本土化"教育与研究之先声。

诚然应当看到，曹云祥在清华不遗余力地提倡教育的"中国化"，其目的主要还是在于平衡此前清华教育西化过甚的局面。由于专业背景方面的欠缺，他对于近代的科学研究应当如何在大学中进行未必十分明了。因而发展清华的自然科学各科虽然也在曹氏的设想之中，但并未得到有效实行。加上清华"改大"之初，留美预备学校的惯性尚在，校内也缺乏真正研究型大学的学术环境和空气。陈桢曾批评道，当时的清华除了国学研究院，"本校大学普通科和专门科教员，如若做研究，就像是不合宗旨"。[②]这种情形显然与现代大学的要求相去甚远。此后时局动荡，经费困难，生物学系并未如曹云祥所想的那样得到快速发展，反而由于主要教师离去而陷入低潮。曹氏本人也受奉系军阀掌控北京政府后外交部旧人的失势和清华校内风潮的影响，于1928年初辞职。但他所制定的清华向文理科大学发展的计划，以及他所提倡和鼓励的"本土化"的教育和研究，都为生物学系在清华的建立和此后的发展，起到了实质上的奠基作用。

二、罗家伦时期：文理科大学的构建和生物学系的崛起

1927年6月8日，北伐军开进北京；11日，时任教务长的梅贻琦奉令"暂代校务"。此后，围绕着清华基金和清华教育权的归属问题，南京国民政府教育部和外交部经过两个多月的明争暗斗，最终达成了共

---

① 大学专门科：金鱼研究。《清华周刊》，1926（367）：38。
② 陈桢：清华大学的第二种事业。《清华周刊》，1926（366）：966。

管清华的协议，决定将清华学校改名为"国立清华大学"，按照美国文理科大学办理。[①]8 月 17 日，国民政府任命罗家伦为国立清华大学校长。

罗家伦（1897—1969），字志希，浙江绍兴人。1917 年考入北京大学，是五四运动的学生领袖之一，也是"新潮社"的中坚。1920 年，罗氏在民族资本家穆藕初赞助下赴美留学，在普林斯顿大学研究院学习两年后（中途曾利用暑期在康奈尔大学进修），转入哥伦比亚大学研究院。1923 年冬转赴欧洲，游学于德、法、英等国。1926 年回国后，受聘于国立东南大学历史系。1927 年，他又投身北伐，踏入政界。此后受到他在北大时期的老校长蔡元培（时为国民政府大学院院长）的举荐，北上接掌清华。

作为民国时期的著名教育家以及对罗氏有栽培之恩的老校长，又是此时的直接上司，蔡元培对罗家伦办理清华的方针影响甚大。罗家伦说："我动身来以前，便和大学院院长蔡先生商量好如何调整和组织清华的院系。我们决定先成立文、理、法三个学院。文学院分中国文学、外国文学、哲学、历史、社会人类五系，理学院分数学、物理、化学、生物、心理五系。"[②]仅有地理一系是罗氏在到达北京之后决定添加的，而设立法学院仅是因为"大学组织法规定要有三院"。可见罗家伦（以及蔡元培）一开始就打算把清华办成以文理科为基础的大学。这与曹云祥时代的办学方向颇为近似。但是，无论是作为学界德高望重的前辈蔡元培，还是刚过而立之年、锐气正盛的罗家伦，他们的教育背景和对现代大学的理解，都较曹氏坚实、深厚得多。如果说曹云祥的文理科大学规划只是一种受人提点（如胡适）的浅层模仿，那么罗家伦则深得办理近代大学的精髓。他通过大量的实际运作，在短短几年间就将清华办成了一所国内顶尖的高等学府，一举奠定了清华此后在国内大学中的地位。

罗家伦对清华系科的设计源自蔡元培，后者的大学理念则源自近

---

① 清华大学校史编写组：《清华大学校史稿》。第 94 页。

② 罗家伦：学术独立与新清华。《文化教育与青年》。上海：商务印书馆，1945 年，第 95—99 页。

代学术与大学发展的鼎盛之地——德国。自洪堡衍生而来的近代德国大学观，极度强调纯粹科学和学术的地位。洪堡本人认为大学应当"唯科学是重"，而科学的目的在于追求纯粹学问，并非为了满足社会的实际需求。[①] 蔡元培 1917 年任北大校长时，即提出"改造大学为纯粹研究学问之机关"，[②] "（北大）本年改组，于文、理两科特别注意，亦与德国大学哲学科之发达相类"。[③] 此时罗家伦刚刚踏入北大，从一开始就身处这种文理科大学的氛围之中。此后，罗氏于 1923 年至 1924 年在欧洲游学时，又常与时在欧洲"休假"的蔡氏"时常互述关怀并交换读书心得"。[④] 就任清华校长后，罗家伦明确表示清华的自然科学各系的目标应是"纯粹科学"。罗氏后来回忆说："我以文、理学院为大学教育的核心，这种观念，多少受蔡元培先生的影响；我自己在德国读书的时候，更使我相信这种观念是正确的"。[⑤]

与"纯粹科学"相应的，是学术的非功利性。在这一问题上，罗家伦的态度也与乃师一脉相承。1924 年，他在《科学与玄学》一书中写道："治科学而要问'这有什么用处'，这真是刍狗科学！"[⑥] 他表示，数学、物理、化学、生物、心理等理科"乃各种学术的基本，应不计功利，以求真理为唯一目的"。[⑦] 不过，对于"纯粹学术"在大学中的地位和功能，蔡、罗师生二人在看法和实践上则有很大的不同。秉承德国大学"学、术分途"思想的蔡元培认为大学只需"专研学理"，北大应只保留

---

① 陈洪捷：什么是洪堡的大学思想。《中德之间大学学人与交流》。北京：北京大学出版社，2010 年，第 19—20 页。

② 蔡元培：复吴敬恒函（1917 年 1 月 18 日）。《蔡元培全集》，第 3 卷（1917—1920）。高平叔编。北京：中华书局，1984 年，第 10—11 页。

③ 蔡元培：北大二十周年纪念会演说词（1917 年 12 月 17 日）。《蔡元培全集》，第 3 卷（1917—1920）。第 115 页。

④ 罗久芳：《罗家伦与张维桢——我的父亲母亲》。天津：百花文艺出版社，2006 年，第 22 页。

⑤ 罗家伦：我和清华大学。《罗家伦与张维桢——我的父亲母亲》。第 130 页。

⑥ 罗家伦：《科学与玄学》。北京：商务印书馆，2011 年，第 57 页。

⑦ 罗家伦：致清华大学董事会报告整理校务之经过及计划。《国立清华大学校刊》，1928-11-23：1。

文理而停办工商等科。他甚至建议清华"最好逐步改为研究院"。[①] 罗家伦虽然同样看重文理科，但却将其视为发展大学其他学科的基础而非终极目标。他说："纯粹科学是一切应用科学的基础，也是源泉。断没有一个大学里，理学院办不好而工学院能单独办得好的道理，……把工学院放在大学里，能够得到理学院从基本科学方面给它的协助和影响。"这种"学、术相承"的思想，则反映出美式大学理念对罗家伦的影响。有论者指出，美国人虽然也努力学习德国大学的教育与研究模式，但出于实用主义的传统，他们"似乎总是觉得'研究'本身就是明白无误的科学，没有领会到德国人所认为的'科学'具有的那种思辨性含义"，"与大多数从事科学的德国人不同，从事科学的美国人认为科学专门化就是大学的全部目的"。[②] 考虑到清华的美式传统和师资背景，罗家伦的思路显然更贴合清华发展的实际情形。

在罗家伦留美学习的数所名校中，普林斯顿大学的办学理念对他影响甚深，该校也成为他日后建设清华在各个方面的建设蓝本和理想标杆。由伍德罗·威尔逊（Woodrow Wilson）以降形成并延续的重视基础研究、注重本科生的精英教育、办学规模"小而精"的理念，几乎被罗家伦原原本本地复制到了清华。罗氏曾说："我对清华大学只希望他能够成为与美国普林斯顿大学一般的大学，学生人数不过二三千人，可是这种精而不多的队伍，却产生了许多学术的贡献。"而在他上任后，大肆延揽优秀教授、裁汰不合格的教员、提高教授待遇、提议动用大量基金增加基础设施与设备、改革课程设置、提倡"通才教育"乃至裁撤若干学系等计划，都与威尔逊上任时雷厉风行的治校方法极为相似。[③] 威

---

　　① 蔡元培：致罗家伦函（1928 年 9 月 13 日）。《蔡元培书信集》，上。高平叔、王世儒编注。杭州：浙江教育出版社，2000 年，第 904 页。

　　② Laurence R. Veysey：*The Emergence of the American University*。芝加哥：芝加哥大学出版社，1987 年，第 127 页。中译本：劳伦斯·维赛：《美国现代大学的崛起》。栾鸾译。北京：北京大学出版社，2011 年，第 133 页。

　　③ 1902 年，威尔逊上任时，普林斯顿远非如今天一般出色。当时全校基金总额仅三百八十万美元，威尔逊即提议用三百三十万来延揽一流教授，并提出了一项高达一千二百五十万美元的开支计划（超出年预算的二十五倍），将普林斯顿扩大成一（转下页注）

尔逊之后，在继任者希本（John Hibben）等人的继续努力下，普林斯顿愈加繁荣；而罗家伦在清华的改革，也"实为梅氏（梅贻琦）铺下了一条康庄大道"。[1]

与威尔逊认为普林斯顿应"为国家服务"相似，罗家伦也极为注意学术研究所承担的历史责任与使命。在他看来，民族要独立，就要先求学术的独立。1922 年他尚在美国时，即致信蔡元培说："民族要有独立的思想，当有独立的研究、学风、方法，以及材料的策源地。"[2] 在就职清华校长的宣誓中，罗家伦提出了"学术独立"的口号，[3] 呼吁"清华要成为真正的大学，首先应该学术化；一个民族要独立，一定要学术能够先独立"。为此，他决心"澄清清华任何的积弊、减除任何的浪费、搜刮任何的金钱，来做清华学术的建设""把近代的学术，尤其是科学，在中国的泥土上，尤其是在清华的校园里生根"。在其任内，罗家伦广聘良师，延揽了冯友兰、蒋廷黻、萧公权、吴有训、顾毓琇、陈桢等诸多名教授，并全力推进清华的基础设施建设。不过，他同时也非常清楚地认识到，改善硬件条件的目的在于提供学术萌生的土壤，否则，仅有富丽堂皇的建筑毫无用处。在 1929 年秋季的开学典礼上（生物学馆的动工仪式在同一天举行），罗家伦发表演讲道：

> 办一所好大学，光是盖几所大房子决不够（但这种观念在中国很通行，在西洋也有时难免）；实则，建筑物不过是死的躯壳，应

（接上页注）所规模完备的大学。在任上，他裁汰教授、强化本科教育、提高本科生研究水平，并将本科生"头两年进行不分科的文理教育，后两年集中进行专门教育和优秀生的深入教育"。见：王则柯：《我所知道的普林斯顿》。北京：中信出版社，2009 年，第 41 页。陈梦：《普林斯顿大学核心竞争力发展及其启示研究》。华中科技大学硕士学位论文，2010 年，第 33 页。按普林斯顿的本科教育，显然也是一种"通才教育"。

　　[1]　苏云峰：《抗战前的清华大学 1928—1937》。台北："中央研究院"近代史研究所，2000 年，第 52 页。

　　[2]　罗家伦：罗家伦致校长函。《北京大学日刊》，1922-7-8：2。

　　[3]　誓词全文："余誓以至诚，谨守中华民国教育宗旨，谋造成国立清华大学学术独立发展之一主要基础，以完成建设新中国之使命。必遵廉洁，务去浮滥。如有或违，愿受党国最严重之制裁。谨誓。中华民国十七年九月十八日。"

当有学术的灵魂在内，才是一个有生命的东西。……生物馆不是要供游览、壮观瞻，而是希望于其中能产生 Darwin，或是 Huxley，或是 Mendel，或是 Weismann 出来。[①] 如果有人只是以添盖几所房子为荣，而不及及其学术的灵魂，那末，对于此种事业，简直是一种侮辱。[②]

可见，罗家伦的雄心，是希望中国也能产生世界一流的学者和学术成就。不仅是西方科学的"本土化"，而且是本土科学的"西方化"、"世界化"。比起当时许多人还仅满足于"把自己在国外所学的依样画葫芦抄来敷衍一回"，[③] 这种设想在当时"宛如一个炸弹的爆发"。在清华园内，这一大学理想很快得到了不少学人的认同。1931 年，代理理学院院长的物理系教授吴有训就表示："理学院之目的，除造就科学致用人才外，尚欲谋树立一科学研究中心，以求国家学术之独立"。[④] 罗的学生、历史学家郭廷以在其晚年曾评价说："现在看起来，学术独立是很自然的事，但在当时学术独立是一个崭新的观念，这个观念可以说赋予了清华大学一个新的生命。"[⑤]

由上述情况可见，"纯粹科学"和"学术独立"，是罗家伦在清华始终坚持的两点办学理念。从这两点出发，注重"基础研究"与"独创性"，就成了罗家伦时期清华发展的两条主线。而这正是清华生物学系迅速崛起的前提。从今天来看，十九世纪末二十世纪初的生物学，正在经历一种由此前的博物学、分类学向实验科学方法研究生命现象及其内在机理的范式转换。到二十世纪初，生命科学领域的前沿已基本完成了

---

① 这里例举的学者都是生物学家。而罗家伦、傅斯年（曾在英国学习实验生理学三年）、汪敬熙等五四运动学生领袖都有浓厚的生物学情结。

② 罗家伦：清华大学之过去与现在。《国立清华大学校刊》，1929-9-20：1。

③ 祝冷然：南开教育的破产。《京报副刊》，1925-1-10。

④ 吴有训：理学院概况。《清华消夏周刊》，1931-9-6。

⑤ 陈仪深访问：王聿钧先生访问记录。陈仪深、黄克武等访问：《南港学风——郭廷以和中研院近史所的故事》。北京：九州出版社，2013 年，第 4 页。

这一转型，与生命机制有关的基础研究成为生物学发展的时代潮流。在彼时中国生物学刚刚起步，还处在以描述性为主的时代里，罗家伦的办校思路为清华生物学系的"现代化"营造出了一个良好的学术氛围。

除了上述办校思想对生物学系发展的促进作用外，就罗家伦个人而言，他似乎也对生物学系格外看重。校刊曾言道："今罗校长莅临，颇注意于生物学之发展"。① 到校不久，他就裁减了部分行政机关，并把腾出的部分办公室改为生物系的动物学实验室，此一举动大受称赞，被誉为"清华学术化之第一声"。② 与注重实用的潮流不同，罗家伦对生物学的偏爱更多的是一种自然观和科学方法论层面的流露，而这一渊源或许可以追溯到"五四"时期的新潮社。彼时新潮社的成员们"对于自然科学，非常倾倒，除了想从自然科学里面得到所谓可靠的知识而外，而且想从那里面得到科学方法的训练"。③ 由于此种缘故，他们注重科学方法论更甚于科学结论本身。④ 除了探索科学哲学，他们还对现代心理学很感兴趣。如傅斯年留英时所学的即是心理学，新潮社的主要成员之一汪敬熙则成为中国实验心理学的奠基人之一。而作为心理学的基础，他们不可能不触及生理学以及生物学。罗家伦在其论著中，也多次引用达尔文、孟德尔等人及其成绩作为例证。上述开学演讲就是一个很好的证明。

从罗氏的一些著作来看，他对机械论的自然观是颇不以为然的，认为过于消极和死板，他也不赞同那种把有机整体看作简单机械组合的观点。相比之下，他更喜欢整体论，赞赏生命的生机和活力，认为生命自有其目的，鼓吹那种主动、积极地去看待世界的态度。⑤ 这种目的论的

---

① 校闻：生物学系消息.《国立清华大学校刊》，1928–11–14：2。
② 校闻：生物系增添实验室.《国立清华大学校刊》，1928–11–7：2。
③ 罗家伦：元气淋漓的傅孟真。罗久芳：《罗家伦与张维桢——我的父亲母亲》。第249页。
④ 舒衡哲：《中国启蒙运动——知识分子与五四遗产》。北京：新星出版社，2007年，第118页。
⑤ 综合自"悲观与乐观""扭开命定论与机械论的锁链"等文章。见：罗家伦：《新人生观》（修订本）。周玉山修订。台北：台湾商务印书馆，2010年，第89—123页。

生物观和当时的一些生物学家比如汤佩松的看法颇为相似。[①] 而且，罗家伦在哥伦比亚大学进修期间，正是摩尔根学派的兴盛时期，世界各地的科学家"像朝拜供奉着某种科学神的神庙那样"纷纷来到哥大的"蝇室"（Fly Room，即摩尔根的遗传学实验室，以其遗传学上的著名模式生物果蝇为名）参观。[②] 对此，身处哥大一年有余的罗家伦也不可能毫无所闻（罗氏 1922 年到哥大时，陈桢刚刚离开，因而他很可能当时已知道陈桢）。[③] 1927 年，罗家伦在东南大学担任历史系教授时，曾计划开设一门"近代西洋学术概览"的课程，邀请各科教授合力讲授，其中"近代生物学思想"一课即预备由陈桢主讲。作为中国最早的威尔逊－摩尔根学派的遗传学家，陈桢此时在动物遗传学方面已经有了出色的成绩，罗家伦聘请他来领导清华生物学系，一方面出于在东南大学时期的交往，另一方面也说明罗氏对于二十世纪生物学发展的主流是比较清楚的。[④] 事实证明，这一决定对清华生物学系迅速走上正轨至关重要。因而可以说，罗家伦是清华生物学系崛起的最重要的推动者之一。

三、梅贻琦时期："通才教育"的实践与清华的工科转向

罗家伦在清华的改革，"学术化的成功最为显著"，[⑤] 使清华迅速崛起为一所国内顶尖的文理科大学。1930 年春，罗氏因中原大战引发的

---

① 汤佩松当时认为："生物与无生物的最大区别，还是在生物的有一种有'目的'，有'意志'，有'单方向'，与有'选择'的行为，还有有'秩序的发生'。"见：汤佩松：生物与无生物.《国立武汉大学理科季刊》，1935，5（3）：355—370。

② 夏因·罗贝尔：《摩尔根传 1866—1945》。庚镇城译。上海：复旦大学出版社，1986年，第 89 页。

③ 寿振黄曾在"悼念陈桢教授"（1957）一文中说："他（陈桢）和反动头子罗家伦在哥伦比亚大学同学，但陈桢教授洁身自爱，不肯同流合污。"按陈桢和罗家伦在哥伦比亚大学的时间并不重合，"同学"应不确切，但校友关系显然是学界网络中构建人际关系的一个重要因素。

④ 从罗家伦聘请的教授、特别是理学院的教授来看，他对各个学科的发展前沿都有准确的把握。在他短短两年的任期内延揽的教授几乎都成为清华此后的骨干。

⑤ 冯友兰：《三松堂自序》。北京：人民出版社，2008 年，第 296 页。

北方政局动荡，以及同时爆发的校内外风潮而去职。其"雷厉风行"的治校方式似乎也招致校内不少反对之声，亦是激起风潮的一个重要因素。对此，清华的政治系教授浦薛凤曾感慨："实则某校长到校后作风仅仅未能适合吾国士大夫之传统自尊自重之心理而已。那次风潮，迄今回想，实属可惜。因为那位校长亦是一位君子。"[①] 此后一年余，清华校长屡次更迭，不能安定。直至 1931 年年底，时为清华留美监督处的梅贻琦返校就任，才结束了这一局面，从而开始了清华校史上最为著名的梅贻琦时代。

梅贻琦（1889—1962），字月涵，天津人。1909 年首批庚款直接留美生，攻读电机工程，1914 年毕业于伍斯特理工学院。1915 年回到清华，担任物理学教师。此后除中途短暂出国两次外，几乎不曾离开清华。他在清华历任物理系教授（1925）、教务长（1926）、留美学生监督（1929）直至校长（1931），成为清华年资既老、声望更著的领导者。1955 年，他又以清华基金为基础在台湾新竹建立清华原子能研究所，该所成长为今日的新竹清华大学。梅氏一生与清华紧密相连，被称为清华的"终身校长"。

由于梅贻琦"在公开场合一向不喜欢发表议论"，"在写日记时也不多作议论"，[②] 相比于从事教育的年岁，他留下的有关教育思想和办校方法的文字并不很多。而且，梅氏主持清华期间，一方面，当局对大学办学的要求完全倾向实科；另一方面，抗战全面爆发后，清华迭经南迁、内迁，偏居昆明八年之后始得复校，历经艰难。外部环境的巨变，也必然对清华的实际办学情形造成重大影响。因而不能不结合梅氏的大学理念和清华发展的实际情况两方面，进行一个简要的综合考察，以求了解彼时清华在发展理念上的真貌。

梅氏接掌清华后，仍然本着罗家伦以来建设研究型大学的思路，提

---

① 浦薛凤：《音容宛在》。北京：商务印书馆，2015 年，第 76—77 页。

② 梅祖彦：写在本书出版前的几句话。《梅贻琦日记（1941—1946）》，黄延复、王小宁整理。北京：清华大学出版社，2001 年。

倡学术的重要性。在他看来，办大学无非两个目的，"一是研究学术，二是造就人才。清华的经济和环境，很可以实现这两种目的，所以要向这方面努力"。[①] 他一方面肯定清华在国内学术上已取得的"特殊地位"，另一方面又强调清华师生不应满足于一般的研究成绩。在上任宣言中，梅贻琦表示："我的意思是要清华在学术的研究上，应该有特殊的成就，我希望清华在学术方面应向高深专精的方面去做。""一切以学术为重"是梅氏所强调的大学的精神内核。

在突出学术的主导地位之外，梅贻琦同样注重大学的"育人"功能。众所周知，在"造就人才"一面，梅氏以提倡"通才教育"为其最大特色。他在《大学一解》这篇长文中认为，大学教育的目的在于"明明德"，在于"新民"，而"社会所需要者，通才为大，而专家次之，以无通才为基础之专家临民，其结果不为新民，而为扰民"，所以"大学期内，通专虽应兼顾，而重心所寄，应在通而不在专"[②]，即使是讲求专门技能的工科，也概莫能外。"通才教育"是清华一以贯之的教育方式，而梅贻琦对此提倡尤力。他对"通识"的要求也更为具体，即要求学生在自然科学、社会科学、人文科学三个方面"均有相当准备"。这一要求无疑是很高的。当然，对通才教育的重视并不代表梅贻琦忽略培养专门人才，只是他认为，大学阶段并非教育的全部内容，要造就专才，还应"别有机构在"。在他看来，这一任务主要由大学的研究院、高级专门学校以及工作实践（即所谓"经验之学校"）来承担。

需要指出的是，对于是否应当以及如何实施"通才教育"，清华内部有着很大分歧。这一问题直指大学的功能和培养学生的目的。冯友兰回忆道：

> 当时教授会经常讨论而始终没有完全解决的问题，是大学教育的目的问题。大学教育培养出来的是哪一种人才呢？是通才呢？还

---

① 校闻：梅校长到校视事。《国立清华大学校刊》，1931-12-4：1—2。
② 梅贻琦：大学一解。《清华学报》，1941，13（1）：7。

是专业人才呢？如果是通才，那就在课程设置方面要求学生们都学一点关于政治、文化、历史、社会，总名之曰人文科学。如果是专业人才，那就不必要有这样的要求了。这个分歧，用一种比较尖锐的提法，就是说，大学教育应该是培养"人"，还是制造"机器"。这两种主张，各有理由，屡次会议都未能解决。[①]

不难看出，冯友兰在这里所说的"专业人才"，主要是对理工科而言。历史学系教授蒋廷黻在回忆录中更直言不讳地表示，这种争论就是当时清华理工科与人文及社会科学系科之间在教育目的和方法上的矛盾和分歧。他说：

在战前，我就已经看出，理工逐渐抬头，而文法渐趋没落。甚至我们在文法学院教书的人也都认为这种倾向是对的。因为我们深知中国需要自然科学和工程学，我们绝不想去与自然科学争长短。然而，在校内却有冲突，这种冲突不是在课业研究方面而是在专门程度方面。自然科学家和工程学家们希望高度专门化，他们希望学生在入校第一年中就开始接受专门课程。我们教文学和社会科学的同寅却希望晚一点开始专门课程，要多授一些普通课程。经过一番折衷妥协，才算解决。但是结果双方都认为不满意。[②]

由此可见，梅贻琦所说的那种文理贯通的"通才"，无论从学科分工的细化与深入、大学学习的时限还是当时社会对大学的实际需求而言，都更接近于一种理想化的状态；在实际的办学中，只能是让理工科学生多学习一点文法课程。这种方法在操作上较为可行，对于理工科系也较易接受。正如机械系教授庄前鼎所言："我们限于规章，总觉得工科的课程多于文法理科的课程，而难于分配。同学们对于基本的功

---

① 冯友兰：《冯友兰自述》。北京：中国人民大学出版社，2011 年，第 305 页。
② 蒋廷黻：《蒋廷黻回忆录》。北京：东方出版社，2011 年，第 136 页。

课，应该重视，就是要求得一般的普通常识。我们不能脱离社会来办工程，所以政治、经济、历史、地理、社会学等，都得知道一点。"① 所以有学者指出："梅氏掌校时期虽极力推行通才教育，但一些院系并不是完全按照这一目标来培养学生的，有的是通专兼采，有的则是偏重专才教育，甚至某些学系是将教育目标定位在专才教育上。"② 而这种"通专兼采"或者干脆采取"专才教育"的，基本上都是理工学系。以土木工程系为例，系主任施嘉炀声言要折衷"广阔"与"专精"二者，但从该系开设的课程来看，实际上"广阔"的对象，仍然是土木工程内的各种科目。③ 而理科学系如数学系、物理学系、生物学系的课程规划也大同小异。所以，是否实行了"通才教育"，并不是像某些论著中所统计的那样、以该系的专业课程是否超过 50% 来计算，④ 而应当视具体的学系及其领导者的办系理念和方法而定，理工科各学系尤其如此。不难看出，在当时的清华，通过设置多种专业课程、夯实专业基础，再以毕业论文或研究的方法使学生获得某一科目专门训练，是当时理工系科所采用的普遍方法。就像庄前鼎在上述讲话中所说的那样："在国内当工程师，最好对于一般的普通工程上的学识都知道一点。所以同学们即使选读了机械工程，对于他系的工程功课，均应一样重视。"这实际上是用本领域的"专业通才"概念代替了梅贻琦所提倡的"文理通才"。在这

---

① 庄前鼎：健全的工程师（1936 年 11 月）。见：清华大学校史研究主编：《清华大学史料选编》，第二卷（下）。北京：清华大学出版社，1991 年，第 281 页。

② 郭金海：苏云峰《抗战前的清华大学》。《汉学研究》，2003，21（2）：463—471。

③ 施嘉炀曾说："训练工程人才有两种政策：一种是广阔政策，即使学生对各种科目，均有相当训练，将来无论在土木工程那一门上做事，均能作有把握的处置；另一种政策即在各种科目中，只研究一种求专精一门，使其对于该门学问有特别的成就。这两种政策，是各有利弊。本校土木工程系，则折衷此二者：即各门基础课目都有；同时在最后一年设有高深课程，使能专精一门。换言之，即头三年务求广阔，期使学生多了解各种工程的性质与门径；最后一年力求精细，学生可以各就性能之所近，深造某一门类，期成专门人才。"见：施嘉炀：土木工程系。《清华大学史料选编》，第二卷（下）。1991 年，第 467—470 页。

④ 如苏云峰在《抗战前的清华大学 1926—1937》一书中，即用此法。他算出"政治系之本系课程仅占 36%，算学系仅占 38%，心理系 44%，历史系 45%"。此外，《清华大学校史稿》一书中也称"清华大学在 1933 年之后，文、法、理学院各系必修的本系课程也大都只占总学分的四分之一到五分之二，余为外系课程"。这些计算结果的偏误，已为郭金海等学者所指出。

种氛围下，生物学作为一门社会关注度较高的学科，生物学系一方面在专业内培养"通才"，另一方面也努力响应"文理兼通"的要求，将遗传、进化等课程作为公共必修课程，体现出自身的学科特色和知识传播理念。

清华校内的"通""专"之争，除了理工科专业本身的内在要求外，更多地反映出一个特殊的时代背景、特别是战争阴云笼罩之际社会环境的变化对彼时高等教育人才培养和学术研究的深刻影响。梅贻琦掌校不久，"九一八""一二·八"事变相继爆发，清华师生由上至下感受到前所未有的国难危机。冯友兰在给清华大学1932届毕业纪念册题写的序言中说："其时（指该届学生入学的1928年）国民革命军方定北平，统一全国。中外耳目一新，咸谓中国国运已到贞下起元之际；从此以往，太平可致矣。孰意四年以后，内忧外患，不但丝毫未减，而且日益加厉。"[①]梅贻琦亦表示："中国现在的确是到了紧急关头，凡是国民一份子，不能不关心的。"但他同时也秉持救国应各尽其责的理念，认为"我们做教师做学生的，最好最切实的救国方法，就是致力学术，造成有用人才，将来为国家服务"。虽然梅氏此时还未明确表示这种努力的方向究竟为何，但由于国势日危，加之国民党的大学教育政策向实用科学一边倒，[②]清华的办校理念和发展方向开始由文理科向实用的理工科（特别是工科）快速转型。1932年9月，清华正式增设工学院（梅本人兼任工学院首任院长），可以视作这一转型的标志性事件。

有论者指出，此一时期清华的转型"不仅有着学科建设本身的考量，更有极为繁复的政治的、社会的、人事关系的互动"。[③]此时的

---

① 冯友兰：国立清华大学季刊·序言。《国立清华大学季刊》，1932（第四级季刊部出版）。

② 1929年3月25日，国民党通过确定教育宗旨及其实施方针案，其实施方针第四条为"大学及专门教育，必须注重实用科学，充实学科内容，养成专门知识技能"；1931年5月2日，国民会议通过《教育设施趋向案》，其中第六条为"大学教育以注重自然科学及实用科学为原则"；1931年11月17日国民党第四次全国代表大会通过依据训政时期约法关于国民教育之规定确定其实施方针案，要在"世界实用科学之基础上，建设高等教育"。

③ 刘超、李越：梅贻琦与清华之崛起。《清华大学学报》，2012，27（6）：98—113。

清华既要考虑到自身已有的学术传统和研究氛围，又必须回应来自当局的命令和社会、国家等层面的需求。在办学理念上，清华向来力主"超然于政潮之外"，承袭和践行的是蔡元培早年在北大"教育独立、学术自由"的思想，这也是清华能获得一大批顶尖学者赞许和拥护的一个重要原因。梅贻琦、叶企孙、冯友兰等人，均是"学术第一"观念的秉持者。但是，一所大学，特别是国立大学，又必须考虑如何在一定的社会环境下，向教育与科研资源的提供者证明其存在和发展的合理性。在学府与政府不同的需求和发展逻辑形成的张力之间，清华选择了一条发展实用科学和工程技术、培养急需人才的道路，一方面彰显了大学对社会的责任，同时维系其学术理念于不堕；另一方面又巧妙地借助这种广义的"爱国"取向，来消解当局在意识形态方面的压力，使双方在民族主义的基础上取得一种发展的共识。① 而梅贻琦本人对应用科学也"给予了很大关注"。梅祖彦曾回忆道："当时有不少学者提倡科学，但科学对于他们只是寻求真理的一种方法，而父亲更强调应用科学（工程教育）对国计民生的重要性。在工学院的建立上，父亲倾注了最多的精力。"②

"九一八"事变爆发后，中国科学家群体从"科学救国"的宣传鼓动，很快过渡到具体方案的讨论与实践，特别是普遍意识到战争较量的实质是科技与工业化能力的较量后，对实现工业化的设想在中国科学家群体中迅速展开。③ 在这一方面，清华显然走在了前列。1933 年，梅贻琦明确表示："我们要从速研究实用科学，以供国家需要。"④ 长期从事基础研究的物理系教授吴有训，在访美途中亦感慨道："弟近来愈觉我国

---

① 对此，刘超在《学府与政府——清华大学与国民政府的冲突及合作（1928—1935）》一书中有详细描述。

② 梅祖彦：怀念先父梅贻琦校长。清华校友总会编：《校友文稿资料选编》，第六辑。北京：清华大学出版社，2000 年，第 149 页。

③ 这一趋势，从 1930 年代《科学》杂志所刊登的文章就能明显感受到。九一八事变后刊载的多数是科学家对"科学救国"的呼吁，1936 年后，有关国防科技研究、工业布局、战争中的科学应用等方面的文章数量迅速增加。

④ 梅贻琦：二月二十七日总理纪念周纪事。《国立清华大学校刊》，1933-3-2：1。

前途，端赖发展工业，为大众谋生计。国内理化及工程科学研究者之责任，亦应大部在此。"[①] 特别是 1935 年后，华北事变爆发，全面战争日益迫近。担任工学院院长的顾毓琇更是直截了当地表示，在此国难之际，应"利用科学来做物质建设"，"科学家是有损失的，得益的乃是待救的中国"。[②]

"实用救国"的呼声和工学院的迅速成长，反衬出生物学等"纯粹科学"的尴尬。时为生物学系学生的徐仁回忆道："虽然清华大学学术空气很浓，但有时我又产生学应以致用的思想，误认生物学毕业没有前途。"[③] 虽然经费和待遇方面并无太大的变化，但理科学人却在国家面临危难之际，被暗指为"超然的学者"、是"为科学而研究科学"，"对于世界文化有所贡献，但与国家的问题不一定发生密切之关系"，[④] 不免令人压抑。清华生物学系之所以能在二十世纪三十年代初迅速崛起并受到国内外的好评，正因为它所秉持的思想和从事的研究更接近于世界生物学发展的潮流，同时亦努力探寻"本土化"的道路，但此时却不得不应对这种"缓不济急"的质疑。理学院各系中，只有化学系境遇较好，因为化学被认为与工业实用有紧密的联系，而且化学系的教授如曾昭抡还开设国防化学等课程。因而在国难和备战的激励下，学生们大量涌向工学院（特别是土木工程系）或化学系。有学生回忆说，当文、法学院等系的教授还在忙着在大一新生中招揽生源时，"理学院的化学系和工学院各系早已人满为患"。[⑤] 到了抗战期间，学生选系更是"常为感情所支配"，[⑥] 大量涌向工学院的机械工程系、土木工程系等。这既是学生受

---

① 吴有训：节录吴正之先生来信（12 月 7 日从纽约发）。《国立清华大学校刊》，1934-2-1：2。

② 顾毓琇：科学研究与中国前途。《中山文化教育馆季刊》，1935，2（1-2）：55。

③ 徐仁口述，李文漪记：《徐仁回忆录》。北京：地震出版社，2000 年，第 314—315 页。

④ 顾毓琇：科学怎样可以救中国。《科学的中国》，1937，9（9）：5。

⑤ 居浩然：西山苍苍东海茫茫。鲁静、史睿编：《清华旧影》。北京：东方出版社，1998 年，第 168 页。

⑥ 吴有训：关于理学院的一些看法（一九四〇年四月）。郭奕玲主编：《吴有训文集》。南昌：江西科学技术出版社，2007 年，第 181 页。

爱国情怀所激励的结果，同时又是在特殊情境之下一所著名国立大学发展的必然选择。1943 年之后，国民政府还以奖学金取代贷金，刺激学生从人文学科转到实用学科。[①] 在这种情况下，以纯粹学理研究见长的清华生物学系，也不得不在学术方向和教育方针上有所调整，探索学术研究与实际应用结合的道路，以适应这一外界环境的巨大变化。

---

① 易社强：《战争与革命中的西南联大》。饶佳荣译。北京：九州出版社，2012 年，第257 页。

第三章

师资阵容的确立与演化

一、清华学校时期

清华学校开办之初，生物学课程地位较低，高等科的生理课由布乐提兼任，负责中等科博物课程的张永平也并非科班出身。布乐题虽然在知识水平和学历上无疑都胜任此一教职，但作为校医，他本人的兴趣更多地在于建立清华的学校卫生体系和做公共卫生研究方面。直至 1915 年，农学教育家虞振镛清华任教后，才开始有专人负责讲授高等科的生物学、农学方面的课程。此后虞氏又聘请陈隽人、周景福[①] 等来到清华，担任生物学和植物学教师。[②] 此一时期，清华的生物学科教育主要是为学生留美学习农林等科目打下专业基础。以农林科专业出身的教师为主的师资，符合早期庚款直接留美的专业结构以及清华学校时期，学生以工、矿、电机、农、林等实用科目为主要求学意愿的情形。

---

① 周景福，履历不详。据《燕京大学史稿》所引 1929 年《燕京大学校刊》2 卷 2 期载："其人为欧柏林大学职业课毕业，伊利诺伊大学理学士，在直隶美以美会农事试验场服务五年，又管理清华农事试验场三年。"

② 《北京农业大学校史》等书提到周景福于 1921 年到清华任教，但 1922 年、1923 年的清华教师名录未见记载。周应为 1925 年后才到清华任教的农学教师。

清华的生物学课程由专门的生物学者任教，自钱崇澍始。钱氏虽然在伊利诺伊大学读农科，但其兴趣很快就转向生物学，此后又分别在芝加哥大学、哈佛大学进修生态学与植物分类学。[①] 由于他在中国近现代植物生理学、植物分类学方面的开创性和奠基性工作，且是国立东南大学生物学系的创系元老之一，在学界声望很高。他也是此后当选为1948 年第一届中央研究院院士中第一位在清华任教的学者。

有意思的是，早期清华生物学相关课程的教师，无论虞振镛、陈隽人、周景福还是钱崇澍，都曾就读美国伊利诺伊大学农科。伊利诺伊州是美国的农业州，伊利诺伊大学的农林科亦名重一时。早期还吸引了邹树文、陆宝淦、竺可桢等优秀的中国学子。钱崇澍于 1922 年到达北平不久，就与清华有过接洽，[②] 可能就是虞振镛的关系；他来清华之后所教的"科学概论"课程，此前也正由虞振镛负责。[③] 可以说，校友关系是清华早期生物学教师小群体形成的一个重要原因。从更广阔的角度来看，由于当时的留美学人往往在不同的高等学府完成阶段学习或进修，尔后又通过中国科学社的影响，使得当时分散在各处的农学、生物学学生得以彼此沟通，逐渐形成一个留美学生共同体。[④] 钱崇澍回国后在金陵大学以及东南大学任教，特别是东南大学，与秉志、胡先骕、邹秉文、陈焕镛、陈桢等均为同事。[⑤] 他们所培养出的第一批学生，如王家楫、寿振黄[⑥]、李继侗等，则和他们一起成为中国近现代生物学建制化

---

① 汪振儒：我国植物生理学的启业人——钱崇澍先生。《植物生理学通讯》，1984（2）：62~64。

② 钱崇澍自述。中国科学院植物研究所档案：钱崇澍专卷。

③ 在 1923—1924 学年，虞振镛须同时负责农学、生物学和科学概论三门课程，教学任务较重。见：*Tsing Hua College：Bulletin of Information 1923—1924*。

④ 关于早期留美生物学人在美不同高校的专业集中和学习情况，见罗桂环著《中国近代生物学的发展》。第 98~121 页。

⑤ 生物学沿革。见：《国立中央大学理学院概况》。国立中央大学出版组，1936 年，第 99 页。

⑥ 寿振黄（1899—1964），字理初，浙江诸暨人，祖籍河南。鱼类学家、鸟类学家、兽类学家。1917 年考入南京高等师范学习农业，1921 年再次考入东南大学生物学系，是秉志等人的学生。1925 年毕业后，在上海澄衷中学、吴淞中国公学担任教员，1925 年自费去美国留学，先在加州大学伯克利分校，后至斯坦福大学研究院，师从鱼类学家乔顿（转下页注）

过程中的中坚力量。

1924 年后，钱崇澍与克乃升分别负责植物、动物学课程的讲授。克氏与邹秉文[①]同年入学，与秉志同年毕业。这一年克乃升正值学术休假，他来清华或许就是通过上述诸人的推荐。[②]这再度反映出此时校友关系对于人才资源汇集的作用。

二、生物学系师资结构的形成与变化

（一）建系之初

南京的国立东南大学生物学系是国人自办的第一个生物学系。清华生物学系成立后，第一任系主任钱崇澍就来自东南大学。在他之后来到清华而成为生物学系中坚力量的，诸如陈桢、寿振黄、吴韫珍、李继侗等人，或是他在东南大学的同事（陈桢，1922 年），或是他的学生（吴和李都毕业于金陵大学，寿毕业于东南大学，都曾受教于钱氏。吴韫珍更是受钱崇澍影响而对植物分类学发生浓厚兴趣，并以此为毕生职志）。钱崇澍到清华后不久，即招来了他在东南大学的学生刘宝善作为助教；

（接上页注）（D. S. Jordan）从事鱼类分类学，1926 年转赴霍普金斯海滨生物研究所从事甲壳类研究，并获硕士学位。1926 年获清华留学生津贴后，又回到加州大学从事鸟类与兽类学研究。1928 年年初回国。此后兼任静生生物调查所动物学副教授。1933 年全职在静生所工作，兼任清华生物学系讲师。此后历任北平中国大学、北京大学等处任教。1950 年后任辅仁大学教授、中国科学院动物标本整理委员会以及动物研究所研究员。

　　① 邹秉义（1893—1985），广东广州人，农学家，社会活动家。昆虫学家邹树文之堂弟。1912 年考入康奈尔大学农学院，1915 年毕业后在该校研究生院专攻植物病理学。中国科学社发起人之一。1916 年回国，任教于金陵大学农林科，1917 年任南京高等师范学校农科主任，1923 年任国立东南大学教授，1929 年辞职，历任上海商品检验局局长、上海商业储蓄银行副总经理等半官方、官方职务。1956 年由美回国，以一级教授身份出任农业部、高等教育部顾问等职。

　　② 钱崇澍与邹秉文等关系亦深。他在自述中提到，他在东南大学任教时，就"属于农科邹秉文一派"。钱氏 1922 年到北京农业大学任教，亦是受邹秉文之邀。见：钱崇澍自述。中国科学院植物研究所档案：钱崇澍专卷。

陈桢于 1925 年到清华时，也带上了他在东南大学的助教戴立生①。可以说，清华生物学系自建立起，就与南京的东南大学以及金陵大学等高校有着千丝万缕的联系。

以东南大学为主的南京高校成为国内生物学人才，尤其是分类学人才培养的重镇，基于东南大学（南京高等师范学校时期）的崛起和生物学系的建立。而这又源于二十世纪二十年代前后、早期留美生特别是庚款生归国后在南京的聚集。江浙一带经济发达、向为士人之渊薮，而清华学额又以各省担负庚款比例而定，故早期留美生中江浙籍学生甚多，②他们尔后又成为中国科学社之主力，如过探先、胡刚复、邹秉文、竺可桢等。其后，他们又与任鸿隽、秉志、杨铨等科学社的核心共同受聘东南大学（南高师）。③故 1918 年中国科学社自美回国时即设在南京，并成为东南大学在自然科学方面蓬勃兴起的决定性因素。④东南大学生物学系建立时，有限的几位中国第一代生物学家几乎尽数在彼，而 1922 年以东南大学生物学系教师为主体成立中国科学社生物研究所，又是近代国人自办的最早的生物学研究机构。南京遂成为国内近代生物学最早的一个中心。陈桢曾言："民国十年（1921）的时候，研究与教育并重的生物学机关只有南京东南大学、金陵大学与苏州东吴大学的生物系"。⑤而此三所学府中，金陵大学和东吴大学均为教会大学，只有东南大学为国人自办的高校。

---

① 戴立生（1898—1968），江苏无锡人，原生动物学家。1918 年入南京高等师范农科，1921 年毕业后留校任教。曾在科学社生物所工作。1925 年到清华学校任教。1928 年得中基会的资助到美国留学，获斯坦福大学博士学位。回国后在清华大学任讲师。1935 年到西部科学院任生物所所长。次年到四川大学生物学系任教。1941 年到中正大学生物系任教。1947 年到山东大学水产系执教，曾研究过北京地区的淡水原生动物。1949 年后为南开大学教授。

② 清华历年留美同学省份分类表。《清华周刊》，1924（十周年纪念增刊）。

③ 东南大学向有聘请欧美留学生之传统。1921 年就任校长的郭秉文在 1914 年南高师尚在筹备阶段，即受命去延揽欧美留学生，此后返回南高者逐渐增多，成为回国留美生的一个中心。

④ 刘超：现代中国知识界的"南北问题"——以东大和清华为例。《社会科学论坛》，2011（2）：187—207。

⑤ 陈桢：中国生物学研究的萌芽。《清华周刊》，1931（8—9）：73—76。

东南大学人才流失，始于 1925 年发生的"易长风潮"。1925 年 1
月，北洋政府教育部任命胡敦复接替郭秉文担任国立东南大学校长，由
此引起东南大学校内师生中"拥郭"和"拥胡"的分歧，动荡不休，结
果造成大批教授停教及出走。陈桢等人即对郭不满而离开东大、北上清
华，[①] 此后挑起清华理学院各系大梁的叶企孙、熊庆来、张子高等都是
此时到清华去的。究其原因，除了政治方面的因素，可能是由于郭秉文
平素看重商科、农科、教育科等"面向社会，见效快，社会反映好"的
学科，理科则"宣传报导少，经费支持不够，故理科教师对郭秉文有厚
此薄彼、不一视同仁之感"[②]。

"易长风潮"极大地损害了东大的筋骨，但对于国内的生物学人而
言，其作为学术中心的地位尚未发生大的动摇，其原因主要在于此时
东南大学、金陵大学仍在源源不断地吸引海外归国人才，而中国科学
社生物研究所依然是国内最重要的生物学研究机构。秉志虽然南下厦
门大学，但每年中仍有半年返回南京从事研究；[③] 而陈桢在清华兼任教
授，也时常往返南北两地，实际上仍在南京研究其遗传学。1926 年后，
科学社生物所成为中华教育文化基金会的资助对象，自此益加发展。[④]
而陈桢也辞去清华的兼任教授、南返国立东南大学担任动物系主任一
职。[⑤] 为壮大生物学系，清华本有意聘请声望卓著的秉志和留美即将回
国的张景钺前来任教。但秉志此时并无心北上；而张景钺回国后，亦选

---

① 张朋园等访问：《郭廷以先生访问记录》。台北："中央研究院"近代史研究所，1998
年，第 191 页。

② 朱斐主编：《东南大学史 1902—1949》，第一卷。南京：东南大学出版社，1991 年，
第 168 页。

③ 张孟闻：回忆业师秉志先生。《中国科技史料》，1981，2（2）：39—43。张剑：《科
学社团在近代中国的命运——以中国科学社为中心》。济南：山东教育出版社，2005 年，第
208 页。

④ 薛攀皋：中国科学社生物研究所——中国最早的生物学研究机构。《中国科技史料》，
1992，13（2）：51。

⑤ 陈桢于 1925 年、1926 年间的经历，后人回忆资料均记述不详。此处根据：国立东南
大学南京高师教员一览表。中国第二历史档案馆，全宗号 648，案卷号 323。转引自：姜玉平：
《民国生物学高等教育与研究的体制化》。中国科学技术大学博士学位论文，2003 年，第 64 页。

择了东南大学作为落脚点，复函婉拒了清华的聘请。① 不难看出，作为当时中国生物学的中心，对生物学者而言，南京的吸引力远非北京可比。而刘崇乐②正是在这种情形下来到清华的。

1927 年年中，系主任钱崇澍也决定离开清华，远赴厦门。钱氏是一位纯粹的学者、对政治并不热心。他在清华"留了三年，平静无事"。③ 但北方政局的动荡，使原本生机勃勃的生物学系的发展大受阻碍，让他难以安心继续自己的工作。而他认为北伐不过又是一场军阀战争，这加重了他对时局的悲观。因而他像一位古代的士大夫一样，以"亲老多病"为由向学校请辞，决意离开。④ 校方深知钱崇澍在生物学界和科学界的地位，也清楚他的离开对于生物学系的影响，因而倍加挽留。⑤ 但钱崇澍去意已决，其结果校方以"准假一年"的形式，不得不默认了这一结果，⑥ 系主任一职则由刘崇乐接任。

陈桢、钱崇澍离开清华后，东南大学对清华生物学的影响并未随之断裂。由于钱崇澍走后清华缺乏植物学教师，1927 年秋，陈桢推荐东南大学的植物学助教刘咸⑦来到清华担任讲师，后者很快成行。这一事

① 国立清华大学评议会会议记录。清华大学档案，编号：1-2：1-6-1。
② 刘崇乐（1901—1969），字觉民，福建闽侯人。1916 年与兄长刘崇鋐一起考入清华。1920 年毕业后，赴美入康奈尔大学农学院，获学士学位后进入康大研究院，师从知名昆虫学家布拉德利教授（J. C. Bradley）专攻昆虫学。1926 年获得博士毕业后回国。此后历任清华大学、东北大学、清华大学农业研究所、清华大学农学院教授、中国科学院动物研究所研究员。
③ 自述。中国科学院植物研究所档案，钱崇澍专卷。
④ 新闻：教授消息。《清华校刊》，1927（31）：2。
⑤ 在 1927 年 4 月 21 日举行的教授会议上，曹云祥报告说"董事会有改组之希望""借用基金及建筑等事均俟董事会改组后进行"。从中可见，曹氏对资金的筹措信心不足，精神亦显疲惫。然而一个月后，钱崇澍提出辞职，曹云祥随即表示"下半年即建设生物学馆"，挽留之意不言而喻。
⑥ 有人认为钱崇澍的离开是因为清华校方对生物学系的忽视，说"因在办学宗旨上与清华大学当局的看法不一致，钱（崇澍）强调改善清华生物系的科研条件以利发展，而未被采纳，便于 1927 年受聘于厦门大学"。这种说法似不够确切，钱崇澍在自述中也只提到北伐战争使他感到困惑和担忧。但当时的条件下，清华难以改善生物学系的科研条件确是实情。
⑦ 刘咸（1901—1987），字重熙，江西都昌人，人类学家。1921 年考入国立东南大学生物学系，是秉志、胡先骕、陈桢、陈焕镛等人的学生。1925 年毕业后留校任植物学助教，从事南京地区藻类调查与研究。1927 年到清华任讲师。1928 年中，考取江西公费后留学英国牛津大学学习人类学。回国后，在国立山东大学、暨南大学、复旦大学等高校担任人类学教授。

例说明清华对专门人才的渴求，另外，亦反映出此时东南大学的生物学师资在国内所具有的突出地位。

（二）师资结构的形成与稳定

1928 年后，清华生物学系开始形成自己稳定的核心师资结构，这源于当时两个有利条件。其一是静生生物调查所（下文简称"静生所"）在北京（时称北平）成立后对国内生物学人才的吸引，其二是清华在 1928 年后向研究型大学转型时"拔尖"式的人才政策。

静生所由秉志、邹秉文、胡先骕等人（从秉志的信函内容来看，应当也包括陈桢）于 1927 年下半年借美国昆虫学家尼登访华之机倡议发起，欲办成一个像北平地质调查所那样的机构，[①] 作为研究北方动植物的一个重要场所。在秉志的设想里，"寒暑假中或他假时，席山[②]、经甫、觉民等均可来所研究，想进行必甚顺利"，[③] 大约是想把这个研究所作为一个研究中心，像中国科学社生物研究所对东南大学生物学系等的反哺一样，来推动北京地区高校生物学的发展。在中基会、尚志学会等的大力推动下，静生所很快成立，秉志亲任所长，胡先骕担任植物部主任，他们的助手、学生等得以借机逐渐向北流动。二十世纪三十年代初，随着生物学人的陆续北来，燕京、北师大、清华、北大等生物学系的崛起，使北京逐渐成为中国近代生物学的又一中心。

静生所还在筹备时，就开始与清华共享人才资源。1928 年年初，清华聘请寿振黄担任动物学教授。[④] 寿振黄是东南大学生物学系的第一届学生，甚受秉志器重。秉志筹备静生所时，预计自己每年在京仅四个月，故"调查动物，弟（注：秉志自称）不在京时，由寿理初执行"，[⑤]

---

① 秉志等致范源濂，1928 年 7 月。见：翟启慧、胡宗刚编：《秉志文存》第三卷，《文录诗存书札》。北京：北京大学出版社，2006 年，第 397—399 页。
② 1927—1928 年，陈桢在北京师范大学担任过一年生物学教授。
③ 秉志致任鸿隽，1928 年 4 月 30 日。《秉志文存》第三卷，《文录诗存书札》。第 402 页。
④ 寿振黄先生到校。《清华学校校刊》，1928-2-20：1。
⑤ 秉志致任鸿隽，1928 年 4 月 30 日。《秉志文存》第三卷，《文录诗存书札》。第 402 页。

图 3-1 1929 年后清华生物学系的三位主要教授（从左至右）：陈桢、李继侗、吴韫珍

因而静生所亦聘其为动物部技师。[①] 刘崇乐也受聘兼任该所技师，只是刘氏不久后即接受了中基会的科学教席，前往东北大学任教而离开北京。此后几年间，静生所与清华保持着密切的人事和业务往来。如 1929年后自东南大学来到清华担任助教的陈封怀，[②] 就时常与静生所人员合作进行植物资源考察与标本采集，并于 1931 年初加入静生所。而寿振黄则于 1933 年正式加入静生所，但仍在生物学系担任兼职的讲师。不过，由于研究旨趣的不同，清华生物学系的学生较少参加以采集分类为主要内容的静生所的工作。在这一方面，北京大学及北京师范大学与该所的关系更为密切，两校"生物系四年级生，其有志于生物学者，常于课余至所研读"。[③] 从这一点也可以看出清华生物学系与这几所高校生物学系的差异。而这种对采集分类学者"合作"而不"合流"的态度，或许也是造成四十年代后期清华生物学系难以补充植物分类学教师的一个原因。

----

① 静生所委员会议记录。中国第二历史档案馆：609（3）。转引自：胡宗刚：《静生生物调查所史稿》。济南：山东教育出版社，2005 年，第 19 页。

② 陈封怀（1900—1993），字时雅，江苏南京人，祖籍江西修水。家世煊赫，曾祖陈宝箴，曾任湖南巡抚；祖父陈三立，清末著名诗人；父陈衡恪，美术教育家，叔父陈寅恪，著名历史学家。陈封怀先在金陵大学农科，后转入国立东南大学。1927 年在东南大学农学院毕业，在吴淞中国公学执教半年、沈阳文华中学执教一年，1929 年到清华担任助教。1931 年1 月加入静生生物调查所，1934 年公费留英，在爱丁堡皇家植物园园长史密斯（W. Wright Smith）指导下进行研究。1936 年回国，历任庐山植物园主任、中正大学园艺系教授。

③ 秉志：国内生物科学（分类学）近年来之进展。《科学》，1934（3）：414—434。

　　清华生物学系师资得以迅速扩充的第二个、也更为重要的原因，是罗家伦时代开始的大刀阔斧的人才引进政策。罗氏主张"要大学好，必先要师资好……罗致良好教师，是大学校长第一个责任"。[1]梅贻琦也认为"师资为大学第一要素，吾人知之甚切，故亦图之至亟也"。[2]罗家伦甫一上任，就四处强聘优秀师资，"抢"来了冯友兰、钱玄同、浦薛凤、杨振声、翁文灏、萨本栋、孙光远等十几位知名学者，而中央大学[3]、南开大学等地亦成为他挖角的重点，聘来了吴有训、蒋廷黻等人。此时身在中央大学的陈桢亦在聘请之列，只是当时已经开学，故延迟至1929年年初才正式到校。[4]而吴韫珍则于1928年秋即已在清华授课。[5]

　　关于这种"拔尖"式挖角的原因，叶企孙曾一针见血地指出："我们国内的大学，数目可以说很多。不过细细一算，把全国科学者总计起来，至多只能办几个好大学。全国心理学者合起来，最多不过办一个或者两个好的学系；全国化学者合起来，最多只能办三个或者四个好的学系；其他科学亦类此。所以实在的困难，是在科学家太少。"[6]清华想要在贫乏的高等教育土壤中脱颖而出，就不得不采用这种方式，甚至不惜因此得罪张伯苓等教育界前辈和同行。

　　对于聘请教授的要求，罗氏曾表示："我决不请徒有虚名，而停止了上进的时下所称的名教授；我所着眼的，是比较年轻一辈的学者，在学术上打得有很好的基础，有真正从事学术的兴趣，而愿意继续做研究工作的人。我认为只有在这个类型里求人才，才可以得到将来最有希望

---

　　[1]　罗家伦：学术独立与新清华。罗家伦：《文化教育与新青年》。上海：商务印书馆，1947年，第96页。
　　[2]　梅贻琦：致全体校友书。《梅贻琦教育论著选》，刘述礼、黄延复编。北京：人民教育出版社，1993年，第70页。
　　[3]　1927年6月，为试验"大学区制"，国立东南大学与河海工科大学等九所高校合并，组成国立第四中山大学，1928年2月29日改称江苏大学，因校名受师生普遍反对，4月24日改称国立中央大学。
　　[4]　生物系消息一束。《国立清华大学校刊》，1929-2-25：2。
　　[5]　根据《清华大学教职员录》上的记载，吴韫珍的"到校时间"为1928年2月。但《国立清华大学校刊》则在该年9月才报道吴氏到校任教的消息。这里以后者为准。
　　[6]　叶企孙：中国科学界之过去现在及将来。《国立清华大学校刊》，1929-11-22：2。

最有成就的学者。"[①] 这一思路对于注重学术研究、特别是国内刚刚起步的实验生物学研究的清华生物学系而言可以说正相契合。

这一时期被聘用至清华的学者，大致有两个明显的特征。其一是相对年轻。以上述几位教授为例，他们来到清华时都正值少壮。年长者如钱玄同四十二岁，年轻者萨本栋二十七岁，其余大都在三十岁左右，均处于学术工作的黄金期。其二，不少学者已在他校有丰富的教学和研究经验，有的还位列系主任。换言之，都已是他校的骨干力量。如吴有训在中央大学为物理系主任，蒋廷黻为南开大学历史系主任，等等。冯友兰观察到："清华不大喜欢初出茅庐的人，往往是在一个教授在别的学校中研究已经有了成绩，教学已经有了经验之后，才聘请他。而有这些资格的人也往往愿意到清华来。"[②] 1929 年生物学系的几位教授，陈桢为三十五岁，吴韫珍三十一岁，寿振黄三十岁，李继侗三十二岁，其中陈桢和李继侗均已在东南大学、南开大学等地任教数年，还担任过系主任一级的职位。这样年富力强而又有办理学系经验的师资的组合，成为清华生物学系得以迅速崛起的一个重要原因，而这些教师也确实构成了该系此后十几二十年间的核心队伍。

1928 年前的清华并不是一所国内知名的大学，何以在短时期内集中众多优秀学者？其一，罗家伦对清华学术环境的营造、特别是师资延揽、硬件扩充、确立学术研究在大学的至高地位等关键问题上付出心血甚多，收效亦相当明显。而清华所拥有的治学条件以及对学人的优待，又成为吸引高水平人才的关键因素。对于陈桢这样有志开创一番事业的知名学者来说，罗家伦上任后大幅度改善清华教授的薪资和地位、大手笔的经费预算申请，以及不惜以辞职对抗董事会也要扩张清华的态度，反映了罗氏将清华办成一流研究型大学的决心。[③] 生物学馆的建造位列

---

① 罗家伦：我和清华大学。见：罗久芳：《罗家伦与张维桢——我的父亲母亲》。天津：百花文艺出版社，2006 年，第 132 页。

② 冯友兰：《三松堂全集》，第一卷。郑州：河南人民出版社，2001 年，第 287 页。

③ 罗家伦此后亦自称"我所取的办法，有点非常，或者说是带点霸气"。见：罗家伦：《文化教育与新青年》，上海：商务印书馆，1947 年，第 104 页。

新增基础建设之首，这或许是陈桢最终决定北上的直接因素之一。[①] 此外，诸如教授治校、学术休假等制度保障，对优秀学者而言同样也有莫大的吸引力。蒋廷黻说："清华有两项重要措施是值得称道的……就待遇标准说，清华是按照教育部的规定的，但清华另外规定有休假，并可供给休假旅费；上课钟点少，较其他大学进修的时间多。图书馆、化验室的经费也比其他学校充足。如果一个人为了拿薪水，就不必请到清华。但是为了研究、写作、进修，他就会到清华来。"[②]

当然，除了大学氛围的营造，平心而论，清华之所以能迅速崛起并对他校构成人才"拔尖"的威胁，经费是一个必不可少的根本原因。特别是对实力相对弱小的高校而言，这种优势更为明显。对比1929 年南开大学和清华两校的经费，南开为二十二万余元，[③] 清华则有六十七万六千元以上（除留美学生经费外，实际用于清华大学的有五十九万多），相差三倍有余。[④] 蒋廷黻到清华担任历史系主任，当年月薪即有三百八十元，翌年升为四百元，[⑤] 作为普通教授的李继侗也至少应有三百二十元，[⑥] 而他们在南开则"薪水刚够维持温饱，很难有积蓄"。因此，他们的同事、南开的经济系教授何廉虽然对三位优秀教师的离开感到惋惜，但也觉得"他们趁机到其他有关机构就任报酬更丰厚

---

① 有的资料中提到，陈桢曾有如此自述："1929 年，清华大学校长罗家伦校长邀我去清华大学生物系主持工作，并应允建立生物学馆。"见：中国科学院院士工作局编：《科学的道路》，上。上海：上海教育出版社，2005 年，第 768 页。清华生物学系学生徐仁也在 1933 年的文章中提到："十八年六月，本校聘请陈席山先生为生物学系主任，以建筑生物学馆为前提。"见：徐仁：清华的生物学馆。《清华周刊》，1933，514–515：119。罗家伦邀请陈桢是1928 年 8、9 月间事，上述二者记述似均有误。但这些记载似乎可以说明陈桢未及时返回清华，或许亦有等待生物学馆能否建成之因素。

② 蒋廷黻：《蒋廷黻回忆录》。北京：东方出版社，2011 年，第 133 页。

③ 宋秋蓉：1929 年私立南开大学教授流入国立清华大学的分析。《现代大学教育》，2012（3）：44–49。

④ 1930 年国民政府用于全国所有国立专科以上学校的经费也只有八百五十八万余元。见：《第一次中国教育年鉴》，丙编，教育概况。上海：开明书店，1934 年，第 5 页。

⑤ 张朋园等访问：《郭廷以先生访问记录》。台北："中央研究院"近代史研究所，1987 年，第 192 页。

⑥ 根据李继侗 1931 年的月薪推算。见：（二十年至二十六）年度教师一览表。清华大学档案，编号：1–2：1–112–011。

的职务也是理所当然的"。①

随着吴韫珍、李继侗、陈桢的陆续到校,生物学系的师资骨干已基本形成。1932年梅贻琦就任校长后,更以"大师论"为其办校的核心思想,到1937年年初,全校教师增加至二百二十多人。由于清华的办学重心向实用科学迁移,引进的师资也以工学院为主,这一时期生物学系并未再直接引进知名学者。而且,国内生物学专门人才十分缺乏,"挖角"只能是一种权宜之计。在实验生物学的发展已成生物学发展趋势的情况下,引进年轻学者、调整师资结构、充实办学力量,也就成为必然之事。因而在1934年、1935年,生物学系又引进了彭光钦②、赵以炳③两位自国外返回的生物物理学和动物生理学年轻学者为专任讲师。按照规定,他们两年之后也陆续升职为教授。清华生物学系的师资自此达到了一个相对完善的阶段。

(三)清华生物学系师资结构的特点

清华"改大"时,就力图建设成一所文理科大学,奠定了早期发展基础学科的方向。罗家伦掌校后,更以注重基础研究作为清华的学术方针。在这种环境下,清华生物学系组成了一个当时国立高校生物系中少有的、以实验生物学专业出身者为主体的教师阵容。陈桢是中国动物遗传学的奠基人,在来到清华前,已进行了数年动物遗传学研究,首次在金鱼中证实了符合孟德尔遗传的性状;李继侗在南开,也利用简陋的条件作出了光合作用瞬间效应的发现;即使来到清华后主要从事植物

---

① 何廉:《何廉回忆录》。北京:中国文史出版社,1988年,第45页。

② 彭光钦(1906—1991),重庆长寿人,生物物理学家,我国橡胶科学的先驱者。1929年毕业于清华学校,曾参与创立清华生物学会。1933年在美国约翰霍普金斯大学获博士学位,后在德国柏林威廉皇家生物学研究院、意大利拿波里动物学会等地进修。1934年回国,先后任教于清华大学、西南联大、广西医学院、广西大学、重庆大学、华南热带作物学院等地。二十世纪四十年代开始,致力于国产橡胶作物的研究,对国产橡胶事业有突出贡献。

③ 赵以炳(1909—1987),江西南昌人,生理学家。1929年毕业于清华学校,赴美后攻读生理学,1934年在芝加哥大学获博士学位。1935年2月到清华任教。此后历任西南联大、中正医学院教授,1946年返回清华,并兼任协和医学院、燕京大学等校讲师。1952年院系调整后担任北京大学生物系教授、生理学教研室主任。在低温生理、冬眠生理等领域有杰出成就。

分类学的吴韫珍，此前也有深厚的植物生理学研究背景[①]。这使得1929年后生物学系的教授中，仅有寿振黄为专门的分类学家。而三十年代后来到生物学系的彭光钦、赵以炳、沈同[②]等青年骨干教师，无论专业背景还是所从事的研究，都使清华生物学系"实验生物学"的特色更为显著。

从另一方面看，大学的主要职能之一是教学，而本科阶段的教学又应以基础课程为重。能否保证课程教育涵盖各个重要分支学科，是衡量生物学系教学质量的重要指标，这就要求教师结构上的多元化和均衡性。在民国时期，表现为动物学与植物学之间的平衡、实验性生物学与描述性生物学之间的平衡等。教师的组成越单一，则教学和研究的范围越狭窄，反之，教师专业背景越多元，则整体的学术视野越开阔，对学生的培养也更有利。当然，考虑到本科教学的要求，这种多元必须首先保证涵盖生物学各个重要的分支，因而清华生物学系不可能像协和医学院那样，办成一个纯粹以实验生物学为发展方向的教学科研机构。所以，在教师的选择上，除了重视实验生物学这一二十世纪生物学发展的潮流外，也要照顾到分类、形态、生态等科目的教学与研究要求。而清华生物学系则较好地达到了这种科目之间的平衡。

陈桢曾说："教授为一系之命脉，故欲求一系之发展，对于学术上知名之士自当广为罗致。"[③]但是他也清楚地认识到，限于人才的缺乏和经费的有限，不可能让每门课程都找到一位对应的专门教师。而且，要在短时期内迅速组织一个高水平的教师阵容，只能是"小而精""小而

[①] 吴韫珍的博士论文为《苹果叶片组织的过氧化氢酶活性研究》(*Some Studies in Catalase Activity of Apple Leaf-tissue*)，康奈尔大学，1927年。

[②] 沈同（1911—1992），江苏吴江人，生物化学家。1929年考入清华大学生物学系，毕业后留任助教，1936年考取清华公费留美，在康奈尔大学攻读动物营养学，1939年获博士学位。1940年任西南联大生物系专任讲师，后任副教授、教授。1946年后任清华大学生物学系教授。1952年院系调整后任北京大学生物系教授。在膳食营养、维生素作用、核酸与蛋白质等方面均有出色研究。其主编的《生物化学》直至二十一世纪初期仍是全国大学生物化学课程使用最广的教材。

[③] 记陈席山先生谈话。《国立清华大学校刊》，1929-3-4：1—2。

全"。因此，具有实验生物学背景和"一专多能"，就成了清华生物学
系教师的一个主要特色。

表3-1　清华生物学系教授、讲师的专业构成与所授科目（1935）

姓名	职称	到校时间	专业背景	主讲课程 *
陈桢	教授	1929	动物遗传学	遗传与进化、生物学史
吴韫珍	教授	1928	植物生理学	植物形态学、植物分类学
李继侗	教授	1929	森林学	植物生理学、植物解剖学、植物生态学
寿振黄	讲师 **	1928	动物分类学	比较解剖学、脊椎动物学、胚胎学
赵以炳	专任讲师	1935	动物生理学	动物生理学、组织学
彭光钦	专任讲师	1934	动物学	无脊椎动物学

* 根据 1935 年之课程表。
** 讲师为清华教职中之一级，为校外来校兼职任教者之称呼；本校教员则称专任讲师。

如果进一步考察陈桢、吴韫珍、李继侗三位教授的教育背景，还
会发现一个有意思的情况，即三人都出身于金陵大学农林科。金大农科
（1915 年增设林科后称为农林科）为我国现代农业研究与人才培养的重
镇，农林科长芮思娄（J. H. Reisner）采用其母校康奈尔大学农学院"教
学、研究、推广"三位一体的模式，对研究尤为重视，[①] 学生的实践能
力也很强 [②]。从清华生物学系的进行方针和此后的实际情形看，陈桢也
深受这一模式影响。

助教队伍承担着一个系研究和教学的诸多实际任务，其构成也应
予以简要考察。生物学系早期的助教如刘宝善、戴立生都是从东南大学
来到清华的。1928 年后，随着陈桢等人返回清华，陈封怀、戈定邦 [③]、

---

① 金陵大学农林科于 1930 年改为农学院，其经费分配为：研究占 50%，教学占 30%，
推广占 20%。可见农林科一贯重视研究的风气。
② 张宪文主编：《金陵大学史》。南京：南京大学出版社，2002 年，第 23 页。
③ 戈定邦（1908—？），河北景县人，古生物学家、边疆学者。1929 年毕业于国立中央
大学生物学系，历任清华生物学系助教、教员，曾与袁复礼合作发表古生物学论文。1936 年
后离开清华，似前往德国留学。四十年代归国后在中央大学任教，后任总务长，1949 年去台
湾，任台湾师范大学教授，后旅美。

秦素美①等东南大学毕业生亦随之来到清华，加上东吴大学毕业的王绶基②，他们四人形成生物学系最早的助教队伍。

1929 年后，随着清华"改大"后自行培养的本科生陆续毕业，本校学生逐渐成为清华各系助教的主要来源，生物学系也不例外。以第一届三名毕业生为例，除汪振儒毕业后进入中国科学社生物研究所从事藻类学研究外，薛芬和容启东③均留在清华，而汪振儒亦于 1930 年返回清华担任助教。1931 年后，助教中只有杜增瑞毕业于国立北平师范大学；而 1934 至 1936 年，生物学系的助教全部由本系应届和往届毕业生担任。1935 年清华农业研究所成立后，也聘有生物学系毕业生担任助教者数人。他们大多数承担起协助教授进行学术研究、实验课程指导以及学生指导等具体工作。

清华规定，"本大学助教，须具有大学毕业成绩特优之资格"，④而助教之聘任，虽然在书面上系主任要向院、校两级提交申请，但实际上是由系里特别是教授所决定。生物学系之所以较多地留用毕业生担任助教，大多出于借助研究所、工作实践等方式培养"专才"的考虑，同时也可以通过助教工作来判断青年学人是否有从事生物学研究的潜质。吴征镒曾说："1940 年夏我也三年助教期满，李（继侗）师认为我还应扩大基础，劝我投考北京大学研究生院进修"。⑤根据吴征镒的记载，按

---

① 秦素美（生卒年不详），毕业于东南大学生物学系，1928 年到清华任助教，1931 年左右到山东大学任讲师。早年进行过一些鱼类寄生虫的研究，后转向组织学。曾任光华大学生物学系主任，讲授胚胎学、组织学等课程。1952 年院系调整时转到复旦大学任生物系教授。

② 王绶基（生卒年不详），江苏吴江人，1927 年毕业于东吴大学，获理学士学位。似在天津南开中学任教员一年，1928 年到清华任助教，后随刘崇乐到东北大学。此后辗转于岭南大学等地，1949 年后在南京师范大学任教。在寄生虫学方面有较多研究。

③ 容启东（1908—1987），广东南屏（今广东珠海）人，出生于香港。植物学家，著名教育家。父容星桥是清末留美幼童之一。1925 年考入清华大学生物学系，1929 年毕业后留校担任助教。1935 年赴美，在芝加哥大学生物系进修。1938 年担任岭南大学生物学教授，历任系主任、理学院代理院长、教务长。1951 年担任香港大学植物学高级讲师，1959 年担任香港崇基书院院长。1963 年，崇基、新亚、联合三所书院合并成立香港中文大学，担任首任副校长。

④ 国立清华大学教师服务及待遇规程（1934 年 6 月重印）。清华大学校史研究室：《清华大学史料选编》第二卷（上）。北京：清华大学出版社，1994 年，第 175 页。

⑤ 吴征镒：九十自述。吴征镒：《百兼杂感随忆》。北京：科学出版社，2008 年，第 37 页。

清华惯例，助教三年，如不升级，则须他就，[①] 而要升任教员、讲师，又往往要求有硕士或博士学位，而且最好是在国外攻读。正如徐仁所说："在那个时代，不出国留学是没有出路的，（否则）就不能在'最好的学校'教书。"[②] 因而青年教师有志于学术者，往往在助教期将满时，即选择继续深造或进修。他们离开后，其空缺由他人接任。生物学系青年教师攻读研究生的比例很高，如1934年前留校担任助教的十一名毕业生中，有十人此后陆续选择攻读研究生，其中六人赴美，一人赴英，一人赴德，二人在国内。赴英美者均获得博士学位。

表3-2　生物学系毕业生担任本系助教的情况（1928—1937）

年份	助教人数	清华毕业者	比例
1928	4	0	0
1929	6	2	33.3%
1930	5	2	40%
1931	5	4	80%
1932	5	4	80%
1933	4	3	75%
1934	6	6	100%
1935	7	7	100%
1936	8	8	100%
1937	9	8	88.9%

资料来源：清华员工名册（1926—1952）。《清华大学档案馆研究资料汇编》第七期。

　　青年教师作为工作中的基层中坚力量，往往很快能得到教授的倚

————————————

　　① 　按清华似并未规定助教期限，只规定助教薪资上限（1934年规定，助教薪资最低八十元，任满一年可加十元，最高不得超过一百四十元）。但吴征镒在回忆中数次提到这一"三年期限"，说明这一情形是真实存在的。西南联大后期这项规定似已松弛，生物学系即有数人担任助教在三年以上。

　　② 　徐仁自述（1968年6月3日）。中国科学院植物研究所档案：徐仁专卷。转引自：http://blog.sciencenet.cn/home.php?mod=space&uid=225931&do=blog&id=729675。徐仁这里所说的"最好的学校"，即使不是单指，显然也包括清华在内。

重。由此，青年教师的留学潮，也就引起了一些资深教授的不满。物理系主任吴有训批评这种"一面开办研究所，一面拼命的留学考试"的情形，致使"相处很久的助教和成绩较好的学生，对于所进行的工作，本可望相当的结果，因预备留学考试致工作的效率大减，有时竟等于零"，"事实上是妨碍了中国的学术独立工作"。[①] 但生物学系的做法，却倾向于鼓励青年教员到他处深造和出国。也许这并非生物学系的教师们不重视自己进行独立的研究，而应理解为他们更注重青年教师在当时的实际条件下，想要在学术上有所发展，仍必须以出国进修为首选，反映出当时中国的生物学与国外确实存在较大差距的实情。这种"留学为上"的态度也贯穿于清华生物学系的历史，直至1949年由于政局变化导致旧有的留学政策无法实施才告终止。

（四）西南联大时期的师资情形

七七事变后，北平局势顿时紧张，师生纷纷离校。1937年9月中下旬，清华、北大、南开合组长沙临时大学，校方通过各种方式通知散在各处的师生前往报到。由于交通阻隔、消息传递到各处的时间不一，师生到达长沙的时间差别很大。如早早携眷南来庐山度假的彭光钦，于9月中旬接到通知，即从九江很快到达长沙。[②] 但大部分师生的返校路途则艰辛得多。如疏散至北京城内的一些教师，包括陈桢等人，自10月18日从天津乘船到上海，转至南通，又乘船到武汉，再从武汉到长沙，用时将近一个月。[③] 李继侗与吴韫珍也随校南下。[④] 较早离开北京

---

① 吴有训：学术独立工作与留学考试。《独立评论》，1935，151：36—37。

② 彭正方：魂系胶园——记我国橡胶科研事业的拓荒者彭光钦教授。广东省政协文史资料研究委员会编：《广东文史资料》，第79辑。广州：广东人民出版社，1998年，第166页。

③ 浦薛凤：《浦薛凤回忆录》中，太虚空里一游尘。合肥：黄山书社，2009年，第28—42页。

④ 有回忆提到，当年暑期，李继侗在淮河流域桐柏山一带考察造林。见：汪振儒执笔：李继侗先生生平与贡献。《李继侗文集》。科学出版社，1986年，第3页。但在其子女的回忆中则说到淮河流域的考察在1936年。吴韫珍则可能与杨承元在湖南采集植物标本（因当年5月份已有关于吴韫珍等人赴湖南的预算支出，时间为6月中旬至8月初）。见：清华大学档案，编号1：1-2；1-76-022。

前往天津的杨承元还曾被日军关押用刑，[①] 被放出后才辗转南下赶赴长沙。初任助教的吴征镒，因参加段绳武组织的"西北科学考察团"，于7月6日离京，返程时北平已沦陷，遂辗转回其家乡扬州，旋即接到李继侗的电报，经南京、武汉而赶到长沙。[②] 不过，待10月26日长沙临大开学时，清华生物学系原有的主要师资已基本到齐。由于南开大学并无生物系教师抵湘，而北大生物系此时到达长沙的教授只有张景钺和沈嘉瑞二人，因而长沙临大生物学系的师资以清华为主。

表3-3　长沙临时大学生物学系的教师组成

	国立清华大学	国立北京大学
教授、专任讲师	陈桢、李继侗、吴韫珍、彭光钦、赵以炳	张景钺、沈嘉瑞、崔之兰 [③]
助教	顾昌栋、杨承元、梁其瑾、吴征镒、黄瑾（半时）	牛满江、李中宪、徐仁（陈阅增代）

资料来源：长沙临时大学教职员名录（1937年）。见：北京大学等编：《国立西南联合大学史料》四，教职员卷。昆明：云南大学出版社，1998年，第59页。

北大生物学系于1925年9月成立，[④] 较清华生物学系正式成立还要早近半年。但它在最初的几年中，由于经费较少，且整个北大陷入划分大学区等各种政治、人事纠纷，发展缓慢，它的生物学系"规模很小，教授多为临时聘任或兼职，开设的课程也很少"。[⑤] 直至蒋梦麟就任校

---

① 卞僧慧：纪念难友刘霨公先生。卞僧慧：《天津史志研究文集》。天津：天津古籍出版社，2011年，第234页。

② 见《吴征镒自定年谱》中1937年的记录。

③ 原文未列入。但查其他资料，崔之兰当年夏与其夫张景钺共同到山东威海度假。张景钺到长沙，崔之兰亦应一同到长沙。且在长沙临大课程表中，有崔之兰讲的比较解剖学课程。1938年后，由于西南联大规定夫妇不得在同一学校任教，崔之兰改任云南大学生物学系教授兼系主任。

④ 薛攀皋：北京大学生物学系是何时建立的。《中国科技史料》，1989，10（2）：77—79。

⑤ 王世珍、葛明德、陈守良：八十年风雨路——北京大学生命科学学院（系）历史回顾。《生命世界》，2005（4）：62。

长并自中华教育文化基金会获得赞助，并于 1932 年将自海外进修归来
的张景钺招致北大生物学系当系主任后，该系才逐渐发展起来。但到
1937 年时，北大生物学系的师资阵容仍然不及清华。

　　临大在长沙的时间仅有几个月，即因战事追近而再次开拔。师生分
三路前往云南。其中，大部分师生南下广州，自河内经滇越线到昆明。
另外一路，即著名的"湘黔滇旅行团"中，生物学系教师有李继侗、吴
征镒，他们二人加上清华农研所的毛应斗、郭海峰（生物学系毕业生），
以及地理系的王钟山，五个人"经常在一起，是辅导团教师（组）的大
头"。[①] 他们和全团师生一起于 4 月 28 日到达昆明。而陈桢则北返迎接
家眷，于翌年 2 月重返西南联大。[②]

　　西南联大的八年时间里，生物学系汇集了清华、北大两校的师资，
加上清华农研所的教师们"经常与生物系一起进行各种学术活动，几
乎和生物系的教授没有什么区别"[③]。曾任职于该系的十一名教授（李继
侗、陈桢、张景钺、沈嘉瑞、殷宏章、杜增瑞、沈同、吴素萱[④]、吴韫
珍、赵以炳、彭光钦）中，有七名出身清华生物学系，三名来自北大，
一名来自南开；教员、助教亦以清华为多。讲师则为清华一名、北大三
名。[⑤] 系主任由李继侗担任，这或许是由于李继侗兼有清华和南开两校
的背景，而为三校联合期间、特别注意三校之间维持平衡的梅贻琦所看

---

　　①　吴征镒：我在步行团的科学考察。《百兼杂感随忆》。第 384 页。

　　②　在陈桢 1940 年的一张病假申请中有一注释"民国十八年二月到校"字样。见：致陈
桢：复准请假一年，希抄本校教师关于病假待遇规定一条，希察照由。清华大学档案，编号：
X1-3：3-36：2-010。

　　③　毕列爵：从生物系看联大的教师队伍和科研工作。《西南联大北京校友会简讯》，
1999，25：24。

　　④　吴素萱（1908—1979），山东益都人，细胞生物学家。1930 年毕业于中央大学生物
学系，渐次担任中大、北大生物系助教。后留学美国，1941 年获美国密歇根大学博士学位，
回国任西南联大副教授、教授。在联大期间，由于生物学系缺乏脊椎动物学方面的教员，吴
素萱便连续数年承担此一课程。联大复员后，任北大生物学系教授。

　　⑤　以上数字均根据各教师的最高职级统计，来自"国立西南联合大学全校教职员名单
册（1946 年）"。见：北京大学等编：《西南联合大学史料》四，教职员卷。昆明：云南大学出
版社，1998 年，第 250—253 页。教员及助教部分还参考"1938—1946 各院系毕业生名录"。
见：西南联合大学北京校友会编：《国立西南联合大学校史——一九三七至一九四六年的北大、
清华、南开》。北京：北京大学出版社，1996 年，第 621 页。

重的缘故（李继侗于 1940—1941 学年度去叙永担任先修班主任时，由张景钺代理）。而清华生物学系主任则仍由陈桢担任（1938 年陈桢北返未到校时，由李继侗代理）。

表 3-4　西南联大时期生物学系的三校教师组成

	教授	讲师	教员	助教
总计	11	4	4	24
清华	7	1	3	10
北大	3	3	1	5
南开	1	0	0	1
联大（毕业）	0	0	0	8

清华生物学系的师资在联大时期发生了较大的变化。1940 年，赵以炳、彭光钦两位教授离开联大。赵以炳跟随中正医学院前往贵州，彭光钦前往广西休假后即在广西医学院、广西大学等地任教。而吴韫珍则于 1942 年夏不幸病殁，师生痛陈为"本系最大之损失"。[1]

赵、彭二人离开昆明出于何种原因，今天已不易知晓，但与此时生物学系设备经费缺乏、不足以支持教师开展学术研究，或有重要关系。赵以炳自 1935 年来到清华后学术成果极丰，到 1941 年，在《中国生理学杂志》即已发表生理学论文十二篇。[2] 1940 年时，赵以炳三十一岁，正处于其学术研究的黄金时期，即使在昆明，也仍然坚持开展蝾螈呼吸方面的研究。中正医学院虽然同样经受内迁之波折，但它自江西有序迁至昆明，有较好的基础条件。赵以炳受聘在该院任教务长兼生理学教授。虽然上任一个月该院即迁至贵州镇宁，但在那里的"实验室设备，

---

① 陈桢：生物学系。《清华校友通讯》，复员后第二期，1947-4-25：4。

② 1941 年丁延祜、赵以炳发表于《中国生理学杂志》的论文，实际上是丁于 1937 年毕业时在赵以炳指导下所作的毕业论文，因此亦统计在赵氏在清华时期的学术成绩中。

也颇具规模，各科必须的仪器，均能满足基本要求"，[①]而且当地物价低，教师的待遇较高，师生生活稳定，比起物价飞涨的昆明要好得多。赵氏去中正医学院，带走了助教林从敏，并吸引了在北平协和医学院进修的王志均和方纲等人南下，都是他在清华从事生理学研究的助手。

彭光钦的离去似也由于同样的原因。他到昆明后，除了一门普通生物学（给大一其他系科学生修习）之外，系里未安排其他课程。他"课不多，又闲不住"，而他先前所从事的实验原生动物学研究，"在目前情况之下，国内现无充分之研究设备"，他只能有时到农研所做一些植物生长素研究工作。1940 年，彭光钦按清华规定申请国内休假，由于没有条件开展实验研究，"拟从事于《普通生物学》教科书之编著，以代替研究工作……想于此科之教学上有所帮助"。[②]但"此项工作需要参考书籍十余种……钦由于经济上之困难，现无购备之力"，[③]因而申请由联大购买相关图书。不过此后并未见到有关该书的编写工作，这一申请似乎并未成功，而彭光钦此后也转往桂林休假，经人介绍在广西医学院任生物化学教授，研究"苦楝皮驱蛔剂"以及用米糠治疗脚气病等。这些题目和他此前从事的专业相差甚远，但他仍然愿意"转行"，颇能说明他离开联大的原因，亦不难看出研究工作对于学者的意义。由于广西医学院的研究条件仍然简陋，1943 年 2 月，他又转任广西大学化工系教授，并偶然发现薜荔等国产橡胶植物，从此专门从事橡胶研究的工作。由赵、彭二人先后离开清华生物学系的缘由可见，特别是对青年学者（1940 年，赵以炳三十一岁、彭光钦三十四岁）而言，缺乏基本的科研条件、不能从事专业研究工作是导致人才流失的一个关键。

---

① 杨锡寿：抗日战争中的国立中正医学院。《贵阳文史》，2008（6）：29—32。

② 彭光钦国内休假研究申请信（一）（194□年 5 月 24 日）。清华大学校史研究室编：《清华大学史料选编》，第 3 卷，上。北京：清华大学出版社，1994 年，第 303—304 页。编者有注："此信年份待考"。查彭光钦 1934 年入职清华，信函中有"钦回清华服务已满六载"语，可知为 1940 年。

③ 彭光钦国内休假研究申请信（二）（194□年 5 月 24 日）。《清华大学史料选编》，第 3 卷，上。第 304 页。信件具体日期情况如上条。

　　研究条件不足导致两位青年骨干先后离去，而吴韫珍之病殁，则反映出当时教员生活困苦的实情。战时昆明物价飞涨，但教师的收入却增长有限。梅贻琦夫人韩咏华回忆说："教授们的月薪，在一九三八年、一九三九年还能够维持三个星期的生活，到后来就只够半个月用的了"。[①] 李继侗、沈同等教授组成的"饭团"[②] 不得不靠自己种菜来维持基本的生活需求。[③]1941 年后，由于通货膨胀太快，生活压力逐渐增大至难以承受的阶段，吴韫珍因家庭负担过重，不得不于当年初将家眷送回上海青浦老家。当时他已有严重胃病，1938 年在滇西采集标本时还曾剧烈发作，后被诊断为十二指肠溃疡。[④] 但他仍工作不辍，且为了维持生计，除联大的课程外，还在中国医药研究所兼职，[⑤] 结果"营养粗劣，无由调养，以致病势日增"。[⑥] 为求早日痊愈，吴韫珍急于进行手术治疗，不料因为术后打嗝不止，伤口崩裂转为腹膜炎而早逝。更为可叹的是，由于大后方通信阻隔，他的家人未能及时得知这一消息，以至于在后来回复联大的信函中，甚至弄错了他去世的年份。

　　高端人才的流失给清华同时也是联大生物学系造成了师资上的缺口，所幸与此同时，年轻一辈的教师逐渐成长起来，流入联大和清华，使正常的教学活动得以维持，还使该系有所发展。1938 年，殷宏章自美国直接回到联大生物学系任教；1940 年，在美国康奈尔大学攻读营

---

　　① 韩咏华：同甘共苦四十年——记我所了解的梅贻琦。黄延复主编：《梅贻琦先生纪念集》。长春：吉林文史出版社，1995 年，第 274 页。

　　② 由师生自发形成的一种伙食供应组织。成员需交纳一定伙食费用，由组织者视情况负责购买必需的粮油食品，以保障该"团"当月的伙食。这是西南联大时期师生常见的一种生活组织形式。

　　③ 陈岱孙：后院种菜忆沈同先生。清华校友总会编：《清华校友通讯丛书》，复 28 册。北京：清华大学出版社，1993 年，第 158—159 页。

　　④ 熊姣：中国植物学先驱吴韫珍怎样做学问。江晓原、刘兵编：《好的归博物》。上海：华东师范大学出版社，2011 年，第 92 页。

　　⑤ 为了维持生计，联大教师在外兼职是一种普遍现象。生物系如陈桢即在云南大学兼讲遗传学，吴征镒也在云南大学、私立中法大学等校兼讲植物分类学。

　　⑥ 李继侗、张景钺：吴韫珍先生事略。张景钺文集编委会：《张景钺文集》。北京：北京大学出版社，1995 年，第 70 页。

养学而获得博士学位的沈同回到联大，担任生物学系副教授。[①] 他接替离校的赵以炳讲授动物生理学课程。次年沈同升任教授后，即开讲新课化学生物学，实际上也就是生物化学。同年到达的还有清华早期的助教杜增瑞[②]，他自德国获得博士学位后回国，此时也被聘为教授，主要负责普通动物学和无脊椎动物学两门课程。另外，1936 年毕业于清华生物研究所的生物学系第一位研究生萧承宪，也于 1940 年被聘为专任讲师，负责战前分别由寿振黄和赵以炳讲授的胚胎学和组织学课程。而吴征镒则于 1943 年中止了研究生学习，承担起吴韫珍去世后植物分类学的教学任务。

表 3-5 西南联大生物学系中的清华生物学系教师在职情形一览表

姓名	起始职级	年份									备注
		1938	1939	1940	1941	1942	1943	1944	1945	1946	
李继侗	教授兼联大生物学系主任	●	●	●	●	●	●	●	●	●	1940—1941 年调叙永分校并任先修班主任一年
陈桢	教授	●	●	●	●	●	●	●		●	1940—1941 年代理联大系主任
吴韫珍	教授	●	●	●	●	●					1942 年去世
彭光钦	教授	●	●	●							
赵以炳	教授	●	●	●	●						
杜增瑞	教授			●	●	●	●	●	●	●	1946 年未开课
沈同	副教授			●	●	●	●	●	●	●	1941 年任教授
萧承宪	教员	●	●	●	●	●	●	●	●	●	1940 年任专任讲师

① 根据《清华大学档案研究资料汇编》第七期，"清华员工名册（1926—1952）"，沈同已于 1939 年被西南联大聘为专任讲师。《沈同教授纪念文集》的"主要活动年表"也记载为，1939 年 8 月，沈同已到达西南联大，当年冬到中国红十字会救护总队任营养指导员，1940 年 8 月返回联大担任副教授。

② 杜增瑞（1903—？），河北涿鹿人，无脊椎动物学家，一生致力于淡水涡虫的研究。1930 年毕业于国立北平师范大学，担任清华生物学系助教，1934 年考取河北省留英公费生，攻读畜牧科，获德国柏林大学博士学位，约 1938 年回国，任同济大学生物学系副教授。同济大学迁至昆明后，杜增瑞回到清华担任教授。解放后在山东大学、吉林医科大学等处任教。

续表

姓名	起始职级	年份									备注
		1938	1939	1940	1941	1942	1943	1944	1945	1946	
杨承元	助教	●	●								
吴征镒	助教	●	●	◎			●	●	●	●	1943年任教员 1945年任专任讲师
梁其瑾	助教	●	●								
黄瑾	助教	●	●								
陈耕陶	助教	●	◎								
林从敏	助教		●	●							
曹宗巽	助教			●	●				◎	◎	
张尔琼	助教		●	●							
张友端	助教		◎	◎	◎	◎	●	●	●	●	1943年任教员
姚荷生	助教			●	●	●					
黄浙	临时雇员		◎	●	●	●	●	●	●	●	1940年任助教 1944年任教员
高潜	助教			●	●	●	●	●	●	●	
简焯坡	助教				●	●	●	●	●	●	
陈瑞铭	助教				●	●	●	●	●	●	
何申									●	●	

资料来源：1.《清华大学档案馆研究资料汇编·清华员工名册（1926—1952）》；2.《国立西南联合大学史料》四，教职员卷；3.其他回忆录及出版物。

注：●表示全时教师（教授、专任讲师、教员、助教），◎表示半时助教及临时雇员。

该表统计的截止时间为1946年联大结束时，包括：战前即为清华教师者、战后随清华复员者、入学或毕业时为清华学生者。

1940—1941年师资上的变化对清华生物学系的师资结构造成的影响是显而易见的。特别是由于吴韫珍的病逝，沈同、杜增瑞、萧承宪等人的补充，生物学系的师资结构开始大幅度向动物学方面倾斜。之所以未产生课程方面的偏向问题，主要得益于清华、北大二校在师资上的互补。如张景钺负责植物形态学、殷宏章负责植物生理学、吴素萱负责脊椎动物比较解剖学等；而吴韫珍去世后，普通植物学一度由张景钺、李继侗两位教授共同负责。但这一师资结构的偏向问题始终未能得到较好的解决。同时，清华生物学系的课程设置与教师的专业背景基本对应的情况在这一时期也发生了变化。如负责组织学课程的萧承宪，其研究生阶段的专攻方向实际上是细胞生物学，而非组织或胚胎学。同样，1941年来到联大的吴素萱本来是植物细胞生物学家，却讲授了数年脊椎动物与解剖学，因为该课程一直缺乏教师而无法开课。另外，由于吴韫珍去世，植物分类学教师缺乏，清华也打破了此前必修课只由教授和专任讲师讲课的惯例，由研究生肄业的吴征镒担任分类学教师。如果说吴素萱的短暂"改行"是课程结构稳定后反过来对授课教师发生要求的必然结果，吴征镒的登台执教则反映出生物学系对教师资格的变通与权宜。

联大时期，清华的专任讲师仅有由教员升等的萧承宪。和 1937 年前类似的是，清华的教员和助教同样基本由本校毕业生承担，北大亦是如此，联大生物学系学生[①]亦在此后逐渐留任助教。清华出身的教员和助教人数，每年大体维持在六至八名，这与战前三四年的水平基本相同，去向也基本相似。表 3-5 即简略反映了联大八年间清华生物学系的师资与变化情况。

（五）复员后至院系调整时期

1946 年 5 月，联大结束，清华复员，陈桢仍继续担任清华生物学系主任。教授中回到清华的还有李继侗和沈同，加上从江西返回清华的赵以炳，共有教授四人、专任讲师一人（吴征镒）、教员二人、助教五人。[②] 但在这四名教授中，有二人是动物组、生理组的。同时还增加了崔之兰一名教授，而她也是负责动物解剖学和组织学的，这进一步加强

---

① 联大毕业生名单根据"附录三：1938—1946 年各院系毕业生名录"。见《国立西南联合大学校史——一九三七至一九四六年的北大、清华、南开》。第 621 页。

② 杜增瑞虽然在 1946 年复员的清华大学教职员名单上，但似并未返回北平。萧承宪可能留在云南大学。

了动物、生理、医预三组的师资，此外，生物学系还请农学院的陆近仁来负责无脊椎动物学课程。唯一负责植物分类学课程的专任讲师吴征镒，在 1949 年即因为工作安排上的缘故，已很少在清华教课。① "学植物学的没有几个人，也没有几个老师"，② 战前清华那种结构均衡的师资队伍不复存在。

为了解决植物学师资力量不足的问题，生物学系采取了两种途径。其一是努力尝试招聘相关的教授级教师。1946 年拟聘请生物学系第一届毕业生、此时在美讲学回国的植物形态学家容启东以及王熙③ 到清华担任教授。但容启东于 1937 年即已在岭南大学任教，1946 年在美讲学回国后也重返岭南，此后又前往香港。王熙也并未应聘。1947 年，生物学系又打算聘请植物分类学家李惠林④，但李氏很快赴台湾大学任教，也没有来清华。此后生物学系也未再进行这样的聘请。

第二种方法是聘请外校的兼任教师。由于有联大八年的合作以及师资方面的优势，北大植物学系的教授成为此时最合适的人选。1946 年，生物学系有意延请张景钺和徐仁来清华兼课，分别负责植物形态和植物解剖。由于张景钺已在北平师范学院兼课，按规定不能再兼清华的课程，因而只有徐仁前来，并改教植物形态学。为避免中途再生变故，生物学系将徐仁的聘期从半年延长为一年，而植物解剖学改由李继侗负责。⑤⑥1948 年，生物学系又请来张景钺担任讲师，为期一年。1949 年

---

① 根据《吴征镒自定年谱》，1949 年吴氏为北京军官委员会文化教育委员会成员，参与接管北京大专院校、研究院所和文物单位。该年 6 月后又因腰伤疗养半年，短暂回清华一段时间后，12 月调至中国科学院工作。可见吴征镒本年在清华的实际工作时间很少。

② 汤彦承教授访谈。2014 年 3 月 13 日。

③ 履历不详。

④ 李惠林（1911—2002），植物分类学家，江苏苏州人。1930 年毕业于东吴大学，1932 年在燕京大学获硕士学位，随后返回东吴大学任生物学讲师。1940 年赴美，1942 年获哈佛大学博士学位。1943—1946 年在宾夕法尼亚大学从事植物学研究。回国后任东吴大学教授，1947 年赴台，任台湾大学生物学教授，曾编写《台湾植物志》，1964 年当选台湾"中央研究院"院士。

⑤ 致函叶企孙：因张景钺不能来清华兼课，改为徐仁兼课，请将徐仁担任课程重点薪金更后赐下。清华大学档案，编号：1-4：2-103：3-006。

⑥ 致函叶企孙：请将徐仁聘书改为全年聘约。清华大学档案，编号：1-4：2-103：3-109。

底，随着吴征镒调离前往中国科学院任职，清华在植物分类、形态方面的自有师资彻底断档。此后，生物学系陆续聘请吴素萱、张景钺、吴征镒（1950 年）和张肇骞[①]（1951 年）分别担任兼任教授或副教授，直至1952 年院系调整时期。可见，复员后的五六年间，植物学方面的教师一直处于短板状态，只能零星地邀请他校教授兼任课程。生物学系未能将"全面""均衡"的师资特点保持至该系结束，不能不说是一个遗憾。

复员时期，生物学系的教授和专任讲师一级的教师基本上是"老清华"，崔之兰是其中唯一非清华出身者。曾任教员的有张友端、沈善炜和潘清华三人。张友端于 1947 年即赴剑桥留学，潘清华可能是作为崔之兰的助手前来进修的，在清华的时间也较短。唯一例外的是负责医预组动物学课程的沈善炜[②]，他自 1946 年起即一直担任教员，直至院系调整后一同进入北大。

表 3-6　复员时期清华生物学系毕业生担任助教的情况

年份	助教人数	生物学系毕业人数	比例
1946	5	1	20%
1947	7	1	14.3%
1948	10	2	20%
1949	6	2	33.3%

复员后清华在助教组成方面的变化较大，由于 1942—1947 年，清华生物学系毕业生每年仅有一名，甚至在 1945、1946 两年无人毕业，

①　张肇骞（1900—1972），植物分类学家，浙江永嘉人。曾就读金陵大学农学院，1926年毕业于东南大学生物学系，留校任助教、讲师。1933 年赴英国邱园进修，1935 年回国，历任广西大学农学院植物研究所、浙江大学生物系、中正大学生物系教授，1945 年后任静生生物调查所研究员，1949 年后任中国科学院植物分类研究所研究员，1955 年后调任华南植物研究所，曾任所长。
②　有人提到："因为沈善炜没有留洋经历，也不具体从事什么研究，所以升职很慢，只负责医预组的动物学课程。"

战前那种清华毕业生占据大部分助教名额的情况也就不再出现。仅有梁家骥和乔曾鑑二名复员前即已毕业的生物学系学生返回北平担任助教。而 1947 年后毕业的学生无一留系担任助教。与此对应的是，联大时期以及联大复员后在北大生物学系毕业的学生在清华担任助教的人数较多，前后有陈德明、陈瑞铭、何申、李建武、仲谷仁等人，其他的助教则分别来自厦门大学、中正医学院、金陵大学、辅仁大学等高校。

复员之初，生物学系教员和助教深造之风气仍然较浓，如上述已提及的张友端，以及陈德明、陈瑞铭、廖翔华等，均到英国、荷兰等地攻读博士（其中陈德明于 1946 年已考取教育部留学荷兰公费生，按规定在国内考察工作一年，遂在清华担任助教）。由于战争的影响，这几名青年教师出国时均已毕业担任助教、教员数年（五至七年），较战前出国的沈同等人的进修准备期要长得多。1948 年年底清华解放后至院系调整期间，青年教师中再无循旧有途径出国进修者。

三、职级、学历和薪酬

（一）职级的确立与升等的规范化

国立清华大学时期的教师，分为专任与非专任两种。前者为教师的主要部分，有教授、专任讲师、教员与助教四级，基本对应于 1927 年国民政府所颁布之《大学教员资格审查条例》。非专任教师则分为两种，其一为合聘教授，即校内两系共同聘用；其二为讲师，系他校或校外机构在清华兼任者，通常要求在外校也具有教授或相等资格。

清华对于聘任教师有着较为严格的规定，在四个职级中，对教师的学历和学术经历方面各有不同的要求。如教授通常要求具有博士学历，或曾任大学教授（或讲师），并在大学授课二年或在研究机构研究二年；专任讲师需有硕士学位，或需在研究院工作二年；教员需要"大学毕业成绩特优"，且在大学或研究机构授课或研究二年；而助教则需"大学毕业成绩特优"。[①] 前两个职级，如在专门职业工作有特殊经验和成绩，或有学术创作和发明，亦可聘请。因而，虽然系主任在教师聘用人选方面有较大的发言权，但是，严格的学历及学术经历与职级的对应，仍是决定清华教师的学历和职级结构的重要原因。

值得注意的是，上述的规定并非一蹴而就的。生物学系建立初期，钱崇澍和陈桢两名教授都非博士学历（钱崇澍似未得硕士学位，陈桢于1921年获哥伦比亚大学硕士学位）。由于他们归国较早（钱崇澍1916年，陈桢1921年），而当时国内生物学专门人才稀少，在东南大学生物学系建立时，他们均受聘为教授，来到清华后自然也定为教授职级。而跟随他们来到清华的刘宝善和戴立生，虽然均为本科毕业（刘1924年，戴1925年），但1926年时也都成为教员。1926—1928年加入生物学系的几位教师，刘崇乐、吴韫珍在获得博士学位后（刘1926年，吴1927年）来到清华，被直接聘为教授，并没有教学及学术经历方面的要求；而寿振黄为硕士学历（1926年毕业，在霍普金斯海滨研究所及加州大学研究两年）亦直接聘为教授。这些情况，充分反映出早期国内生物学人才匮乏的情形，以及国立清华大学在师资快速扩充阶段的人才延揽策略。

1930年后，清华教师阵容逐渐充实，教师职级的定级和升等也开始规范化。如戈定邦、容启东本科毕业后即在清华担任助教（均在1929年），分别经过两年和三年才由助教升任教员。教授和讲师的升等亦严格遵循上述制度。戴立生、彭光钦、赵以炳三位教师在国外获得博士学位后到清华任教之初（戴1932年，彭和赵均为1934年[②]），均定级为专任讲师，教满两年后才升为教授（戴立生未升教授时已离开清华）。联大时期来到清华生物学系的杜增瑞和沈同，前者在同济大学已是副教授，故转来清华后给予教授职级；后者1939年回国时定为专任讲师，两年后才升等为教授。复员后来到清华的崔之兰，则已在云南大

---

① 国立清华大学教师服务及待遇规程（1934年6月重印）。清华大学校史研究室：《清华大学史料选编》，第二卷（上）。北京：清华大学出版社，1994年，第175页。

② 赵以炳的实际到校时间为1935年2月。

学任教授数年，故转来清华后同样为教授职级。而生物学系培养出的第一位研究生萧承宪（1935 年毕业），到 1938 年仍为教员（后在宾夕法尼亚大学进修），直至 1940 年才在西南联大升为专任讲师，此后似转往云南大学任教，并未返回北京。

（二）学历背景与职级结构

如果对 1926—1952 年清华生物学系全职教师（即教授和副教授、专任讲师、教员、助教，不包括兼任教师、讲师、半时助教）的学历背景和职级结构进行统计，不难发现几个明显的特征。先来看教授的情况。1949 年前曾在生物学系担任教授的十一名教师（钱崇澍、刘崇乐、寿振黄、吴韫珍、陈桢、李继侗、彭光钦、赵以炳、杜增瑞、沈同、崔之兰），除早期回国的钱崇澍、陈桢以及在国外学术经历甚丰的寿振黄外，其余八人均有博士学历，这与上述清华教师职级对学历的要求相吻合。其次，这十一位教授均为留学生。其中九人留美，二人留德（杜增瑞、崔之兰），可见生物学系浓厚的"美式背景"。上述两点说明，在很长的一段时间内，海外留学背景和博士学历，是成为生物学系专任讲师与教授两级教师的基本条件。而留美的九名教授均与清华有关（分别为庚款直接留美生、清华学堂留美生、清华专科生、清华留美资助生以及清华生物学系毕业生），又说明清华长期作为中国留学生"留美中枢"的地位。

考察生物学系教师中三种学历和四个职级的构成和历年变化情况（图 3-2、3-3），则会发现二者都呈现两头大、中间小的"哑铃形"，即博士、学士多而硕士少，教授、助教多而专任讲师、教员少，有些年份甚至没有专任讲师或教员。[①] 充分说明二者之间的对应。这种结构的形成和延续所反映的问题，在此简要分析之。

其一，从学历构成来看，除去因归国较早的陈桢，在 1933 年后系里几乎没有硕士学历的高职级教师（教授或专任讲师）。这是由于自二十世纪二十年代中后期，国内高校和研究机构的成长，对专业人才的

---

① 1926—1949 年这二十四年间，分别有十五年无专任讲师，十年无教员。

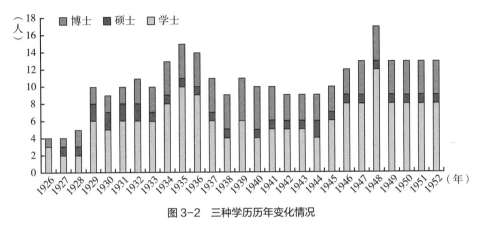

图 3-2　三种学历历年变化情况

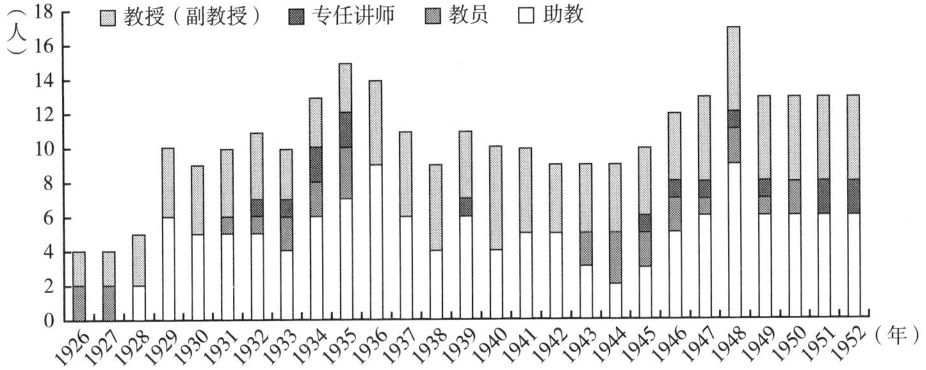

图 3-3　四种职级历年变化情况

要求已逐步提高，这就使得三十年代后仅攻读硕士学位即回国者，已难以在高校和学术机构中轻易受聘为教授。而留学生通常也选择攻读博士，使自身的学术研究能力得到深层次锻炼。另一方面，虽然三十年代开始，清华大学、中央大学、燕京大学、中山大学等高校陆续开办生物研究所（中山大学开设农林植物研究所）培养硕士研究生，但研究生数量很少，甚至不能满足本校的需要。而毕业之后往往也只能担任教员，升等不易。萧承宪的情况已如上述，而比他低一级毕业的沈同则在出国攻读博士学位后，1941 年已成为教授。王伏雄、张友端此后都进一步前往国外攻读博士，这也反映出在崇尚"出洋"的时代本土培养的研究生所面临的尴尬。

其二，从职级结构看，由于教学的需要，高职级教师需要涵盖几类基本学科，如形态分类、进化遗传、生理生化等，因而其人数是根据学科及其发展来决定的，但考虑到生物学系自身的发展和聘用的人力成本，教授总人数大致保持在四五人左右。虽然联大期间人事更动较多，但教授总人数变化不大。专任讲师通常是海外博士归国后的初定职级，两年后基本都升任为教授。教授名额既然有限，也就不可能时常引进专任讲师。在青年教师层面，由于助教纷纷选择在国内外进修深造或三年期满后他投，能按时升等为教员者并不多，主要集中于两个时段，其一为 1931—1935 年，此时戈定邦、容启东等早期助教陆续升等；其二为 1943 年后生物研究所毕业或肄业的硕士留校任教所致。而 1935—1942年间，由于战争爆发，颠沛流离，留下来安心担任助教的本已不多，而教员又往往由本土培养的研究生担任，导致助教升等困难；而已担任教员的为了谋求更好的发展，也基本都在工作数年后选择出国深造。由于这些因素的存在，专任讲师和教员这两个职级在 1926—1949 年间经常出现断层。这和今天大学里常见的均匀分布的职级结构是有较大差异的。

观察生物学系二十六年间师资人数的变化，可见两个明显的起伏。其一是 1928 年后出现的增长，到 1935 年达到高峰，随后开始下降。说明二十世纪三十年代前中期，在民国学术的所谓"黄金时代"[①]里，清华生物学系也得以稳步发展，师资力量逐步壮大，但战争的临近和爆发，使得这一上升期戛然而止。其二是 1945 年清华复员后逐渐增长，1948年又形成一个高峰。说明抗战结束后生物学系的工作渐次恢复。教师人数的变化清晰地反映出高等教育的发展和外部环境稳定之间的同步关系。

（三）薪酬待遇和薪酬结构

薪酬水平是一个高校的教师待遇最直观的体现。清华除了有五年一休假的学术休假制度和良好的学术研究环境等条件外，在教师的薪

---

① 近代史家郭廷以认为，"一九三七年前五年，可以说是民国以来教育学术的黄金时代"。见：郭廷以：《近代中国史纲》。上海：上海人民出版社，2012 年，第 448 页。

酬方面也同样令人羡慕。二十世纪二十年代，当北平各校纷纷陷于经费无着的困境之时，清华却能按时发放教师工资。如钱崇澍于1924—1927年在清华期间，其月薪为银币二百五十元[①]，比他在北京农业大学的二百二十元要高。更重要的是，当时的北农"不时欠薪"，清华却能照常发放。因而1931年北平国立各大学拟向教育部呈请整理经费积欠问题时，清华以"本校情形不同"，并不参与。[②] 罗家伦上任后，又大幅增加教授薪资，每人"较先前约增加四十元至六七十元不等"，[③] 有的教师如朱自清等人的薪酬几乎翻倍。

清华改为国立后，各项规章制度逐步确立，教师的薪酬标准也有了明确规定。以《国立清华大学教师服务及待遇规程》为标准，教授起薪为每月三百元，每任教满两年可增加月薪二十至四十元（休假除外），以四百元为限，有特殊贡献者可至五百元；专任讲师月薪为一百六十至二百八十元；教员最低一百二十元，每两年可增加二十元，以二百元为限；助教月薪最低八十元，每一年可增加十元。这和1927年南京国民政府颁布的《大学教员薪俸表》[④] 所规定的薪资标准并不相同，而是有所下调，与1917年教育部颁《国立大学职员任用及薪俸规程》[⑤] 中"正教授（月薪四百元）、本科教授（月薪一百八十至二百八十元）、预科教授（一百四十至二百四十元）、助教（五十至一百二十元）"的规定更

---

① 人员调查表·钱崇澍。中国科学院植物研究所档案，钱崇澍专卷。此处银币即指民国时期的"国币"，以一元为其本位币，一元总重七钱二分，成色为银八九铜十一。见《国币条例》（1915年）。转引自：江苏省钱币研究会编：《中国铜元资料选编》，1989年，第902页。按1920年北京一石（145斤）上等粳米均价为14元，牛肉、羊肉、猪肉一斤分别为0.15元、0.19元、0.18元，鸡蛋0.02元。《民国时期物价、生活费、工资史料汇编》第2册。北京：全国图书馆文献缩微复制中心，2008年。

② 北平国立各大学校务讨论会第一次常会会议记事录。北京大学档案全宗号1，案卷号BD 1931001。

③ 罗家伦：致清华大学董事会报告整理校务之经过及计划。《国立清华大学校刊》，1928-11-23：1。

④ 大学教员薪俸表（1927年9月前教育行政委员会修正公布）。王学珍、张万仓编：《北京高等教育文献资料选编（1861—1948）》。北京：首都师范大学出版社，2004年，第578页。

⑤ 国立大学职员任用及薪俸规程（1917年5月3日部令第三十号）。见：王学珍、张万仓编：《北京高等教育文献资料选编（1861—1948）》。第388页。

为接近。有必要指出的是,《大学教员薪俸表》中的薪资规定普遍偏高,如教授月薪为四百至六百元,副教授二百六十至四百元,讲师一百六十至二百六十元,助教一百至一百六十。与各校实际所定薪资差异太大。如此时的北大(此时归并为北平大学)之教授月薪仅定为一百八十至三百二十元。各校薪资水准多不能达到要求。因此有学者直言不讳地指出"该法令之政治性实大于教育性"。[①] 而且,当时最大的问题不在于薪酬标准的高低,而在于能否按时发放足额的薪水。在这一点上,清华的可以说是相当稳定的。生物学系教师三十年代前期的工资水平如表3-7所示。

表3-7　1931—1935 年生物学系教师薪酬水平(元)

职级	姓名	1931 年	1932 年	1933 年	1934 年	1935 年
教授兼主任	陈桢	360	380	380	本学年休假 190	400
教授	吴韫珍	300	320	320	320	340
教授	李继侗	340	340	360	360	本学年休假 380
讲师	寿振黄	200	200	135	135	135
专任讲师	戴立生		280	280		
教员	戈定邦	110	120	120	本学年休假	
助教	容启东	100	110	120	120	本学年休假
助教	汪振儒	100	110			
助教	杜增瑞	90	100	110		
助教	刘发煊	80	90	100	110	
助教	石磊	80	90	100	110	
讲师	李良庆			110		
助教	沈同			80	90	100
专任讲师	彭光钦				280	280
讲师	崔之兰				110	
助教	陈耕陶				80	90

---

① 陈能治:《战前十年中国的大学教育(1927—1937)》,第 1 册。台北:商务印书馆,1990 年,第 173 页。

续表

职级	姓名	1931 年	1932 年	1933 年	1934 年	1935 年
助教	杨承元				80	90
助教	郑重				80	90
讲师	严楚江					60
助教	顾昌栋					100
助教	李祖桂					80
助教	沈善炅					80

　　资料来源：国立清华大学 1931—1937 年度理学院生物学系教师名单。清华大学档案，编号：1-2：1-112-011。这份名单应为 1934 年编制，其中 1936、1937 两年度的数值均空缺，故此处删去。

　　由清华的规定及表中生物学系教师的实际薪资待遇可见，教师不同职级所对应的薪酬之间差异很大，教授每月的薪酬（三四百元）基本上是助教（八十至一百元）的四倍，如果以教授的最高额（陈桢，1935年，月薪四百元）与助教的八十元相比则相差五倍。这种待遇上的显著区别，或许正是激发本科毕业生和青年教师出国攻读的一个重要因素，但同时也可能致使中低职级教师不安于位，流动性增大。特别是教员一级，更容易形成断层。

　　有必要说明的是，上述的薪酬待遇，虽然在体系内部而言差异颇大，但在整个社会层面而言，大学教师的收入仍位居社会的中上层。[1]当时北京的一户普通人家[2]每月生活费平均只需要三十元左右；较为有钱的知识阶层，全家每月生活费八十元也已经相当宽裕。[3]而这基本上就是一个助教的收入。可见，与平均水平相比，全面抗战爆发前数年确实是大学教师待遇上的"黄金时期"。

　　清华南迁至长沙合组临大时，教师的薪给一度减成发放（以五十元

────────────

[1]　李小尉：1912—1937 年北京居民的工资收入与生活状况。《史学月刊》，2007（4）：104。
[2]　这里所指的普通人家，约指四五口人的中等规模家庭。
[3]　陈育红：民初至抗战前夕国立北京大学教授薪俸状况考察。《史学月刊》，2013（2）：63—73。

基本生活费为基数，余额按七成发给）。[1] 但由于长沙物价便宜，生活水准没有明显降低。此后，教师的薪酬数字不断提高。教育部于 1940 年颁布《大学及独立学院教员聘任待遇暂行规程》，规定教授共九级，薪资范围三百二十至六百元；副教授、讲师、助教均分为七级，薪资范围分别为二百四十至三百六十元、一百四十至二百六十元、八十至一百六十元。[2] 联大亦基本照此办理，将教师分为五个等级，薪酬总范围不变，分别为教授（三百至六百元）、副教授[3]（二百四十至四百元）、专任讲师（一百八十至三百元）、教员（一百四十至二百四十元）、助教（一二百元）。[4]1944 年后又略有调整，提高了部分职级的起薪额和最高额。如教授的起薪额为四百三十元，最高额不变；副教授为二百九十至四百五十元；专任讲师为二百一十至三百二十元；助教起薪额一百二十元，最高额不变。与战前相比，此时各个职级的薪酬标准均有一定程度的增长，而且职级越高、涨幅越大，职级之间形成明显的阶梯状薪酬差异。

表 3-8　西南联大时期清华生物学系部分教师薪酬（单位：元）

姓名	职级	年份	
		1942	1944
陈桢	教授	480	600
李继侗	教授	470	590
沈同	教授	380	480

---

① 长沙临大教职员薪俸计算办法（1937 年 11 月 8 日第 23 次常委会通过）。北京大学等编：《西南联合大学史料》四，教职员卷。昆明：云南教育出版社，1998 年，第 481 页。

② 大学及独立学院教员聘任待遇暂行规程（1940 年 8 月教育部公布）。王学珍、张万仓编：《北京高等教育文献资料选编（1861—1948）》。北京：首都师范大学出版社，2004 年，第 796 页。

③ 此职级应为 1940 年清华所新增，似为调整此前博士通常聘为专任讲师，而与专任讲师只要求硕士有一定冲突而改。副教授任职资格主要为"三年研究院工作或具有博士学位者；于所任学科有重要学术贡献者；曾任大学或同等学校教授、副教授或讲师，或在研究机关研究，或执行专门职业共四年，有特殊成绩者"。见：本校教师资格标准。北京大学等编：《西南联合大学史料》四，教职员卷。第 390 页。

④ 西南联大教师薪俸等级（1942 年 1 月 14 日第 204 次常委会议通过）。《西南联合大学史料》四，教职员卷，484 页。

续表

姓名	职级	年份	
		1942	1944
杜增瑞	教授	410	510
萧承宪	专任讲师	250	320
吴征镒	教员		200
张友端	教员	80（半时）	200
黄浙	助教	135	180
简焯坡	助教	110	150
高潜	助教	130	180
陈瑞铭	助教	110	150
姚荷生	助教	140	

资料来源："国立西南联合大学三十一年度教员名册"及"国立西南联合大学三十三年度教员名册（1944年12月）"。见：北京大学等编：《西南联合大学史料》四，教职员卷。第123、165页。

联大时期的教师薪酬数字虽有大幅度增长，但其生活水平却迅速下降。其原因是战时昆明通货膨胀的速度远远大于教师涨薪的幅度。到1943年下半年物价最高时，一个联大教授"中等薪金和四口之家的补贴"仅值战前的8.3元，"由三百数十元的战前待遇降到八元，即是削减了原待遇百分之九十八"。[①] 即使在物价稍有回落的1945年，一斤大米的价格也高达2768.89元。梅贻琦夫人韩咏华回忆说："我们和潘光旦先生两家一起在办事处包饭，经常吃的是白饭拌辣椒，没有青菜，有时吃菠菜豆腐汤，大家就很高兴了。"教师的生活压力之大和生活水平之低可见一斑。由于生活所迫，联大教师在他校或其他机构兼职也成为常态。

复员之后，清华教师的生活水平一度有所回升。1946年，底薪六百元的教授，实领薪金八十三万元，可以买二十三袋面粉，而底薪一百七十元的助教也可以买十袋面粉，生活比战时要好。[②] 但好景不长，

① 杨西孟：九年来昆明大学教授的薪津及薪津实值。《观察》，1946，1（3）：2。
② 清华大学校史编写组：《清华大学校史稿》。第440页。

由于国共内战爆发，而法币发行量直线攀升，恶性通货膨胀再次爆发。1948 年年初，清华薪水最高的教授，实领薪津高达一万余元，也不够买五袋面粉，实际收入只折合战前的十六七元，其他普通教职员的待遇更不堪设想。此后国民政府的币值改革也完全失败，国民经济濒于崩溃。[①] 到该年年底清华解放前，一个教授的月薪，只够给四口之家平均每人买二十多斤大米，这与战前清华优厚的待遇形成了强烈的反差。朝不保夕的生活使教师的教学研究热情受到严重打击，直至被人民政府接管后，清华师生才逐步恢复普通的生活水平。

---

① 王海蛟：1948 年金圆券的发行及其最终命运.《中国国家博物馆馆刊》，2013（7）：104—116。

第四章

建筑、仪器、图书

一、生物学馆的建造与使用

在清华学校时期，生物学课程的规模较小，办公和实验场所很有限。1919年科学馆竣工后，在二楼设立了一间生物学实验室和一间办公室（此后搬迁到三楼），供学生进行一些普通生物学课程实验，如显微观察、动物解剖等。1925年10月，生物学成为大学部专门科第一批开办的四个学科中唯一准备着重发展的理工学科，急需扩充其教学与实验场所。因此，校方计划在西园南侧建一座博物学馆，"专为生物学及有关系科学授课及实验之用，建筑费规定为十五万元"。[①] 当时清华学校的经费约为七十六万余元，[②] 且由于"改大"时期支出浩繁，经常发生赤字，不得不要求外交部接济或通过借贷来补缺。因而从这一预算中不难看出校方发展生物学科的决心。

生物学馆的建筑事宜之所以很快列入校方的发展计划，除了领导者

---

① 大学专门科筹备处：博物学馆。《清华周刊》，1925，354：22—23。
② "清华三年岁出百分比"表。苏云峰：《从清华学堂到清华大学1911—1929》。台北："中央研究院"近代史研究所，1996年，第113页。

的支持外，洛克菲勒基金会的赞助意向也是一个重要因素。在清华计划建馆之初，该会即应允担负建筑费用的一半（七万五千元）。此外，还当年补助五千元用于购置生物学仪器设备，以及自 1926 年至 1930 年每年补助清华生物学科一千元经常费。[①] 洛克菲勒基金会资助包括清华在内的中国各高校自然科学系科的主要目的，在于确保其名下的协和医学院有稳定的、受过充分基础科学训练的生源，[②] 实际上也推动了这些高校的物理、化学等，特别是生物学系科的发展。[③] 对于刚刚升级为大学的清华而言，这样的资金支持无异于一针兴奋剂，使许多师生对生物学科的发展感到乐观。梁启超即表示，希望清华最少有三种学问能"独立自任"，排第一位的就是生物学，而且"由学校经济上观察，清华有完全设备之可能，故可将设备费较简之学科让诸他校，而清华任其最繁难者"。[④]

洛克菲勒基金会的积极态度给了清华师生极大信心，但获得这笔赞助款则另有严格的程序。为了保证赞助款额能完全用于指定项目而不被挪用，因而在双方商谈之初就规定，必须由清华先筹得一半资金后，洛克菲勒基金会方可提供同等数额的赞助。因此，清华校方能否自行筹措到足够的款项，成为建筑生物学馆的最大制约因素。

清华校方应如何筹措这笔建筑经费？要回答这一问题，需对清华学校时期的财政收支模式有一简单了解。清华的资金来源，长期依赖于美国退还的部分庚款。为保证退款能较长久地维系清华的存在，外交部于 1917

---

① Report of the General Director of the China Medical。*The Rockefeller Foundation Annual Report*，1925 年，第 361 页。根据备注，此处的"元"系指当时通行的墨西哥鹰洋，又称鹰元。

② Schneider L：The Rockefeller Foundation，the China Foundation，and the Development of Modern Science in China。*Social Science and Medicine*，1982，16：1217—1221。

③ 中华医学基金会（China Medical Board，CMB）是洛克菲勒基金会的在华机构，又称洛／罗氏基金会、洛／罗氏医社或洛氏驻华医社。除清华外，受中华医学基金会资助的还有燕京、金陵等大学。1923 年起，曾任东吴大学生物学教授的生物学家祁天锡（Nathaniel Gist Gee）担任中华医学基金会科学顾问（1925 年后改为正式的主任助理），协助拟定资助学校名单，改良这些学校的医预科和理科教育水平。见：李昂、罗桂环：祁天锡对生物学事业的贡献。《中华科技史学会学刊》，2009（13）：15—25。

④ 梁启超：学问独立与清华第二期事业。《清华周刊》，1925，350：5。

年设立了清华学校基本金委员会，负责管理清华基金。该委员会下设董事会，董事由外交部部长指派，而董事会章程中也规定清华的工程、购置等费用，支出二百元以上的，"应由清华学校呈请（外交）部长交董事会核定后方可动支"。[①] 如有特殊情况需动用基金，也只能"借用"，并要逐年计息偿还。[②] 可见，清华的财政大权，实操于外交部之手；生物学馆的自筹经费，实际上就是向外交部申请从清华基金中"借用"这一款额。

清华学校早年一力模仿美式学校的规模，开支巨大。有人担心庚款返还完毕后，清华即会因为资金断流而告顿。成立清华基金保管机构，即有保存还款、延续清华之意。所以自基本金委员会成立后，清华学校的年预算被大幅削减（从 1917 年的二百三十一万，骤降至 1925 年的七十六万），而不断扩大的学校规模、特别是"改大"后的各项开支，又使赤字不断增加。为了维系学校的发展，校方除了向外交部请求接济外，更主要的是向清华基金寻求借贷。从 1921 到 1926 年，清华除了定额拨给的学校经费外，还向清华基金借款约一百万元。其结果是，到 1925 年，清华学生的人均经费达到北大的四倍。[③] 这与当时其他各校的经费短缺形成了鲜明对比。事实证明，在这种反差面前，风雨飘摇的北京政府也无法长期充当清华的"保护伞"，因而一再严令清华缩减开支。这也最终成为生物学馆建筑计划请款失败的主要原因。

外交部是清末民初中国政府最重要的实权部门之一，它此时的窘境实际上反映着北京政府财政的持续空洞化导致的经济崩溃和政府威信的丧失。二十世纪二十年代初，北洋政府时期的财政主要靠举借内外债和税收维持，对国内经济、文化和教育投资极少，教育经费被拖欠、教师时常拿不到应得的薪酬。1926 年 1 月 18 日，北京国立各校因教育经费长期拖欠无着，是日起一律停课。[④] 6 月 3 日，由于半年未发工资，北

① 清华学校董事会章程。《清华大学史料选编》，第 1 卷。第 246 页。
② 《清华大学校史稿》。第 56 页。
③ 民十四全国大学概况统计表。《第一次教育年鉴》。上海：开明书店，1935 年。
④ 章伯锋、李宗一：《北洋军阀 1912—1928》，第六册，《北洋军阀大事要录》。武汉：武汉大学出版社，1990 年，第 270 页。

京国立各校爆发讨要欠薪的游行。9月初，北大学生甚至直接到了财政总长顾维钧的家中，要求给北大和师范学院发放经费。① 与此同时，清华则能依靠拨款和基金借贷不断发展，这难免引起非议与不平，要求均沾清华基金的意见也从未止歇。虽然此一要求并未得到满足，但外交部所面临的压力之大亦可想而知。

与政府财政的枯竭相应的是，此时北京政府亦处在政权更替的极度混乱之中。段祺瑞执政府因"三一八"②惨案狼狈下台后，北京政府完全由直、奉军阀所操纵。当年5月，为直系所支持的颜惠庆内阁因受到奉系抵制，甫一复职即被迫辞职，由海军总长杜锡珪代职总理。10月1日，代行摄政的杜锡珪下台，顾维钧出任北京政府代国务总理并随后兼任外交总长，直至1927年6月张作霖在北京组织"中华民国军政府"（即安国军政府）为止。但不论是杜或是顾，其内阁都是得过且过、在军阀斗争中挣扎求存而已。③

在动荡的政局下，曹云祥以其与颜惠庆、顾维钧等政府大员的紧密关系，仍然不遗余力地寻找机会为建造生物学馆申请经费。毕竟，生物学馆的建筑经费有一半来自洛克菲勒基金会的赞助，且于1926年3月得到了对方的正式确认复函④，校方对于建造生物学馆的可能性是颇为乐观的。当年5月，颜惠庆内阁宣布复职，曹云祥认为拨款有望。在当月的校内刊物上，即有生物学馆建筑经费十五万元已筹足、正在勘测基址的报道。⑤ 虽然文章也说"动工之期，约在明年"，说明自筹资金可能并未到位，但校方对申请经费一事显然持肯定态度。然而颜内阁昙花

---

① 顾维钧：《顾维钧回忆录》，第一册。中华书局，1983年，第286页。

② 1926年3月，日军以武力干涉国民军与奉系之间的战争。民众不满段祺瑞执政府的外交处置，于3月18日在北京爆发游行，在执政府门前受到军警开枪镇压。清华学生亦死伤数人。

③ 顾维钧在回忆录中表述过当时他所领导的文官政府的尴尬地位："我想，我们的力量就在于不参与他们之间的倾轧，超脱于各派斗争之上。这样，各军事集团就能利用像汤（尔和）、王（宠惠）、罗（文幹）、颜（惠庆）和我自己这些文官。"《顾维钧回忆录》，第一册。第297页。

④ 校长处消息。《清华周刊》，1926，371：3。

⑤ 生物学系进行计划。《清华周刊》，1926，379：690。

一现，建造生物学馆的消息也就没有了下文。直至 10 月份顾维钧就任总理兼外交部长，或许使曹云祥再次看到了希望。11 月 11 日，清华校方向外交部呈报了有关建筑生物学馆的赞助及筹款事项，并同时附上中华医学基金会表示愿意赞助的报告书原件和译本各一份，请外交部准予拨款。[①] 但经过近四十天的等待后，这一申请仍然被外交部驳回，认为"洛氏医社乐助巨款，深堪嘉尚。唯此时骤兴土木，殊非所宜，所请由部筹拨该项建筑费及设备费一节应暂从缓议"。[②] 在简短的公文中，外交部并没有对究竟怎样才是"所宜"做出过多解释，但言语中似乎颇以清华校方"不识时局"而有所责怪。外交部不肯筹拨生物学馆的修建款项，这项动议遂暂时停顿下来。

不难看出，清华校方并非没有建造生物学馆的热情和努力，无奈政局动荡、经费不给，校方也无可奈何。此后主管者又多次表明建造生物学馆之态度。1927 年 4 月，教务长梅贻琦在《清华发展计划》中，谈及董事会改组、增聘教员与添加设备、扩充学系、发展研究院、增加建筑、筹划公开招考留美学额六项问题，其中"建筑方面"即有"最近要即行建筑者为生物学馆"（而梅氏称此时清华岁入"不过五六十万"）。[③] 此后曹云祥也数次表示了同样的意思，只是"因经济关系，进行不易"。[④] 可以说，直到 1928 年初曹氏离职，建筑生物学馆始终是他念念不忘的大事之一。但此事的根本问题在于经费，而经费则完全仰给于当局。当局不予支持，曹氏的计划便数成画饼。而计划的屡次落空，对于热切希望发展生物学系的教师们而言，是一种极大的挫伤。这或许是前

---

① 译呈洛氏医社赞助建设生物馆报告书请筹拨进行，民国十五年十一月十一日。清华大学档案，编号：1-1-16，174—175。

② 外交部指令：所请由部筹款建设生物馆一节，暂从缓议，民国十五年十二月十八日。清华大学档案，编号：1-1-16，176。

③ 梅月涵先生口述：清华发展计划。《清华周刊》，1927，408：491；梅月涵先生口述：学校之部。《清华周刊》，1927（新清华介绍特号）：408。

④ 与曹校长谈话记。《清华校刊》，1927（32）：2；曹云祥：清华大学将来之发展。《清华周刊》，1927，426：666。

述钱崇澍等教授离开的一个直接原因。[①]

1928 年 9 月，罗家伦就任清华大学校长后，对清华进行了仔细的考察。他提出了一系列整顿的方案，并以其"卓然霸气"，在清华进行了一番重大的改革，其中之一就是针对骈枝机关太多而研究场所与设备不足的问题进行整顿。他将原本的注册部办公室腾出一部分，改为生物学系的动物学实验室。[②] 当然，这种有限的搬迁和改造只不过是一时之计，扩充基础设施建设才是根本解决方法。在这一方面，罗家伦又以大刀阔斧的作风，拟订了一个总计八十五万元的一揽子发展计划，包括增加建筑、扩充图书仪器等。其中拟将生物馆的建筑计划扩大成一自然历史馆，学科范围包括地理地质矿物及古生物学、动物植物学、人类人种考古及民俗学三个大部分，预计建筑经费三十万，仍请洛克菲勒基金会提供半数赞助，清华自行负担另外的一半。在罗家伦的设想中，该建筑不仅用于研究和讲课，还用于标本制作、存放和陈列，具备对外展出的博物馆功能。[③④] 1928 年 11 月，在他南下南京向清华大学董事会作的校务报告中，即包括此计划。虽然这个宏大的计划由于需要动用大量基金很快被清华董事会驳回，但也反映出他扩大基础设施、建设生物学馆的决心。

1928 年校务发展计划的被否决，引起了清华与董事会之间的矛盾。罗家伦一方面以辞职相争，另一方面也对原有方案进行调整。清华校内也认为，自然历史馆的建筑费用太大，恐怕申请不便；而清华远离市区，该馆的陈列功能也可省去。[⑤] 1929 年年初，在翁文灏的介绍下，罗家伦以原有的生物学馆十五万元建筑计划与中华医学基金会主任顾临（Roger Sherman Greene）接洽。后者很快复函，应允极力帮忙，具体事

---

① 另一方面，厦门大学也给钱崇澍开出了更高的月薪。

② 生物系增添实验室。《国立清华大学校刊》，1928-11-7：2。

③ 罗家伦：致清华大学董事会报告整理校务之经过及计划。《国立清华大学校刊》，1928-11-23：1-2。

④ 清华学校自然科学馆建设计划。《国立清华大学校刊》，1928-11-21：4。

⑤ 袁翰青：民国十八年的清华。《国立清华大学校刊》，1929-1-4：4。

宜则由到校不久的陈桢与实际经办此事的祁天锡商议。由于是"旧事重提"，因而双方意见"颇融合"。[1] 陈桢很快拟就了一份详细的建筑计划，交由顾临带往洛克菲勒基金会董事会审查（该会于 4 月中在美召开董事会议），[2] 祁天锡表示审查"不难通过"。[3] 这些信息反馈回来，使罗家伦、陈桢等人深感振奋，认为应尽快筹措清华应负担的建筑费用，"否则如此良机，又将失之交臂，殊为可惜"。

在筹措建筑经费一事中，以顾临等人为代表的美方一直是比较积极的，但美方也一再强调清华需自行筹足一半经费的先决条件，因而真正的阻力仍然来自此时掌握财政预算大权的清华董事会。1929 年 4、5 月间，由于经费预算等问题（罗要求增加预算以便扩大清华规模，而董事会则以保存基金为目的继续削减预算），校方与董事会之间矛盾激化，罗家伦呈请辞职，导致美方对清华的校务能否正常进行产生疑虑，从而暂时搁置了生物学馆的补助议案。[4] 不料，清华由上至下对清华董事会的一致反对浪潮，很快促成了清华校史上意义重大的"改隶废董"（即撤销董事会、清华改归教育部管辖）事件的发生，这一事件同样也成为生物学馆等建筑经费申请的一个转捩点。清华回归教育部直辖后不到五天，建筑经费请款方案就获得通过，准予该款项从清华 1929 年、1930年的预算中拨付。生物学馆有望建造的消息传回清华，师生惊喜莫名，认为"是诚直辖教育部后之第一件快事"。[5] 代理校长的政治学教授吴之椿[6] 迅即将此消息告知祁天锡，后者又很快将正式申请函转往美国洛克菲勒基金会，该会遂于 6 月 13 日通过了捐赠七万五千元的决定（合

---

① 生物系杂闻.《国立清华大学校刊》，1929-3-22：2。
② 生物系消息一束.《国立清华大学校刊》，1929-2-25：2。
③ 罗家伦：对清华大学董事会校务报告.《国立清华大学校刊》，1929-4-22：1-2。
④ 生物馆建筑费有着.《国立清华大学校刊》，1929-7-27：3-4。
⑤ 生物馆建筑即可实现.《国立清华大学校刊》，1929-5-17：1。
⑥ 此时罗家伦、冯友兰等人在南京述职未归，校务由吴之椿暂代。吴之椿（1894—1971），湖北武昌人，美国伊利诺伊大学文学士（1920），哈佛大学硕士（1921），嗣后于英国伦敦政治研究院和法国巴黎大学深造。1922年归国，历任中州大学、武昌大学、中山大学教授，1926 年任武汉国民政府外交部政务处处长。1928 年夏，任清华大学政治学系教授兼教务长。

美金四万一千二百五十元，含建筑费与仪器设备补贴）。[1]

虽然教育部已同意清华从年度经费中拨款进行建筑事宜，但因清华1929年、1930年的建筑费已有用途，无法改拨。[2] 为了加快建设速度、早日交付使用，经教育部同意，罗家伦于1929年7、8月间向北平金城、中南两银行贷款四十万元作为建筑经费（包括新宿舍、气象台等建筑计划在内），[3] 同时选定天津基泰作为建筑设计公司，并通过投标确定了承建公司，就图纸等细节达成一致后，生物学馆于9月16日正式动工。[4]

生物学馆动工之日，与1929年秋季的学期开学典礼正在同一天。

图 4-1 清华生物学系师生在生物学馆破土典礼时的合影

前排左起：刘咸（？）、李继侗、陈桢、吴韫珍、寿振黄、秦素美；后排左起：王绶基、余光蓉、张民觉（？）、娄成后、沈克敦、陈善铭、杜增瑞、王启无、薛芬、戈定邦、陈封怀。

资料来源：孙之荣等编：《光辉的历史，灿烂的未来：庆祝清华大学生物系建系七十八周年复建二十周年》。未刊稿

---

[1] *The Rockefeller Foundation Annual Report*。New York：Rockefeller Foundation，1929 年，第 226 页。

[2] 国立清华大学借款建筑说明书。《国立清华大学校刊》，1929-8-14：3。

[3] 建筑借款成立说明书。《国立清华大学校刊》，1929-8-14：1。

[4] 生物馆及寄宿舍两大建筑工作进行概况。《国立清华大学校刊》，1929-10-21：1。

清华在 1919 年、1920 年落成科学馆、大礼堂等早期的"四大建筑"后，由于校务支出浩繁、经费不敷，已近十年未再进行大的土木工程。生物学馆的建设，是清华再次进入高速发展的标志，它的建筑规模充分体现了清华迈入"国立"门槛后建设一流大学的壮志雄心。对清华前景踌躇满志的罗家伦发表开学演讲道："清华不作新建筑，至今已近十年。此十年中间，只求维持现状，因循停顿；过一会我们举行破土的典礼，希望铲子下去，能够铲破十年来清华的停顿"，他还表示："生物馆不是要供游览、壮观瞻，而是希望于其中能产生 Darwin，或是 Huxley，或是 Mendel，或是 Weismann 出来。"[1] 他对生物学系的发展可以说寄予厚望。

生物学馆的建造引起了清华师生的极大关注。校刊上时常出现生物学馆与同时期动工的新宿舍楼的施工进度消息，如夯筑地基、砌墙、铺设楼板等，事无巨细，无不及时呈现在师生面前。化学系学生徐宗稼感慨道："眼见得明年此时，水木清华又添了两座灿烂夺目、堂皇伟大的建筑了！……去年同时计划的化学馆，为什么尚无消息呢？"[2] 而生物学系的学生自然更加兴奋莫名，认为生物学馆"（建筑）计划的精密，设备的完善，必能使教课及研究二方面，有莫大的便利"。[3] 系主任陈桢亦憧憬道："本系创办，于今五年，……惟以房舍不敷，实验研究，颇多不便。现生物馆落成在即，一切计划，将可次第实现矣。"[4]

经过一年多紧张的施工，生物学馆于 1930 年冬竣工。[5] 由于建筑设计方和施工方缺乏建造科研和实验专用建筑的经验，加上工期短促等

---

① 罗家伦·清华大学之过去与现在.《国立清华大学校刊》，1929-9-20：1.

② 徐宗稼：化学馆建筑问题.《国立清华大学校刊》，1929-10-23：3.

③ 冰弟：由清华生物学系说到生物学的重要.《清华周刊》，1930，491-492：123-125.

④ 陈桢：理学院概况：生物学系.《清华消夏周刊》，1930（6）：60-61.

⑤ 此一时间为汪振儒所提供。见：汪振儒：关于《著名生物学家陈桢先生》一文的几点补充.清华校友总会编：《清华校友通讯丛书》，复 30 册.北京：清华大学出版社，1994 年，第 202 页。生物学馆的建造过程详情，可以参阅肖伟的"清华大学生物学馆的建造"一文。见：张复合主编：《中国近代建筑研究与保护（6）》.北京：清华大学出版社，2008 年，第 386-392 页。

原因，在接收过程中发现诸多问题，无法立即使用。比如顶层的玻璃温室被砌成砖墙、修改后又装成厚面半透玻璃（而非透光玻璃）；[①]而水电煤气等也均未安装妥当，"必致不能上课，发生极大困难"。[②]经过反复检查和修理，这栋经历颇多艰难曲折、承载着清华发展生物学理想的建筑，终于 1931 年 5 月 2 日正式落成。[③]包括土木工程、暖气、电气、铁窗木器等在内，耗资十九万元以上。[④]

建成后的生物学馆共有四层，除一楼为心理学系使用外，其余各层均为生物学系所有。设有包括普通生物学、植物形态学、植物生理学、无脊椎动物学、比较解剖学、组织胚胎学、动物生理学等七个学科实验

图 4-2 早年的清华大学生物学馆

资料来源：孙之荣等编：《光辉的历史，灿烂的未来：庆祝清华大学生物系建系七十八周年复建二十周年》。未刊稿

---

① 关于生物馆温室玻璃不合适及电线太细，民国十九年八月廿八日。清华大学档案，编号：1-2：1-173-020；关于生物馆温室玻璃应选透明材料，民国十九年九月三十日。清华大学档案，编号：1-2：1-173-019。

② 请通知基泰公司从速计划安置水管头及煤气管头，民国十九年九月十七日。清华大学档案，编号：1-2：1-183-012；查生物馆工程弊病层出，门窗不严地面不平，请转知基泰公司修理，民国二十年三月十六日。清华大学档案，编号：1-2：1-173：071。

③ 陈桢：国立清华大学生物学系概况。《清华周刊》，1931，514-515：75-81。

④ 本校廿周年纪念及新建筑落成典礼志盛。《国立清华大学校刊》，1931-5-8：1-2。

室，[①]以及标本陈列室、学生研究室、教员研究室、行政办公室等。"研究室及储藏室多在第三四层，实验室及讲室多在第二层"，"馆内水管煤气电线及暖气设备，均皆装置齐全，足供研究及教学之用"。[②]此后，生物学馆的实验室根据专业研究和课程需求而有所微调，增加了植物分类学、植物解剖学两个学科实验室，[③]使实验室设置更为丰富，基本上满足了教学与科研的需要。

根据吴征镒的回忆，生物学馆第二层东半边由动物组师生使用，东头的一间是系主任陈桢的办公室；西头向北的一间屋是吴韫珍的办公

标 本 陈 列 室

植 物 标 本 储 藏 室

无脊椎动物学实验室

动 物 生 理 学 实 验 室

图 4-3　生物学馆内的实验室（部分）（1931 年）

资料来源：生物学馆里面。《清华周刊》，1931，35（本校二十周年纪念号）：8-9。

---

① 生物学馆各层平面图。《清华周刊》，1930（生物学专号）。
② 陈桢：国立清华大学生物学系概况。《清华周刊》，1931，514-515：75-81。
③ 陈桢：生物学系概况。《清华周刊》，1934，588-589：40-43。

室，旁边有一间大实验室，是沈同、杨承元等助教所在之地；靠近楼梯口是李继侗和助教一起的一间大实验室。[1] 二楼南向的大讲堂，可容个百五十人，[2] 常用于各种公共课程和讲座。馆后空地辟为植物园，移植各种植物，以供试验与研究，并可供校内同仁同学课后休闲观赏之用；馆西侧建有金鱼池，养殖金鱼，以供遗传学研究。[3] 学生们回忆说："当时四周没有什么建筑物，风景优美，小溪垂柳，远望可见西山。时时有鸽子歇在大阳台上，显得更为明媚幽静"，"有人譬它为清华各馆中最美的一所，的确不是偶然"。[4]

在生物学馆即将落成之日，陈桢在校刊中著文谈到基础设施对于中国生物学发展的作用道："无论什么学问的发达都要有人才。科学的发达除去需要人才之以外还要有设备"，"设备方面，在十年前是很简陋的，到现在南方的岭南大学，厦门大学，东吴大学，中央大学，科学社生物研究所，北方的清华大学，都有了新式的生物学馆"。[5] 表面上看，陈桢是为清华生物学系终于有了和兄弟院校抗衡的硬件设施而感到欣喜。然而若察知其他大学的情况，就知道这种说法实乃说者的自我谦抑。如东南大学的理科同样受洛克菲勒基金会赞助，但校方并未特别重视生物学科的发展，以致秉志在1922年致校长郭秉文的函件中抱怨道："洛氏基金建筑房室及各种设备，生物学以医学预备最重要者，只得三分之一之助，物理以不甚注重之学，凡享优□权。"[6] 1930年，中央大学生物学馆终于落成，造价仅为五万五千元，[7] 还不足清华的三分之

---

① 吴征镒：六十年前的清华生物馆。吴征镒：《百兼杂感随忆》。北京：科学出版社，2008年，第254页。

② 徐仁：清华的生物学馆。《清华周刊》，1933，514–515：119。

③ 孙之荣等编：《光辉的历史，灿烂的未来：庆祝清华大学生物系建系七十八周年复建二十周年》。未刊稿，第41页。

④ 院系漫谈："明媚幽静"的生物学系。清华大学校史研究室编：《清华大学史料选编》，第四卷，解放战争时期的清华大学1946—1948。北京：清华大学出版社，1994年，第197页。

⑤ 陈桢：中国生物学研究的萌芽。《清华周刊》，1931，511–512：73–76。

⑥ 秉志致函郭秉文，1922年11月3日。中央大学档案。中国第二历史档案馆藏，全宗号648，案卷号323。

⑦ 《国立中央大学一览》，第三种，理学院概况经费，民国十九年一月。国立中央大学印行。

一。更有甚者，由于造价低廉，中大生物馆被认为既不坚固又不美观，该校植物系教授因而拒绝接收，并认为学校当局对此负有直接责任。[①]此事连带中基会和洛克菲勒基金会的科学研究补贴被挪用等问题，成为1930年中大"整理校务运动"的导火线。

　　1937年抗日战争爆发后，清华大学南迁，清华园被日军占据，作为其伤兵医院，生物学馆沦为外科部，来不及带走的物品和实验柜、台等在数年间被洗劫一空。1945年复员返回北京时，包括生物学馆在内的清华各栋建筑"外观如旧，内部设备，全部无存，一桌一椅，均须新做……所幸经同人多方努力，临时稍稍添置，加以自昆明运回之一批仪器，普通教学实验，勉强敷用"。[②]生物学系重新在此安顿，逐步恢复战争中严重受创的教学和科研事业，直至1952年院系调整时并入北大。

二、图书和仪器设备的购置

（一）1937年前的图书标本仪器

　　1925年清华成立大学部时，其基础仍是一所创办仅十四年的中等学校，图书和仪器设备主要给中学至大学二年级教学所用，数量和种类都比较少。"改大"之初的一份校内仪器设备调查报告指出："人才设备两方面最好的是西洋文学，次为西洋史学……由此可见清华以前功课的重心点。"[③]就这两门课的性质和所需要的设备来看，可以说当时的清华，实无多少自然科学仪器可言。所以自1926年春"就原有人才设备分设各系"后，生物学系"图书仪器及教室，均感不足"。[④]

　　自曹云祥接任校长后，清华的设备投入有了较大的增长，从此前的每年不足两万元，增至每年四万元左右。特别是"改大"之后，图书

---

①　中大理学院植物系教授全体辞职。《中央日报》，1930-10-1：4。
②　梅贻琦：复员后之清华。《清华校友通讯》，1947-3-15。
③　大学专门科：调查本校人才设备。《清华周刊》，1925，24（8）：18-19。
④　陈桢：理学院概况：生物学系。《清华消夏周刊》，1930（6）：60-61。

和仪器设备方面的要求远超中等教育，投入大量增加。以 1926 年为例，当年总支出八十三万元[①]中，图书购置近三万元，仪器购置近五万四千元，[②] 两者的总额占总支出的 10%。1927 年的图书和仪器费用更分别达到四万三千和八万五千余元。虽然校方重视生物学科的发展，但生物学系教师少、师资不稳定，导致专业课程少、学科发展缺乏规划，所能得到的设备经费也就十分有限；加上生物学馆的建造迟迟不能落实，洛克菲勒基金会的赞助也就无法到位。这些因素，导致生物学系建立几年后，仪器标本书籍等仍然"甚欠完备"，[③]"不足以应最低限度之需要"。[④]

生物学系图书仪器的快速增长也出现在 1929 年之后。罗家伦认为："留美预备时代的清华学校的设备，万不足以供应国立最高学府的清华大学的应用……学自然科学的，缺少完备的仪器，要他们从何处作起？"[⑤]有意思的是，虽然对于学校的总预算数额有着很大的分歧，但在增加图书仪器这个问题上，清华校方和董事会达成了难得的一致。1928 年后，清华每年用于增购图书和仪器设备的费用占年度预算的 20%，其总数很快增至二十四万元。[⑥]由于各系发展基础和需求不同，所以"这个数目每年分配到各系，也不是平均地分配，而是根据各系的需要，由评议会规定各系应得的数目，每年规定一次。"[⑦]此时生物学系师资和课程逐步完善，而且生物学馆初建，因而在仪器设备方面有大量增加的需要；其次，理学院院长叶企孙为人公允，"对于各系设施，力求持平，使各有相当发

---

① 清华学校本年度的正常收入为七十六万元，年度原计划支出一百零五万元。经此削减后，支出仍为八十三万元，赤字七万元。

② 第五表：清华大学购置图书用费表；第六表：清华大学购置仪器用费表。见：刘本钊，二十年来清华之财政。清华大学校史研究室：《清华大学史料选编》，第一卷，北京：清华大学出版社，1994 年，第 443–444 页。

③ 生物学系消息。《清华学校校刊》，1927-9-26：2。

④ 陈桢：国立清华大学生物学系概况。《清华周刊》，1931，514–515：75–81。

⑤ 罗家伦：致清华大学董事会报告整理校务之经过及计划。《国立清华大学校刊》，1928-11-23：1–2。

⑥ 冯友兰说："清华预算嗣后不久即定为每年一百二十万元，每年有二十四万元增购图书仪器，直至抗日战争开始时都是如此。"见：全国政协文史资料委员会编：《文史资料选辑》，第 11 卷，第 34 辑。北京：文史资料出版社，1963 年，第 8 页。

⑦ 冯友兰：《冯友兰自述》。北京：中国人民大学出版社，2011 年，第 301 页。

展"[1]，故生物学系在设备费方面颇受优待。此外，1929 年 4 月，在应允帮助申请生物学馆一半建筑费用的同时，洛克菲勒基金会和清华校方一起，又共同补助给生物学系共五千元的设备费（各提供二千五百元），以济急需。有人说："清华生物学系的猛进，虽由于教职员之努力，同学们的好学，……倘学校当局不在经济上稍加帮助，恐怕生物学系的发展也没有这样的快"，生物学系的图书仪器很快就达到了一个相当丰富的程度，"就设备和教授说，清华生物学系，在中国已经有了相当的地位"。[2]

表 4-1　国立清华大学 1929 年度理学院各系图书仪器费用分配表（单位：元）

学系	图书	仪器	科学用品
物理	2500	10000	400
化学	5000	15000	2000
心理	5600	6200	500
生物	6000	7500	6300
地理	4000	10000	—
数学	10000	2000	—
工程	1000	20000	—

资料来源：国立清华大学校务委员会会议纪录。清华大学档案馆，编号：1：2-1：7-1。

　　学术期刊、专门书籍和动植物分类目录是生物学系教师进行教学研究和学生进行学习的基本参考资料。1929 年前，生物学系所订阅的学术期刊不多，可能仅有二三十种，1929 年后，这一部分增长很快。仅一年多时间里，就"新订杂志一百五十余种"，[3] 总数达到一百八十种。1932 年后，因为美元价格上涨，加之生物学期刊图片较多、价格较高等原因，期刊订数减少，只保留了必备的核心部分，但总数仍有一百一十四

　　① 吴有训：理学院概况（1931 年 9 月 6 日）。见：《清华大学史料选编》，第 2 卷（上）。第 394 页。
　　② 冰弟：由清华生物学系说到生物学的重要。《清华周刊》，1930，491-492：123-125。
　　③ 陈桢：国立清华大学生物学系概况。《清华周刊》，1931，514-515：75-81。

种。[1]1933 年后又小幅减少至为一百零五种（其中动物学方面约六十种，植物学四十五种）。这一数量一直保持到 1937 年全面抗战爆发时。

专业书籍方面的增长也相当迅速。在理学院各系中，生物学系的图书经费是较多的，如在 1932—1933 学年度，生物学系的图书预算多达一万二千元，远胜物理学系（六千元）、地理学系（七千元），亦多于化学系和算学系（均为一万元）。在全校中也仅次于历史学系、政治学系（均为一万四千元）和经济学系（一万三千元）这三个文法学系。[2]在这种投入下，生物学系的书籍数量呈现出倍数化的增加。1930 年时，清华有生物学中西书籍四百八十多册，1931 年已增至七百余册。到1934 年，则猛增至一千五百余册，1936 年增至两千余册，[3]1937 年达到三千余册，[4]七八年间增长了近七倍。这样的藏书量，较好地满足了生物学系师生日常的教学和研究所需。为了便于师生查阅，生物学馆内还设有动物组和植物组图书室各一间，用于存放专业书刊；普通部分则存放于校图书馆中。为了满足分类学教学和研究的需求，生物学系还购入 Concilium Bibliographicum 动物学分类卡片全份。刚买来时，"在国内可算是稀有"。[5]1931 年后，又新增权威的动物分类学索引杂志 Bronns Klassen und Ordnungen des Tierreichs 全套，1931 年时购买了一千一百余卷，到 1936 年时已保有该刊二千五百余卷。

标本是生物学的基本教学用具和教学材料。生物学系的标本来源主要有三：其一，通过各种途径向国内外购买；其二，师生自行采集；其三，与国内其他生物学机构进行交换或接受赠予。1929 年，生物学系有以种子植物为主的十二类植物标本和模型六千零七十件，自原生动物到哺乳动物的十四类动物标本和模型三千四百七十六件，共

---

① 陈席山先生讲演。《国立清华大学校刊》，1932-6-10：1-2。
② 国立清华大学图书馆各系部图书预算及待付实付表。《国立清华大学校刊》，1933-1-13：1。
③ 陈桢：生物学系概况。《清华周刊》，1936（向导专号）：27。
④ 陈桢：生物学系概况。《清华向导》，1937：25。
⑤ 清华的生物学馆。《清华暑期周刊》，1932，欢迎新同学专号（9-10）：38。

九千五百四十六件，总价六千二百四十七美元。[①] 其中，植物标本通过钱崇澍、吴韫珍、陈封怀等人的不断采集以及科学社等机构的赠予和交换，因而数量较多；动物标本数量较少、价格也比较贵，但从种属的连贯性来看，动物标本则更为系统齐备。

表4-2　1937年前生物学系所藏动物标本数量（件）的变化

类别 ＼ 年份	1930	1931	1932	1934
（1）原生动物	1	150	450	—
（2）海绵动物	7	80	200	250
（3）腔肠动物	21	700	1200	800
（4）扁形动物	7	60	160	520
（5）圆体动物*	3	40	150	340
（6）棘皮动物	9	400	1300	800
（7）环节动物	8	400	1350	900
（8）软体动物	179	2000	9000	7500
（9）节肢动物	500	3000	14000	15000
（10）原索动物	—	300	800	600
（11）脊椎动物				
鱼类	69	1400	4750	6000
两栖类	13	90	300	400
爬行类	—	70	250	300
鸟类	89	450	600	600
哺乳类	20	50	100	70
（12）动物模型	36	50	75	96**
（13）玻片标本	—	1500		800

　　资料来源：综合自1930、1931、1934、1936等年度《清华周刊》的"生物学系概况"和1932年度《清华暑期周刊·欢迎新同学专号》中"清华的生物学馆"的标本情况的介绍。
　　* 今称线形动物。
　　** 包括无脊椎动物模型十九件、脊椎动物解剖标本十八件、脊椎动物胎儿及发育模型五十四件、人体解剖模型五件。
　　"—"表示当年无数据或无此项内容。

① 本大学标本统计表.《国立清华大学校刊》，1929–11–15：3。

1929 年后，随着生物学系经费的增加和外出采集活动的增多，动植物标本数量猛增。以动物标本为例，四五年间，各个种属的标本数量在原有的基础上得到了数十倍甚至数百倍的增长，在种类上也增加了脊索动物、爬行动物等重要门类。其他如环节动物、节肢动物、棘皮动物、脊索动物以及部分鱼类、鸟类和哺乳类标本都有大幅度的增加。从来源上看，这些标本不少都是师生在野外考察中采集制作的，从中亦可看出生物学系在不同地区的采集侧重。如原索动物多采自烟台，环节动物、棘皮动物也主要来自沿海区域等。

植物标本方面，除了向日本的岛津制作所购买部分成品标本外，增加的部分也大都是生物学系师生在野外采集所得的成绩。建系之初，钱崇澍等人就在北京周边以及安徽、湖北等地采集种子植物标本。1929年后，吴韫珍、陈封怀和汪振儒、容启东等人又利用暑期及返乡机会，除在北京周边、河北地区等地外，还深入东北、内蒙古、山东、广东等地继续采集。在延续种子植物考察和采集的基础上，将种类范围扩大到藻类、真菌、苔藓和蕨类等。但总体而言，仍以种子植物标本为最多，1931 年时该类标本"已定名者约六千余种，分属于一百九十一科一千二百余属"，此后还在逐渐增加。到 1934 年时，已有种子植物腊叶标本七千二百五十件，木材标本二百五十件。从动植物标本总量上来看，清华当然不如中央大学、中山大学等以采集分类工作见长的生物学系，[①] 但应对教学和一般研究已足够了。

除了普通标本外，生物学系还利用考察机会引种一些周边地区的、宜于园林或其生态环境面临危险的木本植物，作为"活的标本"供师生观察利用。生物学馆建成后，在其西侧空地开辟了植物园，就引种了许多来自西山、东陵、小五台等北京周边和河北的区域植物。

---

① 举例来说，1923 年 12 月东南大学曾遭火灾，导致生物学系、物理学系的仪器设备以及生物学系的七万余件标本等被全部焚毁，造成重大损失。由此可知当时东南大学标本所藏之丰富。而中山大学仅在 1928 年 5 至 8 月的考察中即采集动植物标本三万四千份。

表4-3 生物学系的植物标本种类一览（1934 年）

植物标本类别		采集地	件数
海洋藻类		烟台、青岛、北戴河	200
淡水藻类		江苏、河北、广东	1000
菌类		河北	350
苔藓植物		小五台、北平、日本	520
羊齿植物 *		广东、福建、河北	250
种子植物	腊叶标本	国内自采、交换、赠送	7250
	木材标本	东北	150
	浸制标本		600（瓶）
木本植物冬态标本		本地	120
植物园栽培标本			250（株）

资料来源：《清华周刊》，1934，588-589：40-43。

* 今称蕨类植物。

　　由于自行采集受到师生人数和时间、区域等条件的限制，因而生物学系从一开始就很注意与其他机构进行标本交换。如上述动物标本中，腔肠动物、棘皮动物等四个种类的标本数量 1932 年后有所下降，可能就是与其他机构进行交换的结果。陈封怀等人在吉林等地的采集成果，也与静生生物调查所、国立中山大学、中央研究院自然历史博物馆等机构进行了交换。这些交流说明生物学系的采集成果受到其他专门机构的认可，同时也能起到调整标本结构和数量、丰富自身标本储藏的作用。

　　在设备方面，1929 年统计理学院各系的仪器设备情况时，生物学系有普通仪器四百零七件，动物生理学仪器七件，植物生理学仪器七十五件。这些仪器设备共计两万一千一百四十六元，在理学院各系中，仅为化学系（四万一千七百五十元）的一半左右，远不及物理学系

（五万八千五百元）、土木工程学系（六万二千六百八十元），[①] 反映出1926年至1928年这三年间生物学系在发展上已经落后于理学院其他学系的实际情形。而且，这样有限的实验设备，也没有得到充分利用。由于当时许多实验仪器不能国产，需要提前半年或一年向国外预定。这要求学系有较为稳定的教学计划，否则仪器运抵时，该课程又不再开设，就会造成资源的浪费。如1926年秋，钱崇澍购买了一批实验设备，大约一千二百元，"什九为植物生理仪器"，[②] 是为1927年开设的植物生理学课程所准备的。但是一年之后仪器到校时，钱崇澍已离开清华，无人讲授该门课程，这批仪器只能暂时闲置。由此也可以看出，除了普通生物学实验，生物学系在成立之初的两三年间实际上没有开设多少实验课程，学生受到的实验训练很有限。

1930年后，生物学系的仪器设备迅速增长。到1937年，已有包括显微镜、解剖镜、切片机、绘图仪、恒温器以及动物生理、植物生理仪器十余类（表4-4），供普通生物学、植物形态、植物解剖、植物生理、比较解剖、组织胚胎、动物生理等多个实验室和绘图照相室使用。1935年的一笔单次仪器购买金额即达到四千美元。[③] 到1937年5月，生物学系仍在订购包括电动音叉、徕卡照相显微镜（Leitz Universal Panphot）、徕卡幻灯机（Leitz Zweilampen-Epidiaskop）及其零件等价值四千三百余元的十四种仪器设备与耗材。[④] 与当时其他几所国立大学的生物学系相比，清华生物学系的图书仪器设备在当时已属顶尖水平。以中山大学和中央大学为例，1930年2月，抵达中山大学生物学系任教的植物生理学家罗宗洛，[⑤] 吃惊地发现该系"没有一间实验室，瓶瓶罐罐也少得可

---

① 国立清华大学仪器统计表。《国立清华大学校刊》，1929-12-6：2。
② 生物学系消息。《清华学校校刊》，1927-9-26：2。
③ 函达本系曾于二十四年七月二十七日，向美购买精细仪器一批约美金四千元，该件仍存会计科未行送出，请指定时间面谈补救。清华大学档案，编号：1-2：1-102-005。
④ 请转知庶务科提前向北平兴华公司订购仪器十四种（附单）。清华大学档案，编号：1-2：1-102-014。
⑤ 罗宗洛（1898—1978），植物生理学家，浙江黄岩人。1917年毕业于上海南洋公学，1922年毕业于日本北海道帝国大学，获学士学位，随后在坂村彻指导下攻读植物（转下页注）

怜。楼上仅有一大堆广西瑶山采集来而未加整理的标本，动物、植物皆
有。动物标本已经剥制，植物标本如干柴一般堆在地上。……图书室中
有数架图书，尽是动物学方面的，植物学的书屈指可数。植物生理学
只有贝内克－约斯特（Benecke-Jost）的一本教科书。专门杂志则零零
碎碎，不但无一整套的，即使连续二三年的，也极为稀有。至于仪器，
除解剖用的剪刀和小刀外，毫无所有。见此情形，不能不令人心灰意
冷"。[①] 由于在中山大学无法开展研究，罗宗洛于 1932 年离开。此后随
着经费投入的增长和大力采购，到 1933 年年底，中山大学生物学系的
仪器设备情况有了明显改善，如已有"双筒高倍显微镜四台、单筒显微
镜三台、解剖显微镜二台、学生用显微镜二十三台，切片机四具"，[②] 但
总体上仍不到同时期清华同类设备的一半数量。1933 年初，罗宗洛辗
转前往中央大学生物学系，该系条件比中山大学"略胜一筹"，"但所有
设备，全是教学用的，还没有现代化的研究室"。他此后申请了大约美
金一万元用于添置仪器和试剂，如高温灭菌器、恒温箱、暗室中使用的
照相和放大器材以及必需的玻璃器皿和药品等。这些设备"在当时都是
十分宝贵的"，"当时有这样的条件，算是上乘的了"。[③] 到 1936 年，中
央大学生物学系的新旧仪器总价约为八万余元。[④] 虽然并不清楚此时清
华生物学系的仪器总价，但就 1929 年的基数以及此后增加的仪器数量
和品种来看，可能要高出中央大学甚多。而且中央大学生物学系的仪器
设备在学科方面分布不均，"关于形态学及细胞学者已甚完备"，但在生
理学遗传学方面，经过当年的"积极置备"，也只是"大致敷用"。从

（接上页注）细胞生理学，1930 年获农学博士学位。回国后应聘至中山大学生物系，一度兼任
系主任。1932 年前往上海暨南大学任教授，兼中华学艺社总干事。1933 年应聘至中央大学生
物学系担任教授。1940 年转往浙江大学担任教授。1944 年被选为中央研究院植物研究所所长，
1945 年曾前往台湾接收台北帝国大学。1953 年筹建中科院植物生理研究所，任所长。1948 年
当选为中央研究院院士，1955 年当选为中国科学院学部委员。

　①　罗宗洛：回忆录（续）.《植物生理学通讯》，1999，35（1）：83。
　②　冯双编著：《中山大学生命科学学院（生物学系）编年史（1924—2007）》。广州：中
山大学出版社，2007 年，第 64 页。
　③　黄宗甄：《罗宗洛》。石家庄：河北教育出版社，2001 年，第 86 页。
　④　《国立中央大学理学院概况》，生物学系。1936 年 2 月。

这一点也不难看出中央大学生物学系长期以分类学为主的发展趋向以及清华生物学系均衡办系的特点。

表4-4　1937年前生物学系的部分实验设备（台）

年份 类别	1930	1931	1932	1934	1935	1936	1937
高级显微镜		28	不详	19	19	19	19
普通显微镜		40	不详	57	57	57	57
双筒显微镜		1	不详	4	4	8	8
普通解剖镜		28	不详	28	28	28	28
双筒解剖镜		4	不详				
Edinger 绘图照相器		1	1	1	1	1	1
投影画图仪			不详	6	6	6	6
切片机			>2	10	10	10	10
动物生理仪器	7	合计 数百件	350	600	600	1000	1000
植物生理仪器	75		数百	560	560	660	660
孵化器		5	5	5	5	5	5
高压灭菌锅 Autoclave						1	1

资料来源：综合自1930年、1931年、1934年、1936年《清华周刊》、1932年《清华暑期周刊·欢迎新同学专号》、1937年《清华向导》。

（二）长沙临大与西南联大时期

战争对中国高等学府造成的破坏是巨大的。有人对组成西南联大的三所高校因战争而受到的损失做过粗略估算："国立学校中如北京大学，为中国创办最早之大学，近数损失，几无法可以统计。其次如清华大学，虽于图书仪器稍有迁出，然亦损失达六百零五万元之巨，私立则南开大学达三百七十五万元。此为财产之尚可以数字估计者，至于其未可以金钱估计者，价值更不可限量，诚吾国之教育与文化之空前浩劫矣！"[①]

[①]　中国国民党中央委员会党史史料编纂委员会编：《革命文献》，第56辑，抗战前之高等教育。台北：中央文物供应社，1971年，第70页。

全面抗战之前，清华虽已预先在长沙岳麓山择地修筑分校，但事起仓促，七七事变发生时，分校尚未落成，[①] 只能借用圣经学院的校舍。陷落在北平的大部分图书仪器设备未能运出。已经抢运出的部分图书仪器设备，又因交通阻断，一时不能到达。为应急需，在图书方面，临大校方与国立北平图书馆合作，各出资四万元订购图书杂志，"专供本校师生教学及研究之用"；[②] 理科各系"则与湘雅医学院合作，各项设备皆允利用"。[③] 生物学系的动物生理课实验就是借用湘雅的仪器设备得以开设的。

迁滇后，联大一度借用附近的昆华师范、昆华农校以及几个会馆作为校舍。理学院即在昆华农校上课和实验。1938 年，联大在建设新校舍时，为了满足理科对实验室的要求而进行了重新设计，结果在此期间物价飞涨，建筑成本飙升，导致整个校舍的面积和建筑规格都被迫缩减，[④] 但总算建成了一些实验室。自然科学各科主要集中在联大校舍南区。生物学系在南区有两排平房，夯土墙，洋铁皮屋顶。每栋隔成两间到三间，作为办公室和实验室。专用的有动物生理实验室和植物分类实验室。[⑤]

生物学系运往云南的图书仪器设备的详情似已较难查考。仅知一部分较为重要者"由兴华公司帮助运往西南，其余设备均被日军劫掠破

① 清华长沙校舍被毁情况（1938 年 6 月）。清华大学校史研究室编：《清华大学史料选编》，第三卷（上）。北京：清华大学出版社，1994 年，第 349 页。

② 长沙临大建筑与设备（1937 年 11 月 17 日）。见：北京大学等编：《西南联合大学史料》，六，经费、校舍、设备卷。昆明：云南教育出版社，1998 年，第 391 页。

③ 长沙临大教学设施与校外合作的办法（1937 年 11 月 17 日）。《西南联合大学史料》，八，经费、校舍、设备卷。第 392 页。

④ 陈岱孙：西南联大校舍的沧桑。西南联合大学校友会编：《西南联大北京校友会简讯》，1999，12：4—5。

⑤ 《清华大学校史稿》中提到，除生理和植物分类两个实验室外，其他科目均无专用实验室。汪振儒执笔的《李继侗先生生平与贡献》也持此说。《西南联合大学校史》中曹宗巽所写的"生物学系"则说"专用的有动物生理实验室、植物分类实验室（兼标本室）；此外比较解剖学、脊椎动物学、无脊椎动物学也各有自己的实验室"。曹文的描述似前后略有矛盾。但曹文亦是与陈阅增以及联大校友会等"反复核对资料、收集素材"而来（见《西南联合大学北京校友会通讯》1997 年第 21 期），故仍存此一说。

外景　　　　　　　　　　　　　内景

图4-4　联大时期的动物生理实验室

资料来源：西南联合大学北京校友会编：《国立西南联合大学校史》。北京：北京大学出版社，1996年，图片页。原图为沈同提供

坏"。[①] 而且，联大期间，为了平衡三校之间的编制和比重，梅贻琦将清华的图书设备经费更多地投放在直属的五个特种研究所，[②] 各系所得有限。1940年中，清华预定图书一千五百余种，期刊三百余种。"所购书籍，均关系于理科方面者，而以研究所占大多数"。[③] 不过，由于清华生物学系与农业研究所关系甚密，能从彼处借阅到不少的文献资料。而从外国返回的教师或者外国访问者带来的资料，也成为生物学系师生难得的读物。1938年，殷宏章自美国返回昆明，带来几本新书，如Edwin. C. Miller的《植物生理学》[④] 以及从俄文转译成英文的Maximov的《植物生理学》[⑤]，以及有关光合作用的一些抽印本。"这些书放在实验室里，由专人保管，供学生自由阅读。"[⑥] 1941年，李约瑟到联大访问讲学

---

①　陈桢：生物学系。《清华校友通讯》，复员后第二期，1947-4-25：4。
②　联大教授吴泽霖回忆说："为了避免由于一校的分量过于突出可能引起的问题，梅先生没有把所有随校南迁的清华人员都放入联大编制内，他利用庚子赔款基金所拨给清华的经费，在昆明建立了国情普查、农业、航空、无线电、金属学等研究所，使清华人员参加了这些机构的工作，减少了清华在联大中的名额，从而使三校在联大体现了较好的平衡"。见：黄延复主编：《梅贻琦先生纪念集》。长春：吉林文史出版社，1995年，第283页。
③　清华大学图书馆劫后经过概述。《中华图书馆协会会报》，1941，14（6）：14。
④　*Plant Physiology*：*With Reference to the Green Plant*。1938年该书出版第二版。
⑤　Nicolai N.Maximov., *Plant Physiology*。Irene Krassovsky 英译。1938年出版。
⑥　曹宗巽：生物学系。《国立西南联合大学校史——一九三七至一九四六年的北大、清华、南开》。第237页。

时，也赠送给生物学系不少书刊，且带来一些重要文献的胶卷，以后还通过多种渠道送来资料。"这些胶卷和资料存放在北门教授宿舍，每周开放两次，供师生查阅。"[①] 沈同在进行维生素 C 研究时，他在康奈尔大学的师友不仅托人带来多种维生素结晶，"还寄来了新版的生理学、生物化学的教科书。"[②] 通过这些国外渠道，生物学系的师生得以接触到较新的学科发展情况。学生用的教材多是由校方购置的一些影印本，放在图书馆以及生物学系的资料室，供学生借阅，再由学校购买或在高低年级学生之间转手。但是"图书馆书源短缺，迟去便借不到了"。[③]

　　生物学系此一阶段的仪器设备情况也很难确知，但可想而知是十分短缺的。由于北大的设备基本未能运出，生物学系的仪器设备主要靠清华来支撑。整个联大的情况也基本类似。此后中基会、中英庚款董事会、教育部等机构陆续向联大提供设备费方面的补助，使"普通教课上之参考与实习之需要，可以勉强应付"。[④] 从一份仪器清单来看，联大时期生物学系增加的器材品种数量不少，但贵重的仪器不多，似乎仅有记纹鼓两个、精细天平两台以及蒸馏器一台，等等。其余的都是试剂瓶、广口瓶、试管、培养皿等玻璃仪器和小型器件或耗材。[⑤]

　　在生物学系运往昆明的"重要图书仪器之一部"中，显微镜是一类主要部分。曹宗巽说"（联大时期）教学用的显微镜，基本上有保证"。但从其他描述来看，"有保证"应当是指"有显微镜可用"而并不"够用"。联大生物学系学生较清华时期为多，显微镜作为最基本的设备，需要量较大，数量不足，因而总是得另想办法。如"植物形态学的实验课也因材料与显微镜不够，借用云南大学的实验室与设备，每周两个下

　　① 即昆明北门街东边的唐家花园旧戏楼，是联大单身教师的宿舍。住在此处的生物学系教师有李继侗和沈同二人。
　　② 沈同：我的教学经验。姚仁杰等编：《沈同教授纪念文集》。未刊稿，1995 年，第67 页。
　　③ 余树声：国外优秀教材在联大。《西南联大北京校友会简讯》，2002，32：186。
　　④ 梅贻琦：抗战中之清华（续）。《清华校友通讯》，1940，6（5）：2。
　　⑤ 国立西南联合大学理学院生物学系仪器标本清册。《西南联合大学史料》，六，经费、校舍、设备卷。第 441—448 页。

午去云大看切片，做实验"。为外系开设的"普通生物学"课程，由于学生多（1939年有二三百人），就只好把切片固定在显微镜上，"让学生排队轮流观察，看完一片再一片"。[①] 而且，在1941年8月的昆明大轰炸中，生物系实验室被炸塌两幢，"为了避免敌机轰炸，这些显微镜平时都藏在深埋地下的铁皮汽油桶里，需用时才用钩子取起来"。

在仪器设备十分缺乏的情况下，生物学系师生采取了各种办法来维持各门课程的实验。如动物生理学实验所用的记纹鼓，因为缺电，就由电动改为手动；缺乏烘箱，就改用饼干箱自制。但是这种"土办法"所能解决的问题毕竟是有限的，需要精密仪器的实验，如神经肌肉方面的实验等，也就无从开展了。

在仪器之外，药品、试剂的添购也有困难。以最基本的切片制作为例，样品包埋剂、切片固定剂等，平时都属于普通试剂。但在昆明，有些材料因为需要进口而不易获得，给教学和实验带来了极大不便。生物学系师生对寻找代用品的需求十分迫切，也找到了一些办法，曹宗巽回忆说：

> 药品、试剂的添购也有困难。制备切片要先用乙醇脱水，再用二甲苯脱乙醇。二甲苯是进口药品，不易购到。张景钺教授想尽办法寻找代用品，后来找到当地生产的桉树（Eucalyptus）油代替二甲苯，效果很好。另外，制切片用的盖玻片也属进口货。他教我们把云母片一层一层剥下来。这些薄片虽然不那么方方正正，倒也能代替进口的盖玻片。此外，张先生还指导孙兆年用本地的苏木代替苏木精获得成功。别的一些尝试，如用土产的松香代替树脂（balsam），效果却不理想，后又曾试用过油杉（Keteleceria）或冷杉（Abies）的树脂。[②]

---

① 清华大学校史编写组：《清华大学校史稿》。第349页。
② 曹宗巽：生物学系。《国立西南联合大学校史》。第236—237页。

　　清华南迁时，所藏标本似乎均未带出。除在湖南采集的部分标本外，生物学系师生在昆明及周边进行了不少动植物调查和标本采集工作。1938 年 8、9 月间，张景钺、吴韫珍两教授带领助教吴征镒、周家炽、杨承元、姚荷生等人，前往大理苍山、宾川鸡足山采制教学用标本近三千号，"奠定了西南联大标本室的基础"。[①]1942 年，吴征镒又与学生刘德仪一起，重登苍山，并前往鹤庆、剑川、丽江等地考察，"采得标本又近三千号"。"此时标本室也只是土墙草顶，以破木箱叠置，藏夹于报纸中的干标本而已"，虽然不免鼠害虫灾，"但幸而没有在昆明大轰炸中被炸弹击中"。到联大结束，三校复员时，生物学系标本室已累积标本数万号，还接待过过访的学者如李惠林、蒋英、吴中伦等人。

　　和植物学一样，动物学教师也经常利用周末或假日带领学生进行采集与识别采集各种动物标本，捕捉云南特有的蝴蝶，以及实验需要的青蛙、红斑蝾螈、蝙蝠等动物。杜增瑞、黄浙、陈阅增以及农研所昆虫学组的几位教师，还带领学生们野外考察眼虫、水螅、涡虫等的栖息地。他们还以滇池为实验基地，时常驾船进行实地观察。而学校还特从贵州（或四川）买来一尺多长、手指般粗的大蚯蚓，由学生人手一条作解剖实验。

（三）复员之后

　　1946 年 5 月后，清华师生返回北平。战争期间整个清华被日军占领作为伤兵医院，各处破坏严重。待清华派员接收时，"生物、科学二馆室内一切设备均无，灯水等均经日方拆毁"，[②]当年 10 月 "开学时仅有空屋一所"，"学生的生理学实验要去北京大学上课，因为他们从北平大学接收到一部分仪器"。[③]实验设备相当缺乏。

---

①　吴征镒：自叙传。清华校友总会编：《校友文稿资料选编》，第三辑。第 24 页。
②　保管委员会第一次报告（1945 年 12 月 25 日）。清华大学校史研究室编：《清华大学史料选编》，第四卷。第 124 页。
③　赵以炳：从冷刺激到冬眠，从原生质生理学到比较生理学的五十年。王志均、韩济生主编：《治学之道——老一辈生理科学家自述》。北京：北京医科大学、中国协和医科大学联合出版社，1992 年，第 70 页。

由于抗战爆发后清华没有来得及带走的图书、设备等，在日占时期流失极多，清华在复员后展开了追缴校产的工作。生物学系也追回了被日本人搬往北平城内的一小部分标本，[①] 并请校方通过国民政府驻日军事代表团向日方追索已存于东京上野博物馆等地的标本。[②] 此后，在昆明保存的标本陆续运回，教学科研差可使用。为了尽快参考国外文献资料，各系也开始通过图书馆恢复订阅外文期刊。1947 年，生物学系预定杂志四十六种，是理学院各系中最多的（算学系四种，物理学系二十三种，化学系二十种，地学系十种，心理学系四十四种）。[③] 虽然不能与战前相比，但较在联大时期似要好些。基本的参考书，在大图书馆里也大都能借阅得到。[④]

在仪器方面，为以应日常教学研究工作需要，1947 年 4 月，经清华申请以及教育部和中基会批准，校方从清华基金中提取利息五十万元，[⑤] 用于各系添购图书仪器设备。其中分配给生物学系的金额为一万八千元。[⑥] 加上"昆明运来图书仪器二十余箱"，以及从燕京大学和北京大学借用的实验材料等，恢复了基本的教学和研究所需。有学生回忆说，当时"显微镜这些是有的，从昆明运回来一些，后来也买了一些"，[⑦] "学生实验只需要显微镜和解剖镜，而且（学生）人数少，也不

---

① 1941 年 5 月后，在日军华北方面军司令部之"建议"下，满铁北方经济调查所、华北交通株式会社等机关拟定"整理"及瓜分清华所藏图书、标本、模型等之"规程"。图书馆所藏之图书即于当年 7 月为日军司令部、新民会等机构瓜分一空。见：国立清华大学图书馆状况。《中华图书馆协会会报》，1941，16（1–2）：6–7。标本应大体于相同时间被运出清华。

② 函朱世明、吴文藻：请查明本校生物系前被日人运存东京之菌类标本设法追回，送回本校。清华大学档案，编号：1：2–3–001。

③ 整理图书馆工作报告·第五次（1946 年 7 月 31 日）. 清华大学校史研究室编：《清华大学史料选编》，第四卷。北京：清华大学出版社，1994 年，第 165 页。

④ 汤彦承教授访谈，2014 年 3 月 27 日。

⑤ 教育部（代电）（1947 年 4 月 3 日）.《清华大学史料选编》，第四卷。第 532 页。

⑥ 国立清华大学 1947 年度图书设备特款支配表。《清华大学史料选编》，第四卷。第 533 页。

⑦ 蔡益鹏教授访谈，2014 年 3 月 12 日。

需要同时使用很多仪器"。[①]1948 年,《清华年刊》记载生物学系恢复了植物分类、动物生理、植物形态、生理化学四个实验室,"逐渐达到了战前的标准",[②] 实际上应当说是很不够的。这种情况一直延续到 1952 年院系调整之前,没有发生太大的改变。

① 汤彦承教授访谈,2014 年 3 月 27 日。
② "明媚幽静"的生物学系。《清华大学史料选编》,第四卷。第 198 页。

第五章

课程设置的演变

　　育人是大学教育的基本职责。课程既是知识传播的载体，也是教育职能的实现方式。一所大学的课程设置和开课的情况，是了解其大学教育水准的一个重要指标。从生物学发展的历史来看，自二十世纪初开始，在实验胚胎学、遗传学、生理学和生物化学等几个生物学分支的兴起和带动下，实验生物学逐渐成为现代生物学的主流。它们的发展极大地促进了人们对于生物的认识，包括发育、分化、基因连锁与突变、基因的功能与定位，以及从物理和化学的角度研究生命现象等。而现代大学的生物学系（生命科学专业）的课程内容，宏观层面的分类、形态等学科所占比例已较少，大部分是微观层面的、以物理和化学的理论和方法、在细胞和分子的水平上进行研究的"现代生物学"。从一定程度上可以说，在二十世纪前半叶，胚胎、遗传、生理等几门课程的开设情况，多少可以反映一个大学的生物学系是否跟上了生物学科发展的前沿。另外，限于民国时期国内生物学发展的环境，以及生物学学科对基础知识的要求，分类学、形态学（包括解剖学）、生态学等基本科目仍然是必不可少的重要组成部分。

一、早期课程的规划与实施

清华学校大学部成立后，虽然按计划要到 1927 年才开始生物学专门科教育，但课程草案则已先行拟定（表 5–1）。虽然这一课程设置由于 1926 年后改设学系、取消普通科和专门科而并未实际执行，但从中已可看出清华在生物学专门教育方向上的大致规划。在这一草案中，生物学专门科分为植物学门、动物学门和普通生物学门，也即生物学系预备培养学生的三个主要方向。但从设置的专业课来看，每个方向的专修课程只有四门，而共修和选修课程则分别有六门。可见，课程的设计者希望学生应当兼备"通"和"专"两方面，牢固其知识基础，不必过早地接受某种专门训练。

从课程的内容来看，在十五门必修课中，描述性生物学共有七门，包括：本地植物与植物分类、本地动物与动物分类、植物形体学、比较解剖学及脊椎动物之进化、植物环象学、植物群落与植物分布、无脊椎动物学，共十七个学分，其中与植物学有关的有四门；实验性生物学课程六门，包括植物生理学、动物生理学、遗传学、细胞学、组织学及胚胎学、试验胚胎学，共十五个学分。两类课程的比重基本相同，这种设置体现出规划者对学科教育的全局性把握。但也无可否认，其中植物学课程所占的比重较大，课程衔接更为合理，要求的学分也更多（专门科第二年普通植物学门要求十九或二十学分，其他两个学门则只有十四或十五学分），且倾向于分类、形态方面，这显然是此时唯一的主要教授钱崇澍的专业和研究背景的影响所致。另外，生理学、遗传学、组织学与胚胎学等课程均已列入课程项目，且应该是由陈桢来讲授的。但此时陈桢仅为兼任教授，经常要往返南北两地，讲课的时数是否得到充分保证，则难以查考。

表5-1　1925年11月大学专门科筹备处拟就之生物学组植物学门、
动物学门、普通生物学门课程草案

年级		课程	（单位①）
专门科 第一年	共修科目	显微学方法	1
		本地植物及植物分类学	2
		本地动物及动物分类学	2
		植物生理学（先修—化学）	2.5
		动物生理学（先修—化学）	2.5
		遗传学	2
	植物学门专修	植物形体学	3
	动物学门专修	比较解剖学及脊椎动物之进化	3
	普通生物学门专修	细胞学	3
	总计要求		15 或 16
专门科 第二年	植物学门	植物环象学	2
		植物群落与植物分布	3
		自由选习	14 或 15
	动物学门	无脊椎动物学	2
		组织学及胚胎学	3
		自由选习	9 或 10
	普通生物学门	试验胚胎学	2
		生物统计学	3
		自由选习	9 或 10
	选修科目	植物解剖学	
		微菌学	
		标本制作法及陈列法	
		普通生理学	
		动物行为学	
		专题研究	
	总计要求		14 或 15

资料来源：大学专门科筹备处：课程拟就，《清华周刊》，1925，363：22–23。

---

① 此处的"单位"指每周上课时数，可视如学分。

　　上述课表已对课程设置均衡的特点有所体现，但具体的实施则要艰难得多。由于陈桢的离去，1926 年，生物学系一度仅有钱崇澍开出一门普通植物学课程。这年夏天，刘崇乐和胡经甫（燕京大学教授，清华生物学系兼任教授）加入后，动物学的部分课程得以开设。从1927 年 4 月的课程表来看，已经没有了 1925 年建系之初就有的动物、植物和普通生物学三个组别的设计，但专业必修课程已从十五门增至二十门、专业选修则由六门增至十一门。必修课中，描述性有关的课程为九门（其中植物学方面的六门），实验性方面的三门，仍然体现出明显的以描述性生物学并以植物学为主的倾向。这与当时的师资结构是一致的。

表 5-2　生物学系 1927 年设计的课程表

学年	课程
第一年 （专修课程①）	化学，社会科学一门（政治、经济、社会、历史、现代文化） 或选习：生物学、动物学、植物学（任选一门）
第二年	动物学、植物学、植物生理学、植物分类学、动物分类学、遗传学、显微学方法、有机化学、社会科学一门或选习
第三年	植物生态学、植物社会学、植物组织学、动物胚胎学、动物比较解剖学、选习
第四年	植物地理学、细胞学、标本制作法、本地植物学、本地动物学、 生物学问题讨论、生物学发达史
选习	植物形体学、无脊椎动物学、植物病理学、细菌学、高等遗传学、试验胚胎学、遗传计算学、昆虫学、植物教学法、动物教学法、地方植物学

资料来源：各系介绍：生物学系现任教授。《清华周刊》，1927，408：535—536。

　　1927 年年中钱崇澍离开后，生物学系"因教员人数过少，未能多开课程。本学期功课，只有普通生物学一班，及较专门之功课两班：

---

　　① 大学部学程规定，"第一年专用于文字工具之预备，及自然科学与社会科学之普通训练；其目的在使学生勿囿于一途，而得旁涉他门"。

一为普通昆虫学，一为比较解剖学"，[①] 勉强维持而已。1927 年 9 月底，借助美国生物学家尼登来华的机会，刘崇乐与胡经甫一同邀请尼氏在清华、燕大二校轮流作"人类之生物观（Biology of Human species）"[②]的系列演讲，并作为正课给予选修学生一学分（从当年 10 月 15 日到 12 月 31 日，该演讲大约进行了十二次），[③] 一定程度上缓解了课程不足之急。

刘崇乐在清华生物学系待的时间不长，且处于一个过渡和维持时期，但他承担的角色却相当重要。一些资料提到，刘崇乐平时不苟言笑，甚至有些沉默寡言，是一个老实不爱说话的人。同时，他的治学态度相当严谨。其中一个有名的例子是，1926 年 10 月，清华研究院的人类学家李济在山西夏县西阴村考察新石器时代遗址时，发掘出半个像是被切割过的蚕茧，请刘崇乐帮他鉴定。李济后来在报告中陈述说："清华学校生物学教授刘崇乐先生替我看过好几次，他说，他虽不敢肯定这就是蚕茧，然而也没有找出必不是蚕茧的证据"。[④] 此事给李济的印象很深，据说他后来多次说起这"半个蚕茧"之事，提法都很谨慎。[⑤] 1927 年，刘崇乐请李济来讲普通生物学班的"人类天演论"一课，后者则欣然接受。[⑥]

需要提及的是，此时清华的内外环境并不安定。受奉系凌驾北京政府和校内风潮的影响，曹云祥在 1928 年初辞去，继任的代理校长严鹤龄也不足三个月就辞职。此时北京处于张作霖任大元帅的中华民国军政府（即安国军政府）掌控，奉系遂派军队出身的保定军警执法处

---

① 生物学系消息。《清华学校校刊》，1927-9-26：2。

② 此后，陈桢在《清华周刊》上撰文对此专门进行了介绍，题为"人类生物学"。1930年，中国科学社将尼登的讲稿中译后以《人类生物学》为书名出版。

③ 教务长室通告。清华大学档案 1-2：1-69：2，40。按照计划，尼登本拟进行十六次演讲。但因学期末考试、学校放假和尼登于 1928 年年初前往南京等原因，实际在清华和燕京两校的演讲次数约为十二次（根据 1927 年《清华学校校刊》所载尼登讲演情况统计）。

④ 李济：西阴村史前的遗存。《清华学校研究院丛书第三种》，1927 年，第 22 页。

⑤ 蔡恒胜：老实严谨的刘崇乐教授和他的遭遇。蔡恒胜、柳怀祖等：《中关村回忆》。上海：上海交通大学出版社，2011 年，第 346—349 页。

⑥ 李济之博士演讲人类天演论预志。《清华学校校刊》，1927-12-12：2。

处长温应星接任校长。温氏就任不到两个月，北伐的力量就延伸到了北京，温应星就此去职，直到当年 8 月，国民政府才委派罗家伦就任校长，开启了清华走向国立大学的新局面。校长如走马灯般轮换，各系也只得以各自维持为主。另外，由于经费亏空，又失去了外交部后台，丧失了贷款的可能性，清华学校评议会在 1928 年年初即决定不再添购书籍物品。经费的短绌，致使许多学系都无法确定下半年的课程。①刘崇乐能在人力物力皆十分不足的情况下保持生物学系教学的进行，是很不容易的。此后在东北大学与刘氏共事的李先闻，在其自传中一向甚少恭维同侪，却赞扬刘"学识丰富、做事认真，气魄很大"，"我们都是康大毕业的，两人相比，我自觉相形见绌"，②就能很好地说明这一点。

清华生物学系早期课程设置与实际教育偏向于动植物分类学的情况，直至寿振黄于 1928 年 2 月到达到清华后才得以略有改善。寿振黄虽然也是一名"描述性"的动物学家，但他学术经历甚丰，而且除分类学外，对形态、解剖、组织等也有深入研究。因此他到校后，即着手负责该学期的比较解剖学和体素学（即 tissue，今称组织学）两门课程。③刘崇乐负责原生动物学课程，并提前开设"天演学"。由于钱崇澍离开，植物学课程无人任教。为了缓解此一问题，生物学系还请虞振镛来讲授植物学；又将植物遗传学改为植物繁殖学，同样由农学系的周景福代为讲授。④在生物学系师资不足之时，农学系教师再一次充当了救火队员的角色。清华生物学与农学学科之间的互动和扶持，其亲密的关系一直持续到院系调整时期。

---

① 下学年各系课程。《清华周刊》，1928，437：733。
② 《李先闻自述》，第 64 页。
③ 注册部布告六。《清华学校校刊》，1927-2-6：2。
④ 教务长布告，二月九日。《清华学校校刊》，1927-2-30：1。

表 5-3　生物学系 1928—1929 学年度课程表（暂定）

课程编号	课程名称	学分	预修课程
1	生物学入门	4 或 5	
2	天演学	4	1
10	*植物学	4 或 5	1
11	*植物生理学	3	10
12	*植物分类学	3	10
20	无脊椎动物学	4 或 5	1
21	原生动物学	3	20
25	昆虫学	3	20
30	脊椎动物学	8	20
32	胚胎学	3	30
50	本地生物调查	6	
51	毕业论文		

资料来源：下学年各系课程（续）：生物学系（暂定）。《清华周刊》，1928，439：866。

　　由上述情况可见，建系之初，清华生物学系课程时常处于变动之中。一个学系的课程设置本来就有根据实际情形不断调整的需要，但更为直接的问题在于师资不稳、人手不足，教师开设的往往是自己熟悉的课程，课程范围必然受到局限。这一方面是时局动荡的影响，以及此时清华还缺乏足够的吸引力；另一方面也反映出当时国内专门学者匮乏，由于教师少，每个人都必须兼任起好几门课程，这一情况在其他各系中也同样存在，物理学系的第一届学生王淦昌就说："一开始物理系的老师只有叶先生（叶企孙）一人，所有的物理专业课都由他一人主讲"。[1]另外，此时国内也没有统一的、明确的大学课程标准，而是委诸大学科系自行规划，[2]因而各校各系在课程设置上也就有很大的随意性。罗

---

　　① 李政道：序。叶铭汉、戴念祖、李艳平编：《叶企孙文存》。北京：首都师范大学出版社，2013 年。

　　② 1924 年教育部规定"国立大学各科系及大学院各设教授会规划课程及其进行事宜"，结果"各系课程又完全委诸学校自行订定，往往徒鹜虚名，忽略基本，渐启课程凌杂之渐"。见：《第二次中国教育年鉴》。《民国史料丛刊》，第 979 册。郑州：大象出版社，2015 年，第 121 页。

家伦到校后曾批评清华旧有的课程安排说："过去各系课程，漫无标准，没有一贯的计划。每年所开课程，全视教员自己的意见而定。因之学生所读功课，杂乱而无统系"。[①] 要对课程进行大规模调整，使之符合现代大学教育完整性、成体系的要求，必须建立在 1928 年后师资结构逐步完善的基础上。

二、通专结合：课程体系的成熟

1928 至 1929 年间，生物学系稳定的师资结构基本形成。根据罗家伦对各系重新拟定课程表的要求，1928 年 11 月，尚在中央大学的陈桢寄来了生物学系的课程方案。[②] 翌年 2 月他正式回到清华后，又与系内诸教授协商，对早先的方案进行稍事修改，并于 3 月大致拟定完毕后发布。[③]

根据陈桢拟定的课表，生物学系的课程分为动物学、植物学两个主要组别。其中动物学组必修课程八门，共计三十九学分；植物学组必修课程七门，共计三十八学分。另设公共必修课程四门。总计开设必修课十九门，选修课七门。教师们通常根据其专业和所长来承担必修课程、以自己的研究课题来开设选修课程。

与此前相比，1929 年后的生物学系课程表有了很大的不同。第一，动植物学两方面的课程数量基本均等，所需要修习的学分总值也基本相同，未再出现此前偏向于任何一方的情形。师资的平衡使得清华生物学系的课程设置开始显现出全面、均衡的特征。第二，这十九门必修课程层次清楚、衔接得当，在学习专门科目之前必须先修完必要的基础科

---

① 《罗家伦先生文存》，第一册。台湾：中国国民党中央委员会党史委员会，1976 年，第 460 页。
② 生物学系消息。《国立清华大学校刊》，1928-11-14：2。
③ 记陈席山先生谈话。《国立清华大学校刊》，1929-3-4：1—2。

目，体现出基础课程与专门课程之间环环相扣的密切关系。如遗传学、无脊椎动物学、比较解剖学、植物形体学和植物生理学等课程，均需预先学习普通生物学课程；而学习动物生理学之前，必须先修组织学，而组织学又是以比较解剖学为基础的。专业课程之间体现出较强的累进和关联。

表5-4 生物学系学程大纲（附学程学分，1929年）

	动物学组必修学程		公共必修学程		植物学组必修学程	
第一年			G1 普通生物学	8		
第二年	Z1 无脊椎动物学	6			B1 植物形体学	8
	Z2 比较解剖学	8			B2 植物生理学	6
第三年	Z3 脊椎动物学	4				
	Z4 组织学	4	G2 遗传学	3或4	B3 植物分类学	6
	Z5 胚胎学	4			B4 植物解剖学	6
第四年	Z6 动物生理学	6			B5 植物生态学	6
	Z7 本地动物	4	G3 生物之进化	2	B6 本地植物	3
			G4 生物学史	1		
	Z8 动物学研究	3			B7 植物学研究	3
选修学程	Z11 原生动物学	4				
	Z12 昆虫学	4	G11 人类生物学	2	B11 禾本植物学	2
	Z13 鱼类学	4	G12 细胞学	3或4	B12 经济植物学	4

附录：动物学组学生应选习植物学组之植物形体学，植物生理学及动植物分类学三学程。
植物学组学生应选习动物学组之无脊椎动物学，比较解剖学及脊椎动物学三学程。
资料来源：《国立清华大学学程大纲附学科说明》。1929年。

除了上述两项外，第三个重要的改变是实验性生物学课程比重的增加，主要集中在动物组。以陈桢和寿振黄为主要教师讲授的生理学、胚胎学、组织学等课程（不计作为公共必修课程的遗传学），共十四学分，占该组所开必修课程学分的36%。

除了课表中所列的学系课程之外，学生需要学习的还包括清华规定的各学系公共必修学科。包括国文、英文（均为六学分，第一年必修），

甲组学科的物理、化学、生物、逻辑（均为八学分，第一年或第二年任
选一科）、乙组学科的政治、经济、社会、历史、现代文化（均为六学
分，第一年或第二年任选一科），以及体育课和军事训练课。

1929 年的课程表，是清华生物学系建系后第一个规划完善并真正
得到充分实施的课程表。该课程表的第一个特点，是注重基础课程、
各科覆盖面宽。对此，作为系主任以及课程表主要编订者的陈桢表示：
"本系课程，虽按照欧美各大学之最高标准编订，然基本知识，甚为注
意，各方面之基本课程，均须学习，庶毕业后或入研究院作专精之研
究，或任高中教师，均有广博与切实之基础"。[1] 在主干课程基本确定
后，1930 年，课表内又大量增加了对第二外语（德语或法语）、数学、
化学、大学物理和动植物组内互选等课程的学习要求。[2] 使动物组专业
应修学分[3] 高达一百零五、植物组高达一百零七，其中二外、数学等就
占三十分，课程任务相当繁重。

1929 年生物学系课程表的第二个特点是重视实验课。除了少数几
门课（主要是公共必修课），如生物之进化、生物学史、人类生物学
仅有讲演（即讲课）部分外，其余大部分专业课程均包含讲课和实验
两部分，有些课程还设专题讨论，按部分分别给予学分（如遗传学课
程四学分中，讲课、实验和专题讨论分别占二、一、一学分）。[4] 这一
课程 / 实验比例与同时期国立中央大学的动植物系基本相当，甚至略
为胜出。

东南大学（后改中央大学）生物学系与清华生物学系渊源极深，其

---

① 陈桢：生物学系。《清华消夏周刊》，1930（6）：60 61。
② 清华生物学系 1930 年的课程表与 1929 年完全一致。仅在附录中增加一项为"本系学
生除公共必修学程及本系必修学程外必须选习大学普通化学并于下列各学程中选习至少三十
学分：德文、法文、有机化学、论理学、现代文化、大学普通物理、普通算学、生物系学程
Z5、Z6、Z7 或 B2、B5、B6"。即增加基础必修课和选修课内容。见：《国立清华大学本科学
程一览》，1930 年。
③ 此处的"专业应修学分"包括公共必修课程、专业必修课程以及上述除前二项之外"必
须选习"的课程学分，不包括大一的国文、英文、通史、自然科学（两门）等五门全校必修课。
④ 生物学系学程说明。《国立清华大学学程大纲附学科说明》，1929 年。

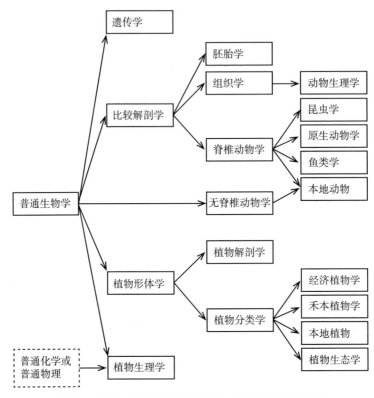

图 5-1 1929 年清华生物学系基础与专门课程的层级结构

课程设置也必然对后者产生深远的影响。陈桢在初拟清华生物学系课程表时尚在中央大学，故中央大学生物学系的课程设计必然是清华最好的借鉴，尔后再根据清华的要求和实际情形进行修改。对比二者在课程安排上的异同，既可以分析二者同为民国时期最优秀的生物学系之间的共性，亦可以分析清华生物学系在办学的独到之处、体会清华教师群的办系理念和教育方针。

对比两校 1930 年的课程表，可以发现很多相似之处。首先，两校生物学系所开设的专业课程覆盖面基本一致，专业必修课程的数量也完全相同（动物学均为八门；植物学均为七门）；两校也都很注意动植物学两个专业的学生学习另一专业的基本课程，反映出二者对基础知识学习与训练的重视。作为后起者，清华还很注意吸收中央大学在课程设置上的长处。如中大对学生应修的基础课程要求较高，学生除了学习基础专业课和英语，还要学习德语、地质学等。很快，到1930年，清华生物学系也对学生提出了第二外语和其他自然科学课程的学习要求。1932年，清华生物系动植物二组的必修课又分别增加了动物显微法、植物制片法两门，这很可能也是受中央大学的影响。

表5-5　国立中央大学动物学系、植物学系课程表（1930年）

	上学期			下学期		
第一学年	党义	1		党义	1	
	国文	2		国文	2	
	英文	3		英文	3	
	普通化学	5		普通化学	5	
第一学年	地质学	3		历史地质学	3	
	普通植物学	3		普通植物学	3	
	普通动物学	3		普通动物学	3	
第二学年	初级德文	3		初级德文	3	
	普通物理学（丑）	3		普通物理学（丑）	3	
	Z 比较解剖学 4	B 植物分类学	4	Z 比较解剖学 4	B 植物分类学	4
	Z 动物生理学 4	B 植物解剖学	4	Z 动物分类学 4	B 植物生理学	4
二年级宜选课程（以4学分为度）	动物学系：植物分类学、植物解剖学、植物生理学、数学 植物学系：比较解剖学、动物地理学、植物生态学、数学					
第三学年	Z 组织学 5	B 中级德文	3	Z 胚胎学 5	B 中级德文	3
	Z 无脊椎动物学 3	B 植物形态学	4	Z 无脊椎动物学 5	B 植物形态学	4
	Z 中级德文 3			Z 中级德文 3	B 植物切片学	2
三年级宜选课程（以8学分为度）	动物学系/植物学系：分析化学、有机化学、动植物学各学程					
第四学年	Z 动物学研究 4	B 植物学研究	4	Z 动物学研究 4	B 植物学研究	4
	杂志讨论	1		杂志讨论	1	

资料来源：《国立中央大学一览》，1930年1月。

* 选修学程每学期至多十一学分，应尽先选读细胞学遗传学。

虽然清华和中大二者生物系课程之间相似之处不少，但区别也是很明显的。由于教师结构上的差异，中央大学动物、植物二学系的专业课程中涵盖了较多的分类学内容，而清华生物学系更为注重实验生物学。虽然两校均开设动植物生理学、遗传学、胚胎学等课程，学分总数也基本一致，但实际的课程要求和教育情况则以清华为优。以动物学系（动物学组）为例，中大的上述几门实验生物学课程同样为十四分，占总必修课程的32%，比例上与清华差距不大。但二者的课程基础要求和时数安排则有明显区别。以生理学课程为例，清华的动物生理学、植物生理学课程均需修习一年，而且均安排在高年级（植物生理学为三年级，动物生理学为四年级），学时一年；中大则都安排在二年级第一学期，学时仅为半年；遗传学在清华为必修课程，时长一年；在中大仅为选修，时长半年。两校的细胞学均为选修，但清华的课程时数同样为一年，也长于中大。可见，中央大学和清华的生物学课程虽然科目基本一致，也都很注意课程设置的均衡性，但从教育侧重来看，中央大学偏向于描述性生物学，而清华更倾向于实验性生物学。

此外，清华生物学系增加专业选修课的方法也与中央大学不同，由动植物二组在必修课程中互选，专门设置的选修课不多，采取的是一种"强干弱枝"的方式；而中大则分别在动植物二系下、又另行设置较多的专业选修课。[1] 中大的课程设置法专门化色彩浓厚，更近于强调培养"专精"的人才。而清华的方法可以让学生充分学习主干课程，同时也能有效地利用已有的课程资源。

自1929年后，经过近三年的充实调整，清华生物学系的课程设置臻于完善。到1932年，已开设必修课程二十一门（动物组九门，植物组八门，公共必修四门）、选修课程七门（动、植物组各三门，公共选修一

---

[1] 动物学系"学程详表"中所列的专业课程多达二十八门，动物学系必修课程为九门（含植物学系之"普通植物学"），专业选修课程多达二十门；植物学系"学程详表"中所列专业课程二十四门，其中必修课程八门（含动物学系之"普通动物学"），选修课程十七门。见：动物学系学程详表；植物学系课程详表。《国立中央大学一览》，1930年1月。

门）。在必修课方面，除基础的普通生物学课程和毕业生的研究课程外，动物组的分类、解剖等必修课程共计四门，二十四学分；胚胎、生理、遗传等课程共计四门，十九学分，使实验生物学课程在该组课程中的比例上升至44%，二者的课程比例基本相等。植物组的分类、形态、生态等必修课程共计四门，二十二学分；生理、遗传共计两门课程，十二学分，这也是二十世纪前期实验生物学基本集中在动物学方面的反映。但对于生物学系的学生而言，"实际上动物组的必修课，植物组也必须选修，反之亦然"，[①] 因此无论哪个组都能得到较好的实验生物学方面的训练。

与前述课表对比，1932 年课程表在专业选修课方面略有调整，主要是人事变动和教师研究方向更改两方面的原因。刘崇乐离开后，在 1931 年的课表[②] 中，原生动物学、昆虫学课程不再开设；[③]1931 年后，寿振黄由鱼类学改为研究鸟类学，这一点也在 1932 年的课表中有所体现。青年教师的成长也使生物学系的选修课程得到补充，在中国科学社生物研究所从事藻类研究、返回清华不久的助教汪振儒开设了藻类学，助教戈定邦则开设了神经学。

第二个较为重要的调整则针对基础必修课程。1932 年后，人文性质的课程选修要求已基本取消，代以数学和自然科学课程以及第二外语。但教师们也认识到"生物学与数理化地理及社会哲学都有关系，学生可以随兴趣之所近，偏在无论哪一方面"。[④] 所以学生如有意愿选习，亦听之自便。徐仁当时就抱着"致力于国防"的思想选修了大量化学系的课程，还随着兴趣选修了不少文史课程，课程范围之广，连他自己也感到"有好高骛远之势"。[⑤]1933 年入学的吴征镒则回忆道，在专业课之外，"除大一物理、数学外还必需选修化学系的定性、定量分析和有

---

① 吴征镒：六十年前的清华生物馆.《校友文稿资料选编》，第三辑，第 93—96 页。

② 陈桢：国立清华大学生物学系概况.《清华周刊》，1931（11–12）：80。

③ 除此之外，1931 年的课程表主体与 1929 年、1930 年两年的也完全一致。

④ 陈席山先生讲演.《国立清华大学校刊》，1932-6-10：1–2。

⑤ 徐仁口述，李文漪记：徐仁回忆录.《徐仁著作选集》。北京：地震出版社，2000 年，第 314–315 页。

表 5-6　生物学系课程表（1932 年）

	动物学组必修学程		公共必修学程	植物学组必修学程	
第一年			生 101—102 普通生物学　6		
第二年	生 121—122 无脊椎动物学	6		生 161—162 植物形体学	6
	生 123—124 比较解剖学	8		生 163—164 植物分类学	6
第三年	生 125—126 脊椎动物学	6	生 103—104 遗传与演化　4 生 106　遗传学实验　1	生 165—166 植物生理学　6 生 167—168 植物制片法　2 生 169—170 植物解剖学　4	
	生 127　动物显微法	3			
	生 129　体素学	4			
	生 130　胚胎学	4			
第四年	生 131—132 动物生理学	6	生 108　生物学史　1	生 171—172 植物生态学	6
	生 133—134 本地动物	4		生 173　本地植物	3
	生 135—136 动物学研究	3		生 175—176 植物学研究	3
选修学程	生 138　神经学	3	生 201—202 细胞学　6	生 177　经济植物学	4
	生 203　鸟类学	3		生 178　藻类学	2
	生 204　原生动物学	4		生 206　禾本植物学	2

附录：动物学组学生应选习植物学组之植物形体学，植物生理学及植物分类学三学程。
植物学组学生应选习动物学组之无脊椎动物学，比较解剖学及脊椎动物学三学程。
本系学生除公共必修学程及本系必修学程外，必须选习大学普通化学，并于下列各学程中选习至少三十学分：德文、法文、有机化学、地质学、动物心理学、人类学、大学普通物理、普通算学、生物系学程 129、130、131、132、133、134、138、169、170、171、172、173、177、178。

资料来源：《国立清华大学一览》，1932：155。

机化学或地质地理气象系的普通地质、自然地理、气象学等。因此培养出来的学生知识面很宽，可以说'以博养专'"。这一课程设置在此后数年间也一直得到沿用，[①] 吴征镒还表示："可惜那时生物化学和分子生

_____

① 在 1934 年、1935 年和 1936 年 6 月的清华周刊"向导专号""生物学系概况"中，陈桢说"本系近年所开之课程，无大增减""学生于二年级起，分为动物学与植物学两组"。所列课程表与 1932 年完全一致。陈桢：生物学系概况.《清华周刊》，1935（向导专号）：24。陈桢：生物学系概况.《清华周刊》，1934（13—14）：41。陈桢：生物学系概况.《清华周刊》，1936（向导专号）：27。

物学还没有发展起来，如果有，那系里是会设法开设的"。[①] 这种培养学生"广博"知识基础的理念，还经由学生们传承下来。清华生物学系第一届毕业生、后任复旦生物系主任的海洋生物学家薛芬曾对复旦师生说："一个人的知识要有相当广博的范围和相当完整的结构。很难想象，知识孤陋寡闻、残缺不全而能作成大学问的。"[②]

三、变化与适应：1935 年后课程设置的调整

1929 年后课程设计的培养目的，是以毕业生将来从事中学教育或专门研究为出发点的。初行几年，"结果良好，对于学习与求职方面，可谓完美无疵"。[③] 但与陈桢的设想略有不同的是，生物学系的学生毕业后绝大多数都进入了高校或研究机构（特别是留在清华担任助教）从事学术研究工作，前往中学当教员的人数寥寥无几。而且，经上述课程教育培养出的学生知识基础扎实，但"欲造就专精研究之人才，尚嫌训练不足，似有改革之需要"。另外，1935 年华北事变后外界环境的迅速恶化，使国家和社会对实用人才的需求日甚一日。为了应对"非常时期"的需要，清华各院系在 1936 年后纷纷增设实用课程，如"实用无线电"（物理学系）、"实用建筑学"（土木工程系）、"汽车工程"（机械工程系）、"电力传输"、"急用电话"（电机工程系）等十余门，对原有课程"大加改动，以应时需"。[④] 在这种内外环境的影响下，生物学系开始改变课程设置，体现出由"专业通才"向"专业专才"方向的调整。

---

① 吴征镒：九十自述。《百兼杂感随忆》，第 37 页。
② 倪国坛：我的恩师薛芬先生。薛明扬、杨家润主编：《复旦杂忆》。上海：复旦大学出版社，2005 年，第 376 页。
③ 陈桢：生物学系概况。《清华周刊》，1936（向导专号）：27。
④ 适应非常时期清华课程大改动。《图书展望》，1936（6）：70。

表 5-7 1936 年后生物学系专业必修课程表

年级		学程			
第一年级		普通生物学	8		
第二年级		无脊椎动物学	8	脊椎动物学	8
		植物形体学	8	生物学史	2
第三年级		体素学（上学期）	3	胚胎学（下学期）	3
		植物分类学	6	植物生理学	6
		显微学方法	2		
第四年级	必修	动物生理学	8	生物学讨论	1
		遗传与演化	4	遗传学实验	1
	选修	高级植物分类学	6	高级植物生理学	6
		近代生物学专题	6	试验原生动物学	6
		原生质生理学	6	昆虫学	6

资料来源：陈桢：生物学系概况。《清华向导》，1937：25。

　　新课程的规划是，在大学一、二年级"修习生物学之基本学科，并训练初步之技术"，三年级"修习高深之学程，及有关于生物学之外系功课"，四年级"除修习本系高等学程之外，随各人兴趣所近，认定选修学程一门，由教师指导，作专门之研究，使学生于毕业之前，于研究之方法、技术、门径等，有相当之训练，以期出校之后，即能作学有专长，以供社会国家之需要，务使切合于实用，且能于学术界有相当之贡献也"。[①]

　　根据上述规划，1936 年的新课表相较于 1932 年课表有了明显的改变。首先是没有了动物、植物二组的区分，且取消了公共必修课程的称谓，将之全部并入专业必修课。其次，在简并的基础上大幅削减课程总数，仅留有必修课十四门，较此前减少了七门，缩减了三分之一的课程数目。动植物学解剖课程均已取消，显微学方法一门可能就是由此前的动物显微法和植物切片法合并而来。最后，此前开设的专业选修课全部取消，1936 年新课表中的"选修课程"，实际上是把此前的"动物学研

────────────

① 陈桢：生物学系概况。《清华周刊》，1936（向导专号）：27。

究""植物学研究"两门毕业论文课程扩大并具体化而成的六个毕业研究方向，训练学生在某一个具体方面进行专门学习，达到毕业后"学有专长"之目的。

值得注意的是，生物学系在删减课程的同时，仍然保持着实验生物学课程的较高比例。上述的生物学专业必修课程，加上毕业论文课程，共计七十四个学分，与 1929 年课程表中动物组和植物组所必修的专业课程基本相等。虽然组织学、胚胎学两门课程在时长上均缩减一半，但必修的实验生物学课程（组织、胚胎、植物生理、动物生理、遗传及实验）总计仍有二十五学分，占总比例的 33.8%，已高于 1929 年动物组必修课程的水平（25.7%），而超出植物组甚多。如以生理学为毕业方向，则总数高达三十一学分，比例接近 42%。这与赵以炳等教师活跃的学术研究工作密切相关。

1936 年的课表实施后不足一年，由于七七事变爆发，清华被迫南迁，这种"专才"倾向的培养方式也就戛然而止，并未得到充分试验的机会。随着长沙临大和西南联大的组成，生物学系的课程也随之进入另一个阶段。

四、西南联大时期

1937 年 9 月底，清华、北大、南开三校在长沙组成临时大学，并于 11 月正式开课。尽管时间仓促，"无图书设备可言，但由于师生共同努力，不但按教学计划开出大部分课程，还尽可能地创造条件开设实验课"。[①] 受局势所迫，翌年 2 月初，临大就向昆明西迁，实际上在长沙的上课时间仅两三个月，这一时期的课程设置并未得到充分实行。

在昆明的八年间，由于清华、北大两校生物学系的同类课程合并调

① 王世珍、葛明德、陈守良：八十年风雨路——北京大学生命科学学院（系）历史回顾。《生命世界》，2005（4）：64。

整以及教师流动等原因，生物学系的专业必修课程每年均有所不同，但基本上维持了大部分主干课程的开设。有所变化的主要是一些专门课程或选修课程。

和战前的清华一样，西南联大的课程也分为共同必修课和专业必修课。前者约五十六学分，后者约七八十学分，四年修满一百三十二学分即可毕业。生物学系属于理学院，其共同必修课程（括号内为学分）包括大一国文（六）、大一英文（六）、微积分（八）、中国通史（六）、社会科学（通常选经济学概论）（六）、自然科学两门（普通生物学、普通化学）（十六），这与国民政府教育部于 1938 年发布的《理学院共同必修科目表》[①] 是一致的。此外，生物学系的学生还必须学习大二英文（六）或德文（六）以及化学系的有机化学课程，[②] 这和 1937 年前清华生物学系对外语和化学课程的要求相似。在专业必修课上，联大生物学系的设置也与 1939 年部颁的《理学院生物学系必修科目表》[③] 基本一致。

1939 年后，联大生物学系在三、四年级分为动物、植物二组，各自修习有关的专业课。但两组专业课之间同样可以互相选修。依照部令，两个分组的课程应以理学院生物学系动物组必修科目表和植物组必修科目表为准。对部颁的各系必修科目，当时清华校方要求"严格按部颁章程实行"。由于此举泥于形式，且新开课程均需向教部报备，各科教授顿失自由回旋之余地，引起联大教师的不满和申诉，[④] 因此，部令的必修课程要求实际上由"各系均稍加变通后执行"。[⑤] 生物学系动物、植物二组的开课情况以及与部令课程要求的对比情况如表 5-9、5-10 所示。

---

　　① 　教育部编：《大学科目表》。正中书局，1940 年，第 24-25 页。二十世纪三十年代，国民政府教育部一直试图推行高等教育课程的规范化，但进展不快。1938 年，陈立夫就任教育部部长后着力推动此事，将大学或独立学院的课程分为院级共同必修科目、分系的必修科目和选修科目三类。

　　② 　曹宗巽：生物学系。见：《国立西南联合大学校史》，第 233-234 页。

　　③ 　《大学科目表》，第 62-64 页。

　　④ 　西南联合大学教务会议就教育部课程设置诸问题呈常委会函（1940 年 6 月 10 日）。见：北京大学等编：《国立西南联合大学史料》，一，总览卷。昆明：云南教育出版社，1998 年，第 17-18 页。

　　⑤ 　《清华大学校史稿》，第 303 页。

表 5-8　西南联大生物学系课程表（1938—1939）与教育部规定
之理学院生物学系必修科目表（1939）对比

	西南联大生物系课程表		部颁理学院生物学系必修科目表	
第一学年	普通生物学	8		
第二学年	无脊椎动物学	8	生物学	8～10
	比较解剖学	6	脊椎动物比较解剖学	3
第三与第四学年	植物形体学	8	植物形态学	6
			生物学技术	2
	体素学	3	组织学	4
第三与第四学年	胚胎学	3	脊椎动物胚胎学	4
	植物分类学	6	种子植物分类学	4
	植物生理学	4	植物生理学	6
			无脊椎动物学	4
	动物生理学	6	动物生理学	4
			脊椎动物分类学	3
	遗传学	6	细胞及遗传学	4

　　从课表来看，1939 年后的西南联大生物学系动物、植物二组课程与部令要求相比，确实有所不同。如动物组没有"植物形态学"和"脊椎动物分类学"，植物组缺乏"植物形态学"、"植物生态学"等课。但是，除了联大最初两年确实缺乏脊椎动物学教师而没有开设此门课程外，并不缺乏植物学方面的教师，甚至可以说阵容豪华。如张景钺、李继侗、吴韫珍，都是当时国内一流的植物学家和优秀的教授。实际上，联大生物学系的植物分类、形态、生态、解剖、生理等内容，均综合在二年级的"普通植物学"课程中。该课程于 1939 年设立后，由张、李、吴三位教授合讲。他们各展所长，分工讲授（吴韫珍讲分类，李继侗讲生理，张景钺讲生态）。由于师资好，且教师对于课程设计和学生学习

要求极为严格，故课程的质量达到了一个很高的水平。吴韫珍去世后，课程由张景钺、李继侗二人共同教授过一段时间，吴征镒于 1943 年后开始承担部分教学任务。1944 年后，该课程又分解为李继侗讲授的普通植物学（甲）和张景钺、吴征镒讲授的普通植物学（乙）。因此，以普通植物学课程的实际情况来看，无论是联大初期还是后期，都可以说远超教育部的要求。

表 5-9　联大生物学系动物组课程表（1939）与部颁理学院生物
学系动物组必修科目表（1939）[①] 之对比

	西南联大生物系动物组课程表		部颁理学院生物学系动物组必修科目表	
第一学年	普通生物学	8		
第二学年	普通动物学	12	生物学	8 ~ 10
	普通植物学	12	脊椎动物比较解剖学	3
			动物学技术	2
第三学年	比较解剖学	6	无脊椎动物学	6
			植物形态学	6
	组织学（上学期）	3	组织学	4
	胚胎学（下学期）	3	脊椎动物胚胎学	4
	动物切片术	2	脊椎动物分类学	3
			动物生理学	8
第四学年	遗传学	6	细胞及遗传学	6
	动物生理学	6		

---

① 《大学科目表》，第 65–67 页。

表 5-10 联大生物学系植物组课程表（1939）与部颁理学院生物
学系植物组必修科目表（1939）[①] 之对比

	西南联大生物系植物组课程表		部颁理学院生物学系动物组必修科目表	
第一学年	普通生物学	8		
第二学年	普通动物学	12	生物学	8 ~ 10
	普通植物学	12	脊椎动物比较解剖学 3	
第三学年	比较解剖学	6		
			植物形态学	6
			植物生态学	3
	植物分类学	3	种子植物分类学	6
第三学年	植物生理学	3	植物生理学	8
	植物切片术	2	植物切片术	2
			植物解剖学	3
第四学年	植物解剖学	6		
	遗传学	6	细胞及遗传学	6

　　联大生物学系二年级必修的"普通动物学"课程同样是数门基础课程的综合，包括无脊椎动物学、脊椎动物学以及脊椎动物比较解剖学。分别由杜增瑞、沈嘉瑞、赵以炳、黄浙、吴素萱等教师负责，这一阵容亦相当完善。有论著说，普通植物学、普通动物学以及 1941 年后新开的化学生物学"都是属于实验生物学的课程"，但就前两门课的教师组成和内容而言，似乎并不能支持这样的论断。但"通过二年级的学习，对动植物有一个系统的了解，以便以后逐步深入学习其他有关的课程"，这一说法则是符合实情的。

　　值得一提的还有一年级即开设的普通生物学课。如前所述，它在战前即是清华最受欢迎的大一自然科学课程，此时更进一步成为联大一年级的必修课程。由于选习的学生较多，有时也分为两组，由李继侗、彭

① 《大学科目表》，第 67-69 页。

光钦分别授课，但本系学生必须选李继侗的课（1941年因前往叙永分校一年而由陈桢代课）。曹宗巽曾如此回忆这门课程的实验课：

> 实验课由李继侗、彭光钦、张景钺、赵以炳、殷宏章等教授共同研究，不断改进充实。为了反映生物学的现代发展，培养学生实际操作和分析实验结果的能力，决定在不忽略形态观察的基本要求前提下，加入生理、生化（当时叫化学生物）、遗传等方面的内容，这在当时是一大改革，使普通生物学这一课程出现了崭新的面貌。五十年后的今天，回想当时的改革，不能不佩服这些先生对生物学发展的预见性和对教学的高度责任心。[1]

由上述情形可见，与部颁课表相比，联大生物学系在课程设置上实质区别不大，在内容方面则有相当程度的强化，而在课程组合、时间安排和学分设置等方面则自行安排，总体而言，并未受到多少"部令"的约束。这当然与联大身处昆明、远离重庆以及联大的民主气氛较为浓厚有关，但总的来看，生物学系的教师似乎并未因为校内对强制推行部颁课表而表示不满，采取对抗或消极对待的态度。就内容而言，部颁生物学系科目表的拟定也相当严谨，其课程框架所涵盖的范围并无多少可指摘之处。因为该表是由王家楫、秉志、周太玄、欧阳翥等知名的生物学者（而他们本身也是生物学教授甚至系主任）起草或审查，他们对当时中国的生物学高等教育的情形无疑是十分熟悉的。与其说联大生物学系遵守了教部的要求，毋宁说这些生物学者们对于高等教育中生物学课程应当如何开设，在大局的看法上相当接近或者基本一致。这种在课程理念而非形式上的统一，更能说明当时生物学高等教育体制化的形成。

实验生物学课程在联大生物学系仍然占有重要的地位。不论其他课程如何变动，实验生物学的几门课程基本保持不变，甚至有所增加。

---

[1] 曹宗巽：生物学系。《国立西南联合大学校史》，第234页。

"植物生理学""动物生理学""组织学""胚胎学""遗传学"五门课是
战前清华即开设的五门课程，在联大八年间基本得到保持，仅有 1944
年的"植物生理学"和 1945 年的"组织学"未开设。实验生物学课程
数和学分数的情况如下表所示：

表 5-11　西南联大生物学系实验性生物学课程的开设情况

项目　　　　年份	1938	1939		1940	1941		1942		1943	1944	1945
		动	植		动	植	动	植			
实验性生物学课程数（门）	5	4	2	5	5	3	5	3	6	5	5
专业课课程总数（门）	10	10	10	12	13	10	13	10	13	11	10
实验生物学课程数量比	50%	40%	20%	41.7%	38.4%	30%	38.4%	30%	46.2%	45.5%	50%
实验性生物学课程学分	24	18	12	26	20	14	20	14	30	22	28
专业课总学分	69	60	65	81	69	60	71*	59	76	65	62
实验性生物学课程学分比	34.8%	30%	18.5%	32%	29%	23.3%	28.2%	23.7%	39.5%	33.8%	45.2%

资料来源：《国立西南联合大学史料》，三，教学科研卷。第 146-402 页。
注：该年"毕业论文"未列出学分。

　　由上表可见，随着专业课程总数的变化，实验生物学课程所占的比
例也随之出现浮动。特别是在分组的年份，在植物组中的学分比例一度
低于 20%（1939 年），在动物组中的比例也不高。这和 1937 年前清华
生物学系分组所体现的情况是一致的。1941 年开设化学生物学课程后，
由于该课程学分较高（五分），而其他课程的学分变化不大，因而实验
生物学方面的课程比和学分比都有所上升。即使在三、四年级课程分组

的三年之中，陈桢所讲授的"细胞与遗传学"和 1941 年后新开的"化学生物学"仍然是两组的高年级共同必修课，可以说明这两门课的核心地位。加上 1942 年后，生物学系不再分组，诸如动物显微方法、植物显微方法、昆虫学等一些分组课程也因此取消，因而从整体来看，实验生物学课程所占的比例已经超过了 1937 年前的水平。

对实验生物学课程的重视还可以从"化学生物学"（实际上就是生物化学）课程的设置中见其一斑。设立之初，该课只是二、三、四年级的专业选修课；仅过了一年，就改为四年级的必修课，直至联大结束（1945 年更名为"有机及生物化学"）。是联大时期生物学系仅有的一门由选修升为必修的专业课，其授课教师也一直保持着两位教授以上的规模，除沈同外，殷宏章、娄成后、李继侗等教授也在不同时段共同讲授过这门课程。

在保证课程和课时的情况下，教师还想办法改进教法，提高教学效果。如赵以炳在联大时期，就和林从敏、牛满江两位助教一起，"对普通动物学的脊椎动物部分（的教学）进行了从机能观点出发的改革尝试，[①] 并在讲课时做了哺乳动物的生理学实验示范"。[②] 这种在课堂上进行实验表演的实例教学法，极受学生欢迎，给学生很深的印象。

此外还应当提及的是联大生物学系的选修课情形。联大时期，生物学系开设的选修课程较少，每年仅有一两门，1943 年后几乎不再开设。在为数不多的选修课中，仅有昆虫学开设过两个学年（分别由农研所的刘崇乐和陆近仁讲授），其余如真菌学（戴芳澜讲授）、植物生态学（李继侗讲授）、演化论（陈桢讲授）、本地植物学（吴韫珍讲授）、植物显微方法（张景钺讲授）、动物显微方法（授课者不详）等，都只开设过一年。除了上述化学生物学成为必修课外，都未再开设，或者融入其他主干课程中（如植物生态学），说明这些课程大多只是一种尝试。与此

---

① 通常是按分类和进化顺序出发。
② 《治学之道——老一辈生理科学家自述》，第 70 页。

相对应的是，和战前的清华一样，联大生物学系动植物二组的必修课程可以相互选修。由于有专业课程总学分的要求，两组之间必然有大量的必修课程互选情况。这一策略说明联大生物学系采取的同样是清华"强干弱枝"的选修课方针。

五、复员时期

1946年后，清华生物学系课程分为植物、动物、生理[①]、医预四组。由于动物和医预两组的课程基本平行，[②] 所以生物学系实际上仍然维持动物、植物两个组别的课程安排。具体情形如下：

表5-12 清华生物学系必修课程（动物学组）（1947年）

	课程名称	讲课	实验次数	每次实验时数	学分
第一学年	普通生物学	3	1	3	8
第二学年	普通植物学甲	2	1	3	6
	普通植物学乙	2	1	3	6
	无脊椎动物学	2	1	3	6
	脊椎动物比较解剖学	1	2	3	6
	普通化学	3	1	3	8
第三学年	动物切片术（下学期）		2	3	2
	组织学（上学期）	2	3	2	4
	胚胎学（下学期）	2	2	2	4
	脊椎动物分类学	1	1	3	4
	化学生物学（或有机化学）	2	1	3	6
	普通物理学	3	1	3	8

① 蔡益鹏和汤彦承两位教授在谈及当时的分组时，均只提到动物、植物和医预三组，并无生理组。
② 医预组学生大部分读的都是动物学方面的课程，三年级时可参加协和医学院的考试，未录取则可选择修满学分后在生物系毕业。汤彦承教授访谈，2014年3月13日。

	课程名称	讲课	实验次数	每次实验时数	学分
第四学年	细胞学及遗传学	2	2	3	8
	动物生理学	3	1	3	8
	毕业论文				3

资料来源:《国立清华大学一览》，1947

表 5-13　清华生物学系必修课程（植物学组）（1947 年）

	课程名称	讲课	实验次数	每次实验时数	学分
第一学年	普通生物学	3	1	3	8
第二学年	普通植物学甲	2	1	3	6
	植物形态学	2	1	3	6
	无脊椎动物学	2	1	3	6
	脊椎动物比较解剖学	1	2	3	6
	普通化学	3	1	3	8
第三学年	植物切片术（下学期）		2	3	2
	植物解剖学	1	1	3	4
	化学生物学（或有机化学）	2	1	3	6
	植物生理学	2	1	3	6
	普通物理学	3	1	3	8
第四学年	细胞学及遗传学	2	2	3	8
	植物分类学	2	1	3	6
	植物生态学	2	1	3	6
	毕业论文				3

资料来源:《国立清华大学一览》，1947。

　　由课表可见，1947 年的课程更多地体现的是联大生物学系鼎盛时期的课程风格。如大一大二的课程基本相同，到三、四年级时开始分组。此时动物组和植物组的必修课程均为十一门，联大上述两年为动物组十门、植物组八门。课程数增加的原因，是联大在 1944 年后取消了普通动物学课程，改为无脊椎动物学、脊椎动物学和脊椎动物比较解剖学三门课程（或其中两门），植物组在 1944 年后增加了植物生态学。因而可以说，1947 年清华生物学系的课程设置基本上以联大 1941 年、1942 年的课程为模板，延续和承接了联大后期对课程进行的调整，仅作了微小的改动（如将动、植物显微学方法，改为动、植物切片法，实际内容近似）。可见清华教师对联大时期的课程设置思路的延续与认可。

但是，联大的高水准课程设置，是建立在联大时期丰沛的师资基础上的。三校复员后，由于张景钺、殷宏章、吴素萱等植物学方面的教授都回到北大，因而清华教师"偏科"的问题开始显现。在复员后数次聘请专职教师失败的情况下，清华生物学系不得不分别向北大生物系和静生所等机构借聘一些教授如张景钺、张肇骞等前来讲课或短期兼课，但这毕竟只能解一时之困。在 1949 年，已借调到高教司的吴征镒每周还要从北京城内回到清华给学生上分类学课；[①] 而负责植物生理学的汤佩松只上了一两次课，就仍然交给李继侗主讲。[②] 可以想见，由于频繁的师资变动和专职教师缺位，植物组的教学质量比起战前和联大时期实际上是下降了。到 1951 年，生物学系植物组二年级以上的学生则在清华和北大两校"合作"名义下，完全进入北大就读。[③] 虽然一年级的普通生物学课程仍然开设，但植物学专业课程已不复存在。

六、教科书的选用

民国时期，国内各个大学一般都使用外文教材，其广泛程度，连外国考察者亦认为"似嫌过度"。特别是"在自然科学方面，教学偏重外

① 汤彦承教授访谈，2014 年 3 月 26 日。
② 汤彦承教授访谈，2014 年 3 月 13 日。
③ 北京大学植物学系、清华大学生物学系植物学组合作办法（1951 年 7 月 31 日）。《清华大学史料选编》，第五卷（下），第 668 页。

国之情形，尤为显著"。① 清华作为有着浓厚美式背景的高等学府，自其开办之初就大量引用各类美国教材，成为一种传统。另外，教育部 1939 年才成立"大学用书编辑委员会"，而由于各种原因，至 1948 年生物学方面仅出版了七本教材，② 可谓杯水车薪。因而在整个民国时期，清华生物学系除了人类生物学、本地动植物等少数几门课程不列教科书外（前者是公共课程，较为重视讲演，后者只作野外实习因而未列出参考书），每门课程均采用英文教材。1929 年、1930 年前后，生物学系每门课都指定了两本或以上的教材及参考书，植物分类学则高达八本。③ 对于本科学生而言，这一阅读量显然过大、学生负担过重。而且学生整日忙于阅读书本，无暇动手实验，并不适合生物学系的培养策略，因而教材和参考书数量此后又逐渐删减。1932 年，每门课程的教材减为一两本；1934 年后，多数课程的教材数量都减至一本，参考书也基本不再指定。④

表 5-14 生物学系早期课程教材数量的精简

年份\科目	遗传与演化	脊椎动物学	胚胎学	动物生理学	植物形态学	植物生理学	植物分类学
1930	4	3	2	2	8	4	9
1932	2	3	2	2	2	4	2
1934	2	1	1	2	2	2	2
1937	1	2	1	1	2	1	2

生物学系所采用的课程教本，通常是同一时期较为流行的，也是教师较为熟悉的外国教材（以美国教材为主）。如植物分类学、生态学

---

① 国联教育考察团：《中国教育之改进》。国立编译馆，1932 年，第 181-182 页。
② 国立编译馆大学用书编辑委员会工作概况（1948 年 10 月）。中国第二历史档案馆，全宗号 107，案卷号 876。转引自：姜玉平：《民国生物学高等教育与研究的体制化》。中国科学技术大学博士学位论文，2003 年。
③ 生物学系学程说明。《国立清华大学学程大纲附学科说明》，1929 年；生物学系：本系学程表。《国立清华大学本科学程一览》，1930 年。
④ 参见 1930 年、1932 年、1934 年、1935 年、1937 年度《清华大学一览》中有关生物学系课程说明部分。

所采用的教科书，是美国植物学家、芝加哥大学植物系主任寇特（J. M. Coulter）等人编写的《植物学教程》（*Textbook of Botany*），该书是 1910 年即已出版发行的一套植物学经典教材，包括分类学与生理学以及生态学共三卷，其 1931 年的修订版均为清华生物学系所采用。又如遗传学课程长期使用的教材，是美国遗传学家辛诺托（E. W. Sinnott）和邓恩（L. C. Dunn）所著的《遗传学原理》（*Principle of Genetics*）。《自然》（*Nature*）杂志的书评介绍该书"内容清晰、可读性强"，"每一章后都有问题讨论部分，可供学生自测和延伸学习"。[1] 而该书也是民国时期各高等学校中遗传学课程最重要的参考书，[2] 到 1945 年仍被译成中文。[3] 再如本科生和研究生的细胞学课程均采用的两本教科书，其一是陈桢的老师、著名细胞学家威尔逊（E. B. Wilson）所著的《细胞与发育和遗传的关系》（*Cell in Relation to Development and Heredity*），另一本则是英国遗传学家唐凯司德（L. Doncaster）的《细胞学导论》（*Introduction to Cytology*）。前者曾于 1928 年获得美国国家科学院的 Daniel Giraud Elliot 奖章以及伦敦林奈学会的金质奖章，后者被认为是"少有的能把文学性和科学方法结合得如此充分"的教科书[4]，国内亦早有中文译本[5]。此处虽不能一一举例，但已经可以看出清华生物学系所选用的教材，在该领域均以高质量著称。

　　在引进国外优秀教材的同时，生物学系也会根据课程内容的变化、教材的内容新旧和版次变化等因素进行调整和更换。如在 1936 年，普通生物学课程由李继侗和彭光钦共同负责，分别讲授植物学部分和动物学部分，因此教材就由此前沿用数年的《生物学基础》（*Foundation of*

---

① Short Review：Principles of Genetics：An Elementary Text, with Problems。*Nature*，1926，117：336。

② 谈家桢、赵功民主编：《中国遗传学史》。上海：上海科技教育出版社，2002 年，第 27 页。

③ 辛诺脱、邓恩：《遗传学原理》。周承钥，姚钟秀译。北京：商务印书馆，1945 年。

④ F. W. Rogers Brambell.：Review：An Introduction to the Study of Cytology。*Nature*，1925，115：224。

⑤ 唐凯司德《遗传论》。周建人译。上海：商务印书馆，1922 年。

Biology），调整为《普通植物学教程》（*A Textbook of General Botany*）和
《动物学》（*Animal Biology*）。又如 1935 年李继侗休假赴荷兰进修，回
国后植物生理学课所用的教材即改用苏联植物生理学家马克西莫夫
（Nicolai A. Maximov）的经典著作《植物生理学教程》（*A Textbook of Plant
Physiology*）。① 作者视植物为有机整体而非零散组织的实验观以及基于
农业应用的写作出发点，大受读者欢迎，其英文版于 1930 年出版后得到
"广泛使用"。② 李继侗对马克西莫夫的研究早有关注并颇为赞赏。③ 而马
克西莫夫兼为植物生理学家和生态学家的角色，想必更使李继侗引为同
道。吴征镒回忆说，李继侗采用该教材中的主要原理和实验方法，"给学
生们所设计的小而简单易行的实验，使他在课堂上讲得更加鲜活起来"。④

各门课程虽然指定国外优秀教材，但在实际教学中，教师们常常会
根据学科的发展和自己的研究所得而扩展内容，并不照本宣科，使学生
得以接触学术前沿的观点和新知识。吴征镒对吴韫珍、李继侗讲授的植
物形态学、分类学、生理学和生态学课程所用的教材和引用的参考书有
过仔细的回忆：

> 吴先生从二年级植物形态学教起，每次来上课前，先已在大黑
> 板上画和写满了，都是以当时国际著名的杂志（如 *Ann Bot*、*Plant a*
> *Archieve*、*Bot Review* 等）有关文章摘录下来的新教材……教科书用的
> 是美国大学经典教科书（张景钺先生的老师 Chanberlain 和 Coulter
> 合著），还主要参考欧洲传统植物学教科书。⑤

---

① 该书前后出版过九版，并被译成英、德、西、日、中等多国文字。中文版为《植物
生理学简明教程》，译自原书第九版，1953 年由中华书局出版。

② Reviews：Plant Physiology。*New Phytologist*，1939，38（1）：80。

③ 李继侗 1930 年发表的《植物与水分之关系》一文即是对马克西莫夫 *The Plant in
Relation to Water* 一书（英译版）所作的书评和介绍。李氏称之为"植物生理学及生态学上极
有权威之著作"。

④ 吴征镒：大学生活回忆。孙哲主编：《春风化雨百名校友忆清华》。北京：清华大学出
版社，2011 年，第 71 页。

⑤ 吴征镒：六十年前的清华生物馆。《校友文稿资料选编》，第三辑，第 93—96 页。

三年级时我又得分入植物组，从吴师习植物分类学和本地植物。后者的教材虽是由刘汝强所编《华北植物》英文版[①]，但分类学课上他都系统地介绍 Engler 系统、Wettstein 系统，并参考 Bessey 的上位、周位、下位花的演化，和那时刚出现不久的 Hutchinson 系统，实已将假花说和真花说作为被子植物系统发育的对立面全面介绍出来，跟上世界发展的形势。[②]

李先生教给我们的生理、生态也是极有特色的。……生态用的是 Waming 和 Schimber 的经典名著，还参考 Habberandt，力图把生理和生态联系起来。至于 Raunkiaeh 的生活型学说和 Goebel 的新学说也在他的教材之中。[③]

联大时期的教材与清华基本相似，"各门课程的教材和参考书除普通生物学外，都用英文原本"，只是在版本选择上稍有改动。如植物分类学教材换成哈钦森（J. Hutchinson）的经典著作《有花植物科志》（*The Families of Flowering Plants*）等。[④] 由于远在后方，教材难得，部分教授根据学术研究和本地实践所得，开始自编一些中文教材。有代表性的如吴韫珍、李继侗、张景钺三位教授，在开设普通植物学课程的同时，自1940年起开始编写中文教材，由吴韫珍编分类、李继侗编生理、张景钺编生态，"利用本国材料……在一年中完成"。[⑤] "初稿完成后，印成讲义在西南联大试用，效果良好"，"学习者受益匪浅"，[⑥] 到二十世纪五十年

---

① 即 *Systematic Botany of the Flowering Families in North China*。该书有 1931 与 1934 年两个版本。著者刘汝强，字毅然。

② 吴征镒：九十自述。见：吴征镒：《百兼杂感随忆》。北京：科学出版社，2008 年，第 37 页。

③ 吴征镒：六十年前的清华生物馆。

④ 国内各大学采用书籍调查表（民国二十七年）。中国第二历史档案馆，全宗号 107，案卷号 890。转引自：姜玉平：《民国生物学高等教育与研究的体制化》。中国科学技术大学博士学位论文，2003 年，第 20 页。

⑤ 李继侗：《普通植物学》，序言。国立北京大学出版部，1950 年。

⑥ 引自沈蔼如所作注。《李继侗文集》，第 181 页。

代仍被广泛采用。① 但是，由于交通暌隔、信息不畅，师生不易了解国外新教材的信息，以至于复员回到清华后，许多课程仍然只能用旧教材。如上述刘汝强的《华北植物》和哈钦森的两本教材都是二十世纪三十年代前期出版的，在 1949 年仍是植物分类学课程所用的教材。不过，负责该课的教师吴征镒在战时一直从事植物分类研究与采集工作，"对植物极其了解，在课本之外还有讲义，也基本不按照课本来讲"。② 该课亦被认为是清华复员时期"教学水平比战前有所提高"的课程之一。③

生物学系大量采用外文教材，体现出当时西方生物学发达国家特别是美、英在中国生物学高等教育中的主导地位，这一教育方式客观上也帮助了学生和国际"接轨"。清华学生的英语能力已属相当出色。联大时期，"为了提高学生自学英文教材的能力，教师讲课时专业名词一概不译成中文。教师板书的讲课提纲和实验指导一般也用英文表述。多数学生用英文记听课笔记或中英文混用，他们运用英语的能力受到广泛的训练，提高很快"，"这对于他们毕业以后的工作和出国深造，无疑是大有裨益的"。④ 但在另一方面，生物学作为一门"本土化"程度较深的学科，无论是研究对象还是实验材料，都时时涉及本土的生物，陈桢说："就是很普通的实验教材，例如蚯蚓，有许多的特殊结构不是看外国教科书就可以知道清楚的"。⑤ 因此生物学系的教师还尽量以本国情况举例，结合自己的研究进行讲解，并编写讲义和教科书。陈桢编写的《普通生物学》就是联大和清华复员时期普通生物学课程的教材。上述的《普通植物学》之所以广受好评，也是由于它注重本土材料的原因。这种结合原版教材和国内生物学实际的教学方式，或许仍可为今日的教学工作所借鉴。

---

① 可久：吴韫珍。见：清华大学校史研究室编：《清华人物志》，第 2 辑。北京：清华大学出版社，1992 年，第 67 页。

② 汤彦承教授访谈。2014 年 3 月 26 日。

③ 清华大学校史编写组编：《清华大学校史稿》。北京：中华书局，1981 年，第 449 页。

④ 曹宗巽：生物学系。《国立西南联合大学校史》，第 237 页。

⑤ 陈席山先生讲演。各系系统讲演录：生物学系。《国立清华大学校刊》，1932-6-10：1-2。

第六章

教学与培养

一、通专融合、普及智识

"通才教育"作为国立清华大学的基本教育理念，在各学系中的执行方式有所不同。和理工系科其他学系类似，生物学系也基本采取了培养"专业通才"的方式。以 1932 年为例，系内必修的专业课分别为动物组七十四学分、植物组七十二学分，占应修学分的 70% 以上。[①] 涵盖各门重要的生物学分支学科；在专业课之外，听任学生选修其他学系的各门课程，物理、化学、数学、地质、哲学等均就其爱好。陈桢多次表示生物学系的教育以"广博"为出发点，他不止一次地强调"本系的必修学程注重在建筑一个广博的坚实的基础，将来如果到中学担任教学，可以有一个很充足的预备，到精深研究方面去工作，也可以免去专门太早，只知有树，不知有林的弊病"。[②] 李继侗也常常提醒学生："对一个

[①] 此处的应修学分还包括动植物组可互选的专业课程（必修），以个人学习意愿决定，所以学生学习的专业课程总学分实际上至少在八十学分以上，占总比例的 80% 以上。未包括大一必修的国文、英文、历史、自然科学等公共必修课。具体情况见第五章。

[②] 陈席山先生讲演。各系系统讲演录：生物学系。《国立清华大学校刊》，1932-6-10：1-2。

年青人来讲，基础越好将来越有希望；不应把学生培养成各式各样的
'面人'，而应把他们培养成和好的'面团'，从而能适应各种要求"。[①]

为使大学阶段的学习与毕业后工作有所衔接，生物学系的课程在
"广博"的基础上、四年级设有"动物学研究"和"植物学研究"两门
毕业论文课，给学生以初步的学术研究训练。学生毕业后多在高校和研
究机构从事数年助教或助理工作，再逐步培养成真正的"专才"。

生物学系响应"通才教育"的另一重特色，在于其以"普及智识"
为出发点的公共必修课程设置。陈桢说：

> 本系之主要目的，固在造成专门学者，然大学教育则在造成具有
> 完全智识之人才。现代学术发达繁盛，日趋分化，各专门学者于学识
> 上，每有彼此隔膜之苦。对于此点，本系亦当予以相当之注意，故设
> 有性质较为普通之课程，以应非专攻生物学者之需要。如课程大纲[②]
> 中所列之生物学，进化论，遗传学等等，皆属此种性质之课程也。[③]

在这里，陈桢已经指出了培养通才（即"完全智识之人才"）的最大
困难，在于学科专门化之后，知识获取在深度和广度两个方面难以兼得。
而"普及智识"的目的，不是通过第二种方式造就专门学者，而在于使
非专业人士也能了解不同领域的知识。因此，这些课程所讲的内容就需
要有一定的受众和关注度。生物学系选择上述几门课程，加上生物学史、
细胞学和人类生物学作为公共课程的原因，在于这几门要么是二十世纪
初生物学的前沿，如细胞学；又或者是有着广泛社会影响以及受到大众
关注的热点，如进化论或者遗传学，等等。而今天在高校开设不多的
"生物学史"一课，则由陈桢亲自主讲，其课程介绍如下。

---

① 李博：李继侗先生的道德和治学精神。见：中国科学院院士工作局编：《科学的道
路》，上。上海：上海教育出版社，2005 年，第 677–678 页。
② 此处指 1929 年课程表。
③ 记陈席山先生谈话。《国立清华大学校刊》，1929-3-4：1–2。

本学程之内容为生物学之起源，近代生物学发达之途径；各生
物学大家之事略，特别注意当代生物学之状况与趋势。[1]

该课程的目标，是让学生了解生物学发展的"大局"，而不只专注
于学习具体的知识或技术。六十余年后，有些学生对这一门课仍然印象
很深。[2] 对于学科史的作用，李继侗曾说："研究一门科学，必须具有一
定的历史知识，对这门科学是如何发展起来的，对一些主要的科学家和
主要科学著作要有所了解，这样，才能对这门学科的内容、方法和意义
有较为深刻的理解"。[3] 师从李继侗学习植物生态学、此后亦成为中国
科学院院士的李博[4]回忆说："他（李继侗）要求我开展工作前要学会查
阅文献，要了解所研究问题的历史和发展动向，他说，科学知识是一代
代人积累下来的，不能前无古人、闭门造车。他指出除了从文献上学习
具体知识外，更重要的是学习名家的思路和方法"。[5] 在各门主要课程
中，几位教授均十分重视学科史，不仅仅是借助故事性的陈述引起学
生的兴趣，而是把它作为锻炼学生思考问题和训练研究思路的重要方
式。而且，学科史课程在当时清华理学院各系开设得很普遍，如物理学
史、化学史等，教学目的基本类似，即介绍该学科发展的脉络和趋势，
且均由叶企孙、张子高等系主任亲自负责。有意思的是，清华生物系
于 1984 年后复系的第一任系主任、神经生物学家蒲慕明，据称亦要求
其研究生阅读经典的分子生物学史著作《创世纪的第八天》(*The Eighth
Day of Creation*：*Makers of the Revolution in Biology*)，可称得上是复系后

---

[1] 生物学系学程说明。《国立清华大学学程大纲附学程说明》，1929。

[2] 汪劲武教授致笔者函。2014 年 1 月 5 日。

[3] 葛明德：李继侗晚年对米丘林和李森科的评论。《中国科技史料》，1980，1（1）：22—25。

[4] 李博（1929—1998），山东夏津人，植物生态学家。1953 年毕业于北京农业大学，此后跟随李继侗前往内蒙古大学，历任教授、自然资源研究所所长、草原研究所所长等职。长期从事我国植被生态学和草地资源研究。1993 年当选为中国科学院院士。1998 年不幸因公殉职。

[5] 李博：李继侗先生的道德和治学精神。见:《科学的道路》，上，第 677–678 页。

为数不多的对传统的继承。

对公共课程的教学设计也体现出生物学系对"普及智识"的重视。生物学系的五门公共课程，陈桢一人即负责其中四门。为了同时满足公共课和专业课对内容的不同需要，以遗传学为例，规定系外学生只需学习讲课部分，系内学生还要加修实验以及专题讨论（可选）。这就保证了有限的课程资源可以同时满足不同的学生的学习要求。

生物学系的教师之所以如此重视"普及智识"，除了通才教育的要求外，还有更深层次的理念上的考虑，也就是借助传道、授业的机会，来普及"科学的方法"和"科学的精神"。清华化学系主任张子高曾说："学自然科学，因其性质和材料的关系，可以常常的应用科学方法，得相当的训练，然后遇到了各种问题，才不至于囫囵吞枣"。[①] 以普通生物学为例，该课程是清华大一的自然科学必修课程中选课人数最多的。针对学生上课时的散漫状况，李继侗曾有过批评："你们大多数是文法学院的学生，当然都不愿意学这门自然科学，不过学校既然定着，于是你们觉得物理太难，化学实验麻烦，马马虎虎的学习生物吧"。[②] 虽然有的学生只想走过场，但李继侗仍然劝诫到"其实可以下点功夫，因为这是科学的训练"。这种对自然科学方法的推崇，既是科学家对自身职业价值的强烈认同，又是"科学救国"思想在当时的教育领域最直接的一种反映。[③] 再具体到生物学而言，它在近代与中国社会所发生的密切关系，让生物学系的学人更感到"科学训练"的必要性。如上述的进化论课程，实际上在1928年即已在清华开课。当时的系主任刘崇乐认为："天演学为哲学之一部，无论习何项学科者，皆应通晓。晚近以来，吾国谈天演者，项脊相望，往往一知半解，未得真诠，转滋误会，识者憾焉。生物系本

----

① 张子高：科学之教育的意义。夏勤铎记。《国立清华大学校刊》，1930-1-6：3-4。

② 《清华大学史料选编》，第二卷（上），第238页。

③ 从这个角度而言，直到二十世纪八九十年代仍然广泛流行的"学好数理化，走遍天下都不怕"，既是"向四化进军"的国家需求和经历各种政治运动后理工科作为"安全职业"的个人考量，究其内里，仍是一种自然科学领域高度的职业认同和"科学救国"思想在教育上的一种延续。

此意旨，提前教授该课，以纠正一般思想之谬误"。① 这里的"一知半解"或许就指当时甚为流行的社会达尔文主义或者新拉马克主义。② 从今天看来，时人对进化论理解的混乱，是由当时的历史条件和多种社会因素所共同造成的，甚至是一种有意为之的结果，③ 但在生物学家看来，则是由于知识界并不真正了解进化论所致。因而普及"真正的"生物学，使学生们接受科学方法的训练和科学精神的洗礼，就成为生物学者们自认为责无旁贷的任务。可见，生物学系重视公共课程，并非只是为了迎合清华校方对通才教育的要求，而更有深层意义上的考虑。

二、教学风格与教师风范

教学是大学教育中最基础的部分，也是知识传播过程中最重要的一个环节。清华生物学系的必修课程都是由教授以及专任讲师负责的，教员只能开设选修课程。由教授负责本科生的课程，教学质量很高，学生们也更有兴趣，这一点令学生们在数十年后仍念念不忘。

生物学系的教授们在教学上各有特色。总体而言，他们备课极为认真，讲课水平也很高，善于采用启发式教学法，"由厚讲薄"，让学生主动思考，在掌握学科知识的同时逐步形成科学思维，培养科学的精神。如陈桢和吴韫珍都以进化论以及遗传变异为基础，分别将动物学和植物学的知识连贯起来，使学生系统性地加深对生物学的理解。既当过陈桢的学生又担任过他的助教的沈同曾如此回忆道："陈桢教授的生物学知识极为广博……同事和同学皆熟知陈桢教授对教学工作从不放松。每次

---

① 下学年各系课程（续）：生物学系（暂定）.《清华周刊》，1928，439：866。

② 关于这一点可以参考周询"1897 年—1966 年：进化论在中国"。见：《世界博览》，2008（18）：58-61。

③ 梁启超的生物学观点里就带有很浓厚的新拉马克主义和社会进化论的成分。关于进化论在近代中国的变形特别是在知识分子中的误解和利用，美国学者浦嘉珉（James Reeve Pusey）在其《中国与达尔文》（China and Charles Darwin）一书中有详细的探讨。

讲课前，必进行充分的备课，不因教课经验的丰富而放松了备课，因此陈桢教授的讲课质量极高，为一卓越的教师（着重号为原文作者所加）。"[1] 陈桢所讲的无脊椎动物学课，"讲得简明扼要，系统明确"，令沈同印象极深，"我不搞无脊椎动物学，仍能记清楚无脊椎动物的系统、进化的要点"。[2] 1949 年考入生物学系的陈守良[3] 后来与沈同回忆起这门课，二人极有共鸣，陈守良说：

> 有一次我谈到教学内容不宜太多，要精简扼要，讲多了效果不一定好。"陈桢先生给我们讲无脊椎动物学，无脊椎动物几大门，许多纲，陈桢先生讲得清清楚楚，一学期的课，只记了一个薄薄的笔记本，但是三十多年过去了，这本笔记还在我的脑子里！"沈先生听了很高兴，手往茶几上轻轻一拍，说："对！陈桢先生五十年前给我讲的无脊椎动物学至今还在我的脑子里！"[4]

这种"精而不多"的授课方式，是陈桢讲课的一大特点，而且他对讲课时间掌握得很好，讲完正好下课，从不延长，这一点给人印象也很深。[5] 从中也不难想象陈桢对课程内容的熟悉和游刃有余的讲课风范。

在课上，陈桢还经常糅合自己的研究。有学生写道，陈桢"为人和蔼可亲，对于学生尤能循循善诱，他常和同学讨论金鱼的遗传，当他告诉你这个性质是显性、那个性质是隐性时，他总是谈得津津有味的"，[6] 可见他对自己所从事的研究的专注和热爱。

---

① 沈同：陈桢教授的生平事略。《生物学通报》，1958（1）：63-64。

② 沈同：我的教学经验。见：姚仁杰等编：《沈同教授纪念文集》。未刊稿，1995 年，第 67 页。

③ 陈守良（1931—2019），湖南长沙人，动物生理学家。1949 年考入清华大学生物学系，1953 年毕业于北京大学。北京大学生理学教授，曾任北京大学副教务长。

④ 陈守良：怀念敬爱的沈同先生。《沈同教授纪念文集》。未刊稿，第 14 页。

⑤⑥ 教授印象记：陈桢（席山）。《清华暑期周刊》，1934（8）：465。

　　吴韫珍教的植物分类学、形态学，极为注重资料的准确和图像的精美。他在平时做研究时，"对于植物之观察，务求正确而详尽，尽可能根据新鲜材料绘原色精图"。[①] 上课时他也采取这样的方法，给学生以直观、明了的印象。在教形态学时，"每逢课前半点钟他就把黑板写满，有说有图，均取之藻、菌、苔藓、羊齿等各世界著名杂志上的最新著作，图画得很准，全部围绕当时形态学研究的专题——世代交替取材，给学生以既具体而又有进化理论贯穿其中的丰富知识"，"黑板图画得很精确，字写得很秀气，我们常需先来一个钟头或至少二三十分钟才能记成笔记"。在教植物分类学时，他采用当时最先进的 Hatchinson 和 Bessey 系统。教材是英文版的《华北植物》，并附有一整套手绘插图，"是根据野外采集或校园内的信息按材料，详细解剖，亲自绘作插图，或直接绘于台纸上"。"这套教具的方法一直延续到抗战以后，在昆明又大大补充了云南昆明附近，也就是《植物名实图考》中已收录的云南乡土植物"，"他这一工作直到在滇逝世前不久，已积累了数百幅，代表几万种有花植物"，[②] 可见吴氏在教学准备方面的精心和劳苦。这两门课倾注了他极大的精力，早出而晚归也几乎是吴韫珍工作的常态，他的办公室总是生物学馆中亮灯到最晚的。刘曾复[③] 回忆说：

　　　　吴老师每天早晨 8 点钟准时到班上来，分析花是怎么样的，叶子怎么样的，画图分解，到 12 点回去。还带一条狗，特别老实，蹲在那儿也不动。到下午 1 点钟，他又回来了，坐到 6 点多钟，回去吃饭，然后再来，一直到晚上八九点钟才回家。星期天也照常

　　① 李继侗、张景钺：吴韫珍先生事略（1898—1941 年）.《李继侗文集》，第 179 页。
　　② 吴征镒：六十年前的清华生物馆.《校友文稿资料选编》，第三辑。第 93—96 页。
　　③ 刘曾复（1914—2012），生理学家，1937 年毕业于清华生物系，1938 年到协和医学院进修，曾任中国大学讲师，1949 年后任北京医科大学和首都医学院生理学教授，同时也是一位京剧名家。

来。他这一年差不多都是这样的，暑假他也来。[①]

但他在教学中并不是让学生死记硬背这些知识，而是通过做小题目的方式，训练学生初步的研究能力，这一点很有成效。刘曾复说：

> 吴老师讲两门课，一个是"植物形态学"，是初级课程；还有一个是"植物分类"。"植物分类"他就不大上课了，就给你一个工作，然后第二天让你交报告。一学期他讲三四次课，一次讲植物分类学的原则、历史，然后讲几种分类不同的历史；再有一次就讲自己的研究工作。剩下都是学生自己做的，他只是给出好的题目。那个时候大家就有点研究训练，吴韫珍老师对学生培养要求水平也比较高。[②]

李继侗做研究的特点是善于因陋就简，"用最简单的材料和设备做出极具创造精神的结果来"。和研究一样，他在教学上不仅不畏难，还视钻研未知为极大乐趣。且不满足于了解书上的内容，还要带着问题充分挖掘和了解前人的研究方式并仔细思考、从方法上提出质疑。殷宏章回忆道：

> 李师自己是学森林的，他为了使我们得到比较基础而全面的生物学知识，曾教过我除植物生理学外，无脊椎动物学、比较解剖学、植物学、遗传学、进化论等，没有一门是他的本行。为教我一点钟课，常要化两三天预备，实验自己先做一遍，遍读参考书，晚上总要搞到深夜。这种不辞辛苦的精神，一切为学生着想，不推诿，不只顾自己专长，不畏难，不强调条件，我还是首次遇见。
>
> 他教的"植物生理学"，其实也不是他的专长，但是兴趣极高。

---

①② 科艺留声——刘曾复口述。郑小惠、董庆钧、高瑄编著：《清华记忆：清华大学老校友口述历史》。北京：清华大学出版社，2011年，第20页。

他把图书馆仅有的几本老书都搬到家里，写笔记，做提纲，教的有条有理，还不断提出问题，如何理解，有何困难，也常时涉及一些植物生理学家的思路体系，他们的工作方式，真把一门课教活了。他很少要我们强记事实，但经常启发和督促我们主动去质疑、思考；甚至有时只拿出实验数据图表，要学生提结论，找问题，想办法，然后再大家分析。这样逐步的指引，使我们对这门学科不知不觉中入了门，上了瘾。[1]

这种不仅授人以鱼更授人以渔的教育方式，是李继侗一以贯之的、也是他培养出优秀人才的良方。在清华，李继侗给学生的课堂印象是"孜孜不倦，循循善诱"。[2] 他"身穿大褂，消瘦的脸上配着一副黑边的眼镜，身材并不高大，手指抚着几张卡片，说话是缓慢而动听的"，"讲到有趣的地方吧，笑了。笑声打破了全室严肃的空气，大家也跟着狂笑了一阵。咳嗽了几声，停了几秒钟，又继续地讲下去"。[3] 1936级的曹宗巽原本是外语系学生，因选修自然科学方面的学分而上普通生物学课，从此踏入生物学的大门而转入生物系，她回忆当时上课的情景说：

　　一位衣着与当时清华园的洋气不甚协调的四十岁左右的中年人登上了讲台。[4] 只见他用炯炯的目光向满座在生物馆阶梯教室的青年学生们亲切地环视了一下，然后开始了娓娓动听、引人入胜的讲课，真的是把我这个十六岁的年轻人完全吸引住了。我原来以为植物学是枯燥无味的，但是很快地、我不由自主地对它产生了越来越浓的兴趣。一年结束后，我又听了李先生的入系介绍，决定由外语

---

① 殷宏章：忆李继侗师。《生物学通报》，1962（1）：48-49。
② 娄成后：怀念李师。《李继侗文集》。第412页。
③ 教授印象记：李继侗。《清华暑期周刊》，1934（8）：465-466。
④ 蔡益鹏教授也回忆说，李继侗给人最直观的印象就是"朴素"，"在清华这样'洋气'的地方，总是穿着长袍，很旧了也不换。"

系转入生物系。①

除了一年级的普通生物学，李继侗负责的主要课程是植物生理学和植物生态学，这也是他正在从事的研究方向，因而他时常把学术的前沿和自己的研究带入课堂。1936年，他从荷兰休假回来，"开（植物生理学）课就讲当时刚露苗头的auxin（注：生长素）实验，还包括长期以白果为材料的许多有趣实验，富于启发性"。讲生态学时"则用历年清华师生在北平，远达小五台山、易县等处森林群落的实际调查作为材料，系统介绍了群落学和植物地理学的基本概念和野外观察方法"，"特别是他惯用的简易的由远及近，远近结合的讲授方式，首先掌握特定地区的植被类型和气候顶级，尤其是应用记名样方或样带，将生态学的野外基础建立在认识植物生境和其地理分异的基础上"。②

与上述几位教授相比，动物学教授寿振黄的教法可谓生动有趣、别具一格。他不仅具有深厚的学术修养，同时又在海外辗转数年、艰苦备尝。他在课堂上模仿留学生的生活百态，学生们大感有趣。寿振黄善用"表演"，不仅用于活跃课堂气氛，还使严肃的教学内容变得生动，有学生完整地记录了一段他在脊椎动物学课堂上的讲课片段：

上课时，寿先生也会拿有趣的言语、丰富的表情，引起同学们的聚精会神，这些有趣的材料并不是无意识的，……譬如他教你捕蛇的法子，他用右手做样子给你看，嘴里很轻地告诉你："不要怕！怕了就要心慌，心慌是捉不到的。"这时全课堂都静了，于是寿先生很轻快地捉去，他用篮清官话喊出来了："喔！小青蛇一条！"于是大家都笑了。你猜，捉到的是什么？原来是他老人家自己左手的食指。③

---

① 曹宗巽：怀念先师继侗先生。《李继侗文集》，第413页。
② 《百兼杂感随忆》，第39页。
③ 教授印象记：寿振黄（理初）。《清华暑期周刊》，1934，（8）：466–467。

　　寿振黄虽然善于谈笑，但对待课程的态度却十分严谨，一丝不苟。如有教学失误也十分坦荡，丝毫不为之避讳，令人心生敬佩。刘曾复回忆说：

　　　　寿先生年轻的时候家境很清贫，他在美国生活得很苦。回来以后一直在静生生物研究所工作，他在这边教动物的科目。从前有门课程叫"比较解剖学"，一个礼拜有三个下午要做实验。他是两个礼拜讲一个小时的课，一次第二个礼拜又有消息说，寿先生还要上课，大伙就又都去上课了。他说，很遗憾上一次我讲课讲错了，这一次我重新讲。这个一点没有降低他的威信，大家都非常佩服他。[①]

　　生物学系在教学上的另一特点是注重"本土化"的教学。由于当时所采用的教材基本上是外文著作，对国内的材料和实际情形而言多有不足。在这种情况下，生物学系的教师们一边就教材讲述理论知识，一边结合自己的研究进行补充。"那时候的教授都是以研究为基础来教课的，自己有专题，而这个专题也是在世界前沿的"。[②] 如吴韫珍讲的禾本植物学，就着重讲授华北禾本植物的分类；并以河北省的禾本植物为观察对象。他在教学中一贯重视理论联系实际，注意以本国、本地之植物为研究对象和教学内容。而其实验材料，则以我国北部植物为主，以本地区之野生及栽培植物作花型解剖。[③] 李继侗的植物生态学则对北京西山和小五台等地的植物进行实地教学与观察研究。寿振黄所教的鸟类学、汪振儒开设的藻类学，都是以本省或本地的生物种类进行教学和研究的。[④]

　　生物学系的教授都是留美归来，英语都很好。学生回忆说，陈桢在

---

①② 《清华记忆：清华大学老校友口述历史》，第 21 页。
③　可久：吴韫珍.《清华人物志》，第 2 辑。第 65 页。
④　《清华大学校史稿》，第 207 页。

系里"中英文都是最好的"。[①] 但陈桢却从不用英语讲课，他曾说"到国外留学是学本领，但重要的是发展我国的科学事业，上课讲外语，学生听不懂，有何用处"。[②] 因而他"在教师中提倡用中文讲课，讲中国的资料，他自己更是带头这样做"。[③] 赵以炳的英语同样为人称道，他曾在完全是英语环境的协和医学院授课，口音纯正，"无地方性或芝加哥土音，协和学生……皆称许"。[④] 刚回国时，赵氏"留着小山羊胡子，风度翩翩"，"照样用英文课本，但却细声细气地用中文讲课"。其他生物学系的教师也大多数采用中文讲课。总体而言，结合中国的材料并且以中文授课，是清华生物学系教学的普遍风气。

课堂实验和野外实习是生物学教育的重要部分。除少数几门课外，生物学系绝大多数课程均有实验。教师们对学生做实验的技能训练和写实验报告等是很重视的，要求也很严格。实验结果不对，一般得重做。吴征镒回忆上实验课的情景时说：

> 无脊椎动物、动物生理、植物组的学生也一样做实验。例如无脊椎动物，我们就须到大图书馆参考书阅览室读几本厚厚的参考书，而郑重先生辅导实验，则从海瓜子、水母、墨鱼、河蚌、蚯蚓直到水藻（金鱼虫）、对虾、蝗虫都要精细按比例绘出全形乃至脏器、口器等各部分的各侧面观。每次实验，一整下午都不够用，就连兼课的寿振黄先生开脊椎动物和比较解剖课，一个老鼠头骨也要多方位观察绘图。他还教我们去参观静生和协和医院。……至于陈桢先生，我们后来上他的遗传课，大量养果蝇，重复 Morgan 的实验自不必说，尤其看他用金鱼、蚂蚁进行遗传学和动物社会学的研

---

① 汤彦承教授访谈，2014 年 3 月 26 日。

② 蒋耀青、陈秀兰、张瑞清：怀念导师陈桢先生。《动物学杂志》，1963（3）：146。

③ 李璞致冯永康函，1999 年 1 月。

④ 林从敏：纪念赵以炳教授。见:《赵以炳先生诞辰一百周年纪念文集》。未刊稿，2009年，第 167 页。

究，更受到启发。①

在课堂之外，实习活动也很活跃。学生们通过野外实习，观察、调查动植物的分类、形态、生态、分布等，并采集标本回校制作和保存。有些课程，如吴韫珍讲授的"本地植物"课，就是"专为率领学生去野外采集标本、认识本地植物之种类为主要目的而开设"，"选修该课的学生必须压制标本二百种"。② 暑期也是生物学系学生外出实习的重要时段。动物组学生大都到青岛等沿海地区调查鱼类或鸟类等，植物组学生则大都到西山附近地区实习。清华充裕的经费也给予这些实习活动以充分的保障，使野外考察实习得以顺利开展，未因经费问题而发生困难。以1934年为例，十三名动物组学生由赵以炳带领，去青岛进行暑期实习，时间一个月，预算五百八十三元。其中膳宿费约有一百七十元，而学生每人每天还有两角洋车费。③

实习的机会虽然不少，但实习常常是个"苦差事"。如吴韫珍经常带领学生利用周末外出考察，而假期实习的时长通常为一个月甚至更久。李继侗还曾于山中遇险，被困月余。然而在野外考察和实习中，教授们时常以身作则、与学生同甘共苦。吴韫珍带领学生前往小五台等地考察时，虽然已有严重胃病，但他仍然亲自攀登各台，带领学生辨识各种植物。森林学专业出身的李继侗对学生的要求则更为严格，汪振儒回忆说：

> 在和同学作野外考察时，先生和同学们同吃同住，融洽无间，从无享受特殊，或养尊处优的表现，深受同学的爱戴。但对同学的要求也很严格，在野外工作只许带很少的随身物品，有限的钱，除非万不得已，一律步行，还要自己背行李和标本，先生自己也不例

---

① 吴征镒：六十年前的清华生物馆。《校友文稿资料选编》，第三辑。第93—96页。
② 生物学系学程说明。《国立清华大学学程大纲附学科说明》，1929年；生物学系：本系学程表。《国立清华大学本科学程一览》，1930年。
③ 关于生物学系无脊椎动物学班学生暑期实习的通知及附件。清华大学档案，1-2：1-76-032。

外，以作表率。先生走山路速度很快，有的同学还跟不上他，并且按照林学家的训练，旅途和爬山时很少喝水，所以有些不耐艰苦的学生，就怕跟他去参加野外工作。[1]

联大时期，众多名师汇聚一堂。长沙临大成立之初，清华、北大、南开不同的历史传统和校风曾给合作带来了困难，北大校长蒋梦麟有言道："在动乱时期主持一个大学本来就是头痛的事，在战时主持大学校务自然更难，尤其是要三个个性不同历史各异的大学共同生活，而且三校各有思想不同的教授们，各人有各人的意见"。[2] 但在生物学系，这种合作并不成问题。从教育背景来看，清华、北大两校生物学系教师的背景出身极为相似。北大的几名主要教授，如张景钺、沈嘉瑞[3]以及后来的吴素萱，早年均是东南大学（中央大学）学人。1938 年加入的殷宏章则是李继侗的学生，曾在加州理工学院攻读，并由摩尔根主持答辩。1939 年来到昆明的沈同是清华生物学系毕业生。与生物学系密切往来的还有清华农研所的教授，如汤佩松、刘崇乐、戴芳澜、俞大绂等。这些教师彼此之间关系很近，且几乎都有留美背景（仅杜增瑞以及在临大时期短暂停留的崔之兰为留德。杜氏曾为清华助教，崔之兰为张景钺之妻），在教学风格上较易保持一致，这也是联大生物学系得以团结协作一个重要原因。

联大生物系的教师，有执教十余年、教育经验丰富的老教授，也有刚回国不久、带回国外研究前沿信息的新教师。在大后方艰苦的条件下，生物学系依然"弦歌不辍"。而教师们的学术成绩和治学精神也极

---

[1]　汪振儒执笔：李继侗先生生平与贡献。《李继侗文集》。第 2 页。

[2]　蒋梦麟：《西潮》。香港：磨剑堂，1950 年，第 223 页。

[3]　沈嘉瑞（1902—1975），动物学家，浙江嘉兴人。1927 年毕业于东南大学农科生物系，1928 年随秉志北上在静生生物调查所任助理，1932 年赴英国伦敦大学攻读甲壳动物学，1934 年获博士学位，先后在伦敦自然博物馆、普利茅斯海洋生物研究所进修。1935 年回国后，任北京大学生物学系教授。复员后，任北平研究院动物研究所研究员。1949 年后，历任中科院动物所、北师大、中科院水生生物所、厦门海洋生物研究室研究员、教授等职。

大地感染着学子们。毕列爵回忆说：

> 教授们为学各有专攻，学生们不可能对之懂得很多很透，但大体上对自己的老师们的工作范围或大意还是听说过的。例如我们都知道陈桢研究金鱼的遗传，汤佩松研究光合作用和呼吸作用……作为学生，自然要为自己有这样一批好的老师而感到骄傲和自豪，这也是西南联大的学生普遍具有的一种心情。[①]

生物学的学科内容，有其直观、生动、生活化的一面。在昆明后方，教师们尽量利用本地材料，结合中国的实际情形进行讲课，使清华原有的特别是植物学教学上"本土化"的特点更加显著。如李继侗在植物生态学课程上，他以昆明西山植被为例，从植物的生态系列到垂直分布，从植被作用、群落演替到森林破坏、水土流失，详细说明植物和环境的关系，"一丘一壑，一草一木，仿佛就在眼前"。[②] 此外，他还改进了普通生物学的教学方法，"既重视观察，更强调实验，在实验中一改过去只看显微镜，只做解剖的枯燥局面，加入很多实验内容，借以灌输生命科学是实验科学的概念"。[③] 处处体现出他不仅教学生以实验之"技"，更潜移默化以科学之"道"的教学思想。

严师出高徒。在丰富、生动的教学之外，师长们的严格也让学生印象深刻。有联大学生回忆说"生物系主任李继侗教授的普通生物学最为同学所畏惧，普通植物也很难过关，教学严格闻名全校"。[④] 时为生物系学生的沈善炯也说：

---

① 毕列爵：从生物系看联大的教师队伍和科研工作。西南联大北京校友会编：《西南联大北京校友会通讯》，1999，25：24-28。
② 沈霭如：怀念李继侗师。《李继侗文集》，第 415 页。
③ 曹宗巽：生物学系。《国立西南联合大学校史》，第 238 页。
④ 李钟湘：西南联大始末记。钟叔河、朱纯编：《过去的大学》。北京：同心出版社，2001 年，第 345 页。

> 生物系主任李继侗先生平时很少笑容，大家开始都有些怕他。他要求学生很严，每学期注册时，他逐个查看学生选修的课程，甚至选修课的老师。有时同学选修的是那些容易得学分的课程，或者是容易给学生及格的老师所主持的课，李先生总是讽刺地说："不能选这种'豆腐'课！"现在回想起，李先生对我们严格要求是正确的，因而我们常常怀念他。①

对于李继侗的严格，年轻的学子们一开始都难免有些不适应。毕列爵就坦承"当学生时，不大敢和他接近"。② 他为人原则性很强，作为联大生物学系的系主任，他对学生选课时提出的不合理要求"理也不理，连头也不抬"，"调皮捣蛋的学生往往都怕李先生"。③ 也有学生抱怨说，"李先生无论讲书，演讲或是谈话，一幅强装的笑容，从不离脸……先修班的同学怕他，大概就是因为这原故罢"。④ 这种"怕"的另一根源，是李继侗自律极严。他抱着腿疾，却和"湘黔滇旅行团"走完了近一千七百公里的路程。闻一多曾说："（教授中）始终步行者只李继侗、曾昭抡和我三人而已。我们到了昆明后，自然人人惊讶并表示钦佩。"⑤ 他担任联大先修班（相当于联大预科）主任时，自己的儿子也念了三次才升入大学。但李继侗并不是只有这样"铁面"的形象。他自奉甚俭，但却常常慷慨解囊，资助贫寒学生，"从不考虑对方是否有力偿还"，还帮助学生安排兼职工作，渡过生活难关，使学生在困难的后方得以坚持求学，"是一个把严父和慈母般的心集中于一身的人"。

"风度翩翩"的赵以炳也同样以严格闻名。学生找他答疑时，不敢一个人去，往往要结伴，"公推学习好的、胆大点的去敲先生实验室的

---

① 《沈善炯自述》。长沙：湖南教育出版社，2009 年，第 29—30 页。
② 毕列爵：杂忆西南联大。《西南联大北京校友会通讯》，2003，34：8。
③ 曹宗巽：怀念先师继侗先生。《李继侗文集》，第 413 页。
④ 教授介绍。西南联大《除夕副刊》主编：《联大八年》。北京：新星出版社，2010 年，第 224 页。
⑤ 季镇淮编著：《闻朱年谱》。北京：清华大学出版社，1986 年，第 36 页。

门"。而且哪些问题应提，都要事先仔细斟酌过，"只有那些确实经过自己深入思考或彼此推敲后仍不能解决的疑问才提出来就教于先生"。[1]

赵以炳的考试，不仅出的考题难，给分也很严厉、不留情面，甚至"一次他给一位女同学 59.5 分，那位女同学闹着要杀他"，"一时在女生宿舍里引起高度紧张"。[2] 陈守良回忆说：

> 动物生理学，这是一门重头课。同学都害怕。一开始我去问问题，常常让他给我顶回来。我说赵先生我念了一本书，关于什么问题。赵先生说：什么书啊？我说是动物生理学。赵先生说：谁写的？哪一年出版的？一下子就把我问呆了。以后我看书就从头看到尾，哪一年哪一个版本都看到。
>
> 赵先生讲动物生理学，逻辑性很强。动物生理学讲推理的，一环扣一环。你不注意这一点，考试你就丢分。[3]

赵以炳虽然严厉，但他的课讲得很好，"讲授的启发性、逻辑性及科学性很强，内容少而精"。[4] 他勤于备课，主张讲课"重在启发学生思考，提高自学能力，学习科学研究的方法"，曹宗巽回忆说"听他的课真是一种享受"。

在联大生物学系的课程内容中，实验生物学所占的比重很大，而且很注重和物理、化学等学科的交叉。如殷宏章讲授的植物生理学，就"常常讲到一些化学上的原理"，给学生不少启发；沈同除了讲化学生物学（生物化学），还负责讲生理学，使化学系的学生也感到耳目一新、收获很大。曾选修此课的邹承鲁（时为联大化学系学生）回忆道："那一年（1943 年）选修生理学的三个学生恰巧都是化学系的……沈先生

---

① 《赵以炳先生诞辰一百周年纪念文集》。未刊稿，2009 年，第 172 页。
② 《赵以炳先生诞辰一百周年纪念文集》。未刊稿，2009 年，第 168 页。
③ 陈守良教授访谈，2015 年 1 月 17 日。
④ 《赵以炳先生诞辰一百周年纪念文集》。未刊稿，2009 年，第 169 页。

对我们这些从来没有学过生物学的学生，全面照顾到我们的特点和要求，使我们在短短一年三个学分的课程中，不仅对生物学有了入门的知识，也对生理学、生物化学有了初步的了解。"[1] 此外，较为传统的解剖学、形态学，教师们也以进化为线索、结合实验生物学来讲，使这些"描述性"的学科变得条理分明、生动有趣。比如赵以炳讲的脊椎动物解剖学，"一方面强调必须用最新的实验技术探寻生命的奥秘；一方面又毫不忽视形态结构在保持生命有序性上的意义。他把功能和形态结合起来，以历史进化的观点来讲授比较解剖学"。张景钺讲的植物形态学也是如此，沈善炯回忆说：

> 我的恩师张景钺先生教我们植物形态学。这是一门描述性的学科，通常不容易引起大家的兴趣，但在先生的讲教下则不然。他以其渊博的知识，从细胞分裂的动力学来解释生长点中叶原基和花原基的形成。讲到植物演化与系统学时，他从古生物、植物性世代的演化来教导学生。他的课引起了同学们的兴趣。

在昆明，由于设备所限，生物学系的实验课已很难开设。出于经费短绌等原因，除了昆明周边，此一时期已少有教师带领学生进行远途采集活动。但教师们仍想办法让学生得到基本的野外训练。如植物生态学课程即以野外实习代替考试，内容是对昆明附近的植被做一次调查。对学生来说，"这几乎把李先生讲过的那套植被调查的室外工作方法和室内整理直到写成报告，都要完整做一遍"。[2] 于是有的上西山拉样方，有的到滇池采标本，回来后依照工具书一点点地把采集所得的标本的拉丁名找出来，最后打印成文。唯一负责调查水生植物群落的毕列爵，在助教简焯坡的帮助下出色地完成了实习报告。六十二年后，他对这次实习仍然印象深刻、充满对老师的感激之情：

---

① 《沈同教授纪念文集》，前言。未刊稿，1995 年。
② 毕列爵：悼念老师、学长简焯坡。《西南联合大学北京校友会简讯》，2004，36：90。

　　　　这是我直到今天还保存得很好的一份实习报告。我好几次拿起它，从头到尾又读一遍，内容很简单，我几乎全记得住。但每读一遍时，就在脑子中重复一遍当年的这项全过程。我深深感到，没有那些人，特别是简焯坡，我是拿不出这份报告来的。我要在许多环节上先去尝试，如何动手要走弯路，头绪也不会那么清楚，而且会有很多错误。

　　和清华一样，联大时期的生物学系师生比也相当高。"那时生物系本科的学生，四个年级加起来，也不过是四十人（最多不超过五十人），研究生不超过十人"。[①]虽然这个数字比清华时期要多一些，但联大时期教师人数也相应增加了。此外，清华农研所的教授"可以在生物学教课，指导研究生、青年教师和外来访问或进修人员，更经常的是与生物系一起进行各种学术活动，几乎和生物系的教授没有什么区别"。再加上实验课的助教，因而时常出现某一门课的师生比达到 1∶1 的情形。[②]高师生比使得师生接触和交流的机会更多，特别是对研究生和高年级生来说，在学业和研究上更容易得到教师的指导，而师生之间的关系也更为融洽。沈同曾充满感情地回忆道：

　　　　那时我还年轻，跟更年轻的研究生、大学生、助教等朝夕相处；教学、科研、生活都在一起。回想起来，真是师生相处无间，教学和科研不易分清。科研成果也不少。联大化学系对生理、生化有兴趣的几位同学，和内地一些大学的年轻毕业生，跟我们在一起。年轻人打成一片，热情高涨地进行教学和科研。……我们在昆明共同科研、教学和生活多年。我作为教师能够见到青出于蓝而胜

————————
　　①　毕列爵：从生物系看联大的教师队伍和科研工作。《西南联大北京校友会通讯》。1999，25：24–28。
　　②　毕列爵回忆说："我和梅祖彤二人读比较解剖学，就有两位老师教我们两个学生：吴素萱教授讲课，沈淑瑾教实验课。这种情况很多，在那时是正常的。"

于蓝，那是教学的成功，也是教师的乐事。[①]

由上述情况可见，虽然僻处昆明，条件远逊于清华园，但联大时期（特别是早期）生物学系的教育质量依然是较高的。但实事求是地说，由于环境条件恶劣，联大学生的学习质量逐渐下滑。1940 年、1941 年日军空袭昆明，迫使师生们频繁地"跑警报"，浪费了大量时间，成为人心涣散、读书空气淡薄的一个重要原因。[②] 而 1941 年后，由于"皖南事变"的发生，国共合作名存实亡，联大的民主气氛陷入低潮；太平洋战争的爆发，又给国人带来了坐等盟国赢得战争胜利的观望心理，抗战初期形成的士气迅速低落。后方虽受战事影响较小，但物价也开始飞涨，学生们不得不花费大量时间兼职来补贴生活，学习时间大为减少。联大生物学系的学生们在回忆中，对老师们曾经予以帮助介绍兼职、解决部分生活来源问题均表示过诚挚地感谢。然而同样也不难想见这些艰苦的条件对联大学生的奋进精神带来的打击和损害。

复员后的清华，经历了 1946 年后一段短暂的稳定时期。当年 10 月，生物学系复课。同一时期，北京的一些高校和生物学研究机构，为了推进教学和研究工作，于 1947 年 2 月成立了一个"北京生物科学学会"，每月举行一次学术报告，1948 年 8 月又改为暑期讨论会。[③] 这些报告会原本是研究者互相交流讨论之用，层次较高，但生物学系也鼓励学生自愿参加。使学生"受到学术气氛和学者风范的熏陶"。[④]

好景不长，由于国共内战再次爆发，以及物价飞涨、教育经费压缩，教师学生的生活水平急剧下降，使教师的教学和学生学习的积极性受到严重影响。学生中的积极分子则踊跃参加各种学生运动，1946 级学生蔡

---

① 《沈同教授纪念文集》。未刊稿，1995 年，第 67 页。

② 冯友兰：联大被炸以后。《当代评论》，1941，1（8）：3-4。

③ 汤佩松、张宗炳：北京生物科学学会的介绍以及该会第三次暑期研讨会的情况。《科学通报》，1950，1（5）：339。

④ 孙之荣等编：《光辉的历史、灿烂的未来：庆祝清华大学生物系建系七十八周年复建二十周年》。未刊稿，2004 年，第 205 页。

益鹏回忆说："我们这个四年大学，基本是在学运中（度过）的，……有一定觉悟的学生，差不多都参加到学生运动里边"。[1] 教师中的党员如吴征镒则于 1948 年 9 月被组织疏散到冀中解放区，10 月份之后又随着部队回来参加接管高校和科研院所的工作。这一时期，各项课程的教学依然得以维持，但总体而言，教学管理呈现出一种相对松弛的状态。1946 级学生汤彦承谈到植物生理学课程的情况时说：

> 那时（注：应指 1949 年）汤佩松先生是农学院的院长，他来了一两节课，就没有来教了，大部分是李继侗先生（讲课）。……那时候是四年级，我记得我班上只有一个人了。所以他（注：指李继侗）指定了我看几本书，去考试，他出了几个题目给我做一做，就这样了。[2]

汤彦承所在的植物组，由于学生人数少，"参考书学校里都有，（可以）从图书馆借"，教材也可以从旧书店中购得，基本的学习条件尚可以满足。而且在李继侗的建议下，高年级学生可以到研究室去和助教一起工作、看书、谈话。对于学习植物分类学的学生而言，教学的质量仍是可以保证的。但对于实验生物学而言，在八年全面抗战间已与世界前沿距离越来越远。而复员后经费、仪器设备缺乏，教材也得不到更新，教学质量比之于战前有明显的下滑。蔡益鹏曾经详细描述过这一时期动物组的教学和实验情况：

> 在（这）一个时期里边，（教学）就靠老先生们肚子里的老底子。另外呢，连文献也看不上，我们做大学生的时候，没有看过国外的文献，可能那个时候学校订不起这些洋的文献。[3] 教材就靠

---

[1] 蔡益鹏教授访谈。2013 年 12 月 22 日。
[2] 汤彦承教授访谈。2014 年 3 月 13 日。
[3] 根据 1946 年 7 月的《整理图书馆工作报告·第五次》，生物学系已订购杂志四十六种。此处回忆恐有误。

（老师）嘴巴讲的，所以这些老先生在外头回来得越晚的，还有些新鲜东西讲讲，剩下的全是很"经典"的。那时候能看到两本洋书就算是不错。像清华，我们念书的时候，能念到当年的教科书，国外的 textbook 能拿到手，有得啃（就是最好的了）。

（实验课）都是最基本的，做最经典的实验。像肌肉收缩，心脏的跳动，胃肠道的运动，那都是最经典的实验。把最经典的实验做一做，就算是有得可做的。有的学校就只能靠嘴巴讲。清华还算是不错。像生理生化，许多学校开不了，没有像样的老师，也没有仪器，根本开不了。形态学实验也就是看片子，看片子看标本。出去采集也很少，我们清华算好的，老师能带你出去，能看点生态方面的东西，剩下的东西也看不到。①

由于教师们很少开展研究工作，学生也缺乏对生物学的进展的认识，对于教师的学术工作知之甚少，对他们的学术成绩也不甚了解。陈桢于 1948 年当选中央研究院院士，对于这样的荣誉，学生也没有多少感受。师生之间不再像战前甚至在昆明后方那样，通过学术研究而形成密切的关系。但教师们对学生仍尽量提供力所能及的帮助，如陈桢就曾经从自己的工资中每月拿出一部分，帮助由于家庭困难无力担负生活费的学生完成学业。②

1949 年后，北京和平解放，清华为新政权接管，师生的生活也逐渐恢复正常。但随之各种政治运动、思想改造和意识形态方面的压力也接踵而至，教师们一方面欢迎新政权的成立和对学校的管理，另一方面也不得不对自己此前的学术观点进行"修正"。在生物学领域，打着"米丘林生物学"旗号的李森科学说就成为生物学系教师重点学习的内容。教师们对此反应不一，陈桢作为国内知名的遗传学家，此时一再拒

---

① 蔡益鹏教授访谈。2013 年 12 月 22 日。
② 李璞致冯永康函。1999 年 1 月。

绝其《高级中学教科书——生物学》的修订再版，在其致商务印书馆的信函中表示"对于新的生物学尚在学习期中"，对于旧版"仍以不再印行为是，否则遭受严厉的批评，以致停版之期必不过远"[①]；李继侗对待政治活动较为积极，用了一年的时间学习俄语和米丘林生物学，并做过有关李森科育种成绩的演讲，但他却认为李森科学说是米丘林观点的倒退，将两者混为一谈不可取。[②] 但总的来看，这些政治风向引起的波动尚未扩大，未对教学造成大的影响，教学活动仍能正常进行。1951 年入学的汪劲武回忆说：

> 清华教学在当时可谓十分重视大一的基础课，都由教授讲课，实验才由讲师助教担任，但教授也来看看，解决一些讲、助解决不了的问题。有三个教授教我们的普通生物学，一个是沈同先生，他教的是系统动物学，从眼虫开始变形虫等等到高等动物；另一个赵以炳教授，他教动物生理，主要为神经生理，用青蛙、狗作实验；第三个为陈桢教授教的生物进化方面的知识。陈先生是学遗传的，讲课生动，讲达尔文进化论十分突出，如适者生存的原理，等等。大一第一学期有植物学（上册）讲课，讲者为李继侗教授。讲的好，生动有趣，内容为植物形态解剖这一部分，也有一点植物生理的内容，如光合、呼吸、生殖等。[③]

简言之，自复员后到院系调整之前的六年间，生物学系一方面缓慢地恢复着战争的创伤，另一方面则处于社会环境的动荡和此后的意识形态转换对原有学术体系、思想的冲击之下。总体而言，这一时期的教学和学习质量已不能和前两个时期相比。

---

① 陈桢致商务印书馆函。1951 年 5 月 14 日。
② 葛明德：李继侗晚年对米邱林和李森科的评论。《中国科技史料》，1980，1（1）：22—25。
③ 汪劲武教授致笔者函。2014 年 1 月 5 日。

三、毕业论文的写作

毕业论文是生物学系自 1926 年建系后即有的课程内容，1928 年后改为必修并直至该系结束。论文分为动物学研究和植物学研究两种，动物学研究要求"由教授指导，选定专题作一研究，藉制练习研究方法，其结果须作成毕业论文一篇"；植物学研究的要求为"须各选定一题，由教授指导，自行潜心研究，作成论文以表现其独立研究之精神"。[①]简言之，即是在教授指导下，通过对一个专门问题的研究，培养学生独立研究的能力。

对于学生而言，毕业论文的写作是本科阶段一次最正式的学术研究训练，甚至可能影响其一生的学术方向，其重要性不言而喻。1930 级学生、后来成为海洋浮游生物学家的郑重对此有极深的感触：

> 我的毕业论文是在系主任陈桢教授（著名遗传学家）指导下进行的。论文题目是《北京淡水枝角类的分类和分布》。那时，满目凄凉的圆明园成为我的采集场地，因为那里池沼很多，是淡水枝角类的良好栖所。这篇论文成为我后来对枝角类研究的开端，同时，也引起了我对这类小型浮游甲壳动物的浓厚兴趣，而且这个兴趣迄今未衰。这点，说明大学毕业论文对形成一个年轻人的研究方向是多么重要。[②]

生物学系学生在进入毕业论文阶段前，不仅已在课堂上打下了坚实基础，也通过平时的查阅资料、野外实习等工作，进行了不少研究准备。有的则因为前期准备充分，研究能力突出而被教授委以重任，而学

[①] 生物学系学程说明。《国立清华大学一览》，1930 年。
[②] 郑重：自传。《郑重文集》。北京：海洋出版社，1987 年，第 3–4 页。

生也通过攻克这样的难题而获得学术上的极大锻炼。吴征镒曾极其详细地回顾吴韫珍如何指导自己写作毕业论文、为他毕生从事植物分类与区系研究奠定了坚实的基础：

> 当时（吴韫珍）还预备把一些疑难大属陆续进行研究。或许为了替他"分忧"，或许也不弃我的"驽骀"之力吧，就把这一疑难属（注：即莎草科薹草属）的整理，出给我当毕业论文题目。那时，华北已经没有一片干净的地方"容得下一张书桌"，但我因受了老师的重托，只得勉力去做。幸好当时生物系图书馆还留下世界本属权威的巨著 Cyperaceae-Caricoideae in Engler's Pflanzenreich（G. Kuekenthal，1909）和刚刚寄到的秋山茂雄（S. Akiyama）（1932）的一本关于日本薹草属植物的专著，我就以这两本书为主要参考，在老师的思想指导和具体帮助下，用了一年的课余时间，完成了河北和察哈尔两省本属（莎草科—薹草亚科）植物的初步整理，从二千种的范围内一一找清了两省约五十种的"娘家"，为以后我在《中国植物区系》《中国植物志》《中国植被》和云南、西藏等植物的工作中具体指导奠定了基础。其所以使我如获至宝，是因为这50多种薹草的囊果和颖（种级分类的主要依据），都是按老师的三严学风，一一按比例尺打好格子画成的。①

由于缺乏资料，不能一一查考生物学系早期毕业生所作的毕业论文，但不难想象，学生毕竟研究经验少、学术锻炼不足，大多数情况下这些研究题目都是指导教授研究的一部分，由学生来独立完成。如徐仁在大学时代，兴趣很广，又极想"学以致用"，他"自己也感到学习的面太宽，浪费的时间太多"。② 他正式踏上学术研究之路，仍是从毕业

---

① 吴征镒：深切怀念业师吴韫珍先生。《百兼杂感随忆》，第 295 页。
② 《徐仁著作选集》，第 314—315 页。

论文研究时开始的，徐仁回忆说：

> 到四年级要做论文，李继侗先生要我做华北裸子植物的研究。这个题目太大，我只做了叶的解剖。后来到北大重新补做研究，文章发表在北大论文（理科）报告中，这是在学生时代研究的（第一篇）报告。我在这个时期看了不少文献，发现 transfusion tissue（转移输导组织）。

有意思的是，学生们在论文写作中得到的锻炼，不仅终身受益，还通过言传身教，在其后他们指导的学生中得以继续传递。娄成后的毕业论文是由李继侗指导的蒸腾作用方面的小研究，近三十年后，他又把相似的实验思路交给自己的学生做进一步研究。娄成后曾在怀念李继侗的文章中描述过这种"学术谱系"的形成：

> 在清华大学毕业前，我选修了李师指导的试验设计：把银杏苗的根系封闭在小水瓶内，按时称重，用来测量苗叶在不同条件下蒸腾失去的水分。正是用这样一个简单方法，在 1964 年我交给一个研究生作甘薯秧条的蒸腾测量。从而证明：甘薯叶片气孔的正常开闭需要有根系生产的某些物质的供应才能维持。……这项物质的化学成分最近又在重新探讨中，现在怀念李师，不禁令人想到学术探讨的继承性来。①

联大时期，由于从事研究的条件极其匮乏，教师们本身都很难开展研究工作，因而学生的实验课程和论文写作远不如清华时期那么普遍和深入。沈善炯说：

---

① 娄成后：怀念李师。《李继侗文集》，第 412 页。

在物资匮乏、物价飞涨的战争环境下，西南联大的老师大多没有条件做科学研究，连实验课我们也上得很少，在我的印象中，只有化学类课程，尤其是高崇熙教授开的定量分析课做过一些实验。生物方面，我们只是看看标本（包括缩微胶片），到野外去认认植物。连老师都做不了什么研究，学生更不用说，大部分同学的所谓毕业论文都只是某个领域的文献综述。[1]

在这种相对简陋的条件下，学生们对于跟随导师进行研究性质的毕业论文写作机会更是倍感珍惜。如沈同对余甘子维生素 C 的研究，就是他和助教以及毕业生何申一起完成的，该研究总共分为六个部分，何申承担了其中的"人对余甘子维生素 C 的利用"部分的研究。她"非常喜欢自己承担的那部分"，借了一间女生宿舍，找来三位女同学当志愿者，准备了不少低维生素 C 的食品以及余甘子汁进行营养实验，证明余甘子所含的维 C 能充分被人体所利用。[2] 这一研究还被《自然》（*Nature*）杂志简要报导过。

总体而言，到梅贻琦时代，清华已基本成为一所国内顶尖的研究型大学。生物学系提倡按照"广博"的标准培养学生，同时也让学生接受到了研究型人才的训练。在精英教育和名师指导的模式下，在本科阶段，学生们对于什么是科学研究、如何从事研究已有了正确的认识和良好的感悟，这对他们以后从事研究工作打下了一个相当坚实的基础。工欲善其事，必先利其器，这种训练不仅仅是技术操作上的，更是研究方法和科学思想上的。对此，刘曾复有着十分精辟的叙述，其文字仍值得令人反复咀嚼和深入思考.

我总觉得我在清华做毕业论文也受到了很好的训练。那时候给

---

[1]　《沈善炯自述》，第29-30页。
[2]　何申：在生理组的日子里。陈德明教授纪念文集编辑组编：《陈德明教授纪念文集》。北京：北京大学出版社，2000年，第23页。

学生做的论文要求好像也是跟标准的研究一样，世界上没人做的才算，哪怕做的是很小的，这个训练非常好。我觉得做真正的、原始的研究，要有"两个否定"的精神。第一，要自己设计题目，做完之后如果跟你原来的想法不大一样，要敢于否定原来的想法，这是第一个否定。这个否定并不容易，有的人会想我不可能想错了、想得不周全了，可有时你就要能承认自己想得不周全，这是很重要的一件事。第二个否定当然就更不容易了，我看这个事物没有缺点，全世界却以为就是有缺点，我经过研究发现这的确没有缺点，这就能够否定原来大家的想法。但是发现没有缺点这本身又是一个新东西，又有了新发现，不是很好吗？但你仍然要千方百计否定你的新东西是不是看错了。果真否定不了，才是真的新东西。所以要做科研，做这两个否定的思想斗争是很重要的。只有这样做的东西才可靠，才真是一点新的东西。所以我就经常想这样的训练是在哪里得到的呢，还是在清华。也就是清华当年教研组教学是以研究作为基础的，然后不断地做研究，培养学生知道研究的精神、方法，研究的思想，而不光是在这儿教教书或者什么，这才是一个真正的大学。①

四、本科招生与毕业

20 世纪 20 年代中期，清华在"改大"之初，其大学部尚不为国内优秀高中学生所信任。受限于报考的生源，生物学系 1925 级学生仅有容启东、汪振儒和薛芬三人。并且由于时局变化、教员离开等各种原因，此后生物学系的招生一度陷于停顿，1926 级无一名生物系学生，连汪振儒和薛芬两名学生也随钱崇澍而短暂离开清华。② 不过清华的迅

---

① 科艺留声——刘曾复口述。《清华记忆：清华大学老校友口述历史》，第 22 页。
② 两人均以秉志在厦大，前往听教。1928 年秉志和钱崇澍都离开厦大，回到南京中国科学社生物研究所。两人遂于 1928 年重新回到清华，1929 年毕业后，留校担任助教。

速崛起，使优秀生源纷至沓来，给予清华以较大的选材空间，这使生物学系的生源丝毫不逊于其他国立名牌大学。生物学系的不少学生都来自于当时高等教育较为发达的江浙一带，即很能说明问题。而且，由于陈桢等教授名气大，"一本简洁扼要的中学教材吸引万千学子入我门来"，[①]对生物学系的招生形成了名声在外的有利影响。从武汉大学转考清华的陈守良回忆说：

> 为什么我一心要上清华？恐怕首先是因为陈桢先生的这本书。这本书写得很好，明白易懂，要言不烦，把当时生物学的要点都写进去了，让我十六七岁就坚定了要探讨生命、研究生命奥秘的思想。[②]

生物学系自 1925 年开始培养第一届本科生，到 1952 年院系调整之前，共计毕业二十一届九十五名学生。各届毕业生人数情况如下表所示：

表 6-1　清华生物学系历届本科生毕业生人数统计

	初创至抗战前								联大时期							复员时期			解放后		
年份	29	31	32	33	34	35	36	37	38	39	40	41	42	43	44	47	48	49	50	51	52
人数	3	4	3	5	6	6	8	10	6	5	7	2	1	1	1	1	5	7	6	5	3
分段合计	45								23							13			14		

资料来源：1.《国立清华大学毕业生名单（第一级至第十九级）》；2.《国立清华大学一九四七（三十六）学年度第二学期毕业生名册及统计表》[③]；《清华大学一九四八学年度至一九五三学年度毕业生人数统计表及名册》。[④]

---

① 孙之荣等编：《光辉的历史、灿烂的未来：庆祝清华大学生物系建系七十八周年复建二十周年》，未刊稿，2004 年，第 205 页。
② 陈守良教授访谈，2015 年 1 月 17 日。
③ 清华大学档案，编号：1：005：3。
④ 清华大学档案，编号：2：001。

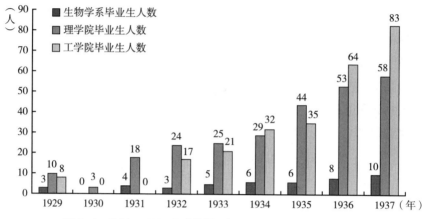

图 6-1 1929—1937 年生物学系与理、工学院毕业生人数对比

生物学系历年毕业生人数起伏较大。分阶段来看，自 1929 年至抗战爆发时，每年平均毕业人数为五人（1930 年生物学系无毕业生），呈逐年增加趋势；[1] 但与同等时期清华理学院的毕业总人数相比，这一增长趋势则相当缓慢，生物学系占理学院毕业生人数比例也逐年降低，这与前述提到的学生大量涌入化学系等与国防和实用科学关联更紧密的系科有关，而与工学院学生人数变化情况相比，这种放缓的趋势更为明显。[2] 联大时期，生物学系每年毕业生人数降至不足三人，且基本集中于 1940 年前，而此后的毕业生以联大学生为主；复员后的生物学系毕业生人数逐渐上升，年均毕业生接近四人；1949 年以后年均毕业人数接近五人。总的来看，除联大时期情况较为特殊外，生物学系的年均本科毕业生人数大体在四五人。在以理工科见长的清华内部，它属于规模不大、发展曲线也较为稳定的一个学系。

从现实的角度，一个学系的办系理念固然应当遵从该学科发展的内

---

[1] 这一情况部分是由于学生延期毕业引起的。如 1937 届毕业生中，即有 1931 年、1932 年入学的学生。

[2] 抗战前清华大学理学院和工学院历届毕业生人数，引自刘超《学府与政府——清华大学与国民政府的冲突及合作（1928—1935）》表 5.2 "1932 年前后历年文法、理工学院毕业生数量对比简表"。见该书 224 页。

在逻辑，但对于国立高校而言，由于其办学经费仅由政府提供，因此一个学系学生的人数与办系的规模，则更为直接地反映了当时政府和社会的意愿与实际需求。从这一点来说，培养少而精的专业人才，同时以通识教育的形式普及生物学知识，进而传播"科学的方法"，是清华生物学系在培养人才方面经过仔细考量后切乎实际的一种选择。

根据办系方针，生物学系本科生的培养目标为进入专门机构进行研究以及担任中学教员。[①] 而这两类职业也是生物学系毕业生的主要初始走向（表6-2），其中又以在高校或研究所担任助教、研究助理等职位为主，较好地完成了预定的培养目标。这四十五名毕业后即担任助教或研究助理的毕业生，除个别因早逝或此后经历不详等原因无法追溯外，绝大部分（四十二人）此后都成为大学教授或生物学研究机构的专门研究人员。而初始任教于中等学校或专科学校的毕业生，此后也有部分转入大学成为教授。二者相加占本科毕业生总人数的主要部分（76.8%），远超过其他岗位，说明生物学系培养了大批优秀的研究人才。

表6-2 生物学系本科毕业生的初始走向

	初创至抗战前								联大时期							复员时期		
年份	29	31	32	33	34	35	36	37	38	39	40	41	42	43	44	47	48	49
助教与研究助理	3	4	1	5	4	3	5	3	5	3	4	1	0	0	0	0	1	3
中等学校教员	0	0	1	0	1	1	1	2	1	0	1	0	0	1	0	0	0	1
攻读研究生或进修	0	0	1	0	1	0	0	1	2	0	0	0	0	0	0	0	0	0
不详						2	1	4	1					1		1	4	2

注：1949年后毕业生由国家分配工作，故不列入此表。由于资料不全，本表只能反映大概情况。

———————

① 秉志于三十年代曾表示："国内生物学界之发展，分循二道。其一为研究工作之迈进，……其又一则为中等学校生物学教课之推进"，"此固欧美各国向所经历者，吾国生物学科之发展，亦复循此常规以递进矣"。见：秉志：国内生物科学（分类学）近年来之进展。《科学》，1934（3）：414–434。

表6-3 清华生物学系本科生的总体走向与成就统计 *

	1929—1937		1938—1946		1947—1949		1950—1952		合计	
	人数	比例	人数	比例	人数	比例	人数	比例	人数	比例
博士	14	31.1%	7	30.4%	0	0	0	0	21	22%
中国科学院院士	5	11.1%	0	0	0	0	0	0	5	5.3%
大学教师或生物学研究机构研究人员	33	73.3%	22	95.7%	9	69.2%	9	64.3%	73	76.8%
中学教师	4	8.9%	0	0	1	7.7%	0	0	5	5.3%
其他科研文教机构岗位	2	4.4%	0	0	0	0	0	0	2	2.1%
党政军部门行政职务	1	2.2%	0	0	0	0	0	0	1	1.1%
不详	1	2.2%	0	0	2	15.3%	5**	35.7%	8	8.4%

* 其中赴美二人。

** 本表为综合检索结果而得。见本书附录一。由于资料来源有限，在最终职业统计上可能存在误差。

按时间分段来看，自生物学系初创到抗战爆发前毕业的学生中，获得博士学位（十四人）以及日后成为中国科学院院士（学部委员。五人）的人数是上述四个时期之中最多的。五名院士中，除吴征镒外，其余四人均在美国获得博士学位。联大时期，生物学系毕业生此后继续攻读博士学位的比例大体与前期持平，但未再出现中国科学院院士，不过这一时期的毕业生日后担任大学教授和研究机构研究人员的比例则是四个时期中最高的。复员、解放两个时期，由于旧有留学通道堵塞，均未再出现留学攻读博士学位者，亦未产生院士。

和其他理科基础学科一样，生物学本身并不是一门有立竿见影效果的实用科学，它与农、林、医等学科虽然关系密切，但更多地体现在基础研究对实用研究的支持上。以各种动植物资源为例，只有得到合理开发利用，才能产生实际的社会效能，而这首先需要对动植物资源进行仔细调查与研究。民国时期，中国生物学家在动植物分类调查方面进行的大量工作，正是建立在秉志等人"利用厚生"的思想基础之上，其成绩也为中国生物学在世界上争得一席之地。这种科学家的荣誉感和社会责任感的交织，使动植物分类作为"纯粹科学"在中国得到发展的同时，借此也获得学科存在的社会合理性。二十世纪下半叶以来，生物学与物理、化学、数学等学科深度结合，在微观领域的研究取得了长足的进步，由此产生了许多新兴的学科增长点。但是，由于生物学科自身的特性，只有长期有效地在基础研究领域提供保障，才能充分地发挥其支持作用，使前辈们"利用厚生"的理想成为现实。此外，对于生物学系而言，一个稳定的外部环境对学生的培养至关重要，这也是基础学科与应用学科的一点不同之处。

从已有的资料来看，1937 年前生物学系毕业生日后所从事的研究方向较多，相对集中的有植物分类、植物生理、植物生态、无脊椎动物、动物生理、生物化学等几个学科。以这一时期培养出的五位学部委员（院士）和他们日后所从事的专业领域为例，分别为娄成后（植物生理学）、徐仁（古植物学）、王志均（消化生理学）、王伏雄（植物胚胎学）以及吴征镒（植物分类学），每个人的研究方向均各不相同。这与清华提倡学生"自由发展，以兴趣为主"（徐仁语）和生物学系"广博""均衡"的教育特点是相一致的。而这些学生也以日后的突出成就，证明了此一时期人才培养的成功之处。娄成后和吴征镒此后都分别获得何梁何利奖，而吴征镒更于 2007 年获得国家最高科学技术奖。其他毕业生也不乏杰出人才，如生物化学家沈同（他编写的国内大专院校生物化学专业通用教材《生物化学》影响了国内众多生物学子，这与其师陈桢的经历差相仿佛）、植物学家容启东（曾任香港崇基书院院长，香港中文大学首任副校长）等人。

联大时期的生物学系毕业生，从时间段来看大体分为两种：一是三校联合时原有的学生，他们至迟于 1937 年考取，因而大多数于 1941 年前毕业（举例来说，此一时期以清华学生身份毕业的学生为二十三人，1941 年前已毕业二十人）；二是联大成立后考取、转学而在联大就读和毕业的学生，他们构成 1942 年后毕业生的主要部分。由于清华在联大生物学系的主体地位，这一时期的学生培养与走向，也与清华的教育密切相关。

联大时期生物学系共有毕业生八十人（清华二十三人，北大九人，南开六人，联大四十二人，见附录一、附录二），除清华毕业生资料较清晰外，其他毕业生特别是联大毕业生情况不详者较多（共有二十人未知此后发展情形，占毕业生总人数的四分之一），因而对此的统计只能作为一种参考。已知去向的毕业生有四十九人此后从事与生物学教研有关的职业，而清华毕业生二十三人中就有二十二人此后成为大学教师或科研院所研究人员（一人去向不清）（表 6-3）。他们所从事的专业领域范围很广，不过其中动物生理学、生物化学的比重较前期有所增加。其他联大生物学系毕业生此后从事生物学专业的也有 75%，比例不小，其中选择生物化学、生理学和药物学的也较多。教师结构的影响显然是一个重要原因。而联大时期较高的毕业生担任助教的比例（曾任联大生物学系或清华农研所助教的即有二十四人），可能也是这一时期毕业生较多走上专业道路的一个原因。不过，联大毕业生在海外获得博士学位者十四人（其中清华七人），其中回国九人，与 1937 年前的清华生物学系毕业生出国深造的情况大体相近（十四人获得博士学位，十一人回国），但从中只产生了一名中国科学院院士（沈善炯，1980 年）。

复员后至院系调整前数年间的清华生物学系毕业生，由于资料缺乏，二十七人中有七人未知具体去向。可知的二十人中，有十八人成为大学教师和科研机构的研究人员，这一比例依然是可观的，但其中似乎并没有获得博士学位者，亦未产生院士。

由上述分析不难看出。自建系到 1937 年前是清华生物学系培养人才的鼎盛时期，而联大时期亦是生物学人才培养的摇篮（如王伏雄、吴征镒等人，实际上是在昆明时期进行其硕士阶段的学习、深入专业领域的）。此后清华生物学系毕业生的整体走向虽然有所放缓，但仍不失为培养现代中国生物学人才的一处重镇。

另一方面，从毕业生总体专业走向看，在专业去向可考的五十九名

清华生物学系毕业生中，较为主要的有：植物生理学四人，植物病理学
四人，植物分类学八人，动物生理学（含人体生理学）十人、组织与胚
胎学四人，生物化学四人，细胞生物学三人，其余还有海洋生物学、昆
虫学、营养学、遗传学、微生物学以及后起的分子生物学等专业方向各
一两人，可见实验生物学各学科占毕业生走向的主体地位，亦很好地反
映出清华生物学系在实验生物学人才培养方面所取得的成绩。若与东南
大学（中央大学）的毕业生做一对比，则能更好地说明此点。在 1928
年改组为中央大学前，先后从东南大学生物学系毕业的二十多名学生
中，包括动物学家王家楫、寿振黄、张春霖、张孟闻、方炳文、喻兆
琦、沈嘉瑞；植物学家耿以礼、方文培、张肇骞、陈封怀、汪发瓒、唐
燿、李鸣岗；胚胎学家崔之兰；生理学家张宗汉、欧阳翥；人类学家刘
咸；生物化学家郑集等。[①] 后来中央大学毕业比较有名的学生还有动物
生理学家吴功贤、植物生理学家崔澂、吴素萱、昆虫学家尹文英、夏凯
龄；生态学家何景、曲钟湘；分类学家单人骅、王振华、藻类学家朱浩
然、微生物学家李季伦、水产学家唐世凤、朱树屏，等等。总体来说，
东南大学（中央大学）生物学系毕业生主要以分类学见长。

五、对研究生培养的探索

清华理科研究所生物学部于 1931 年秋开始招生，是三十年代国内
为数不多的较早招收并培养生物学专业研究生的机构之一。[②] 按照清华
研究院章程，学生"在校所习课程由部主任及导师审定，所研究论文由
导师监督指导"。[③] 生物学部前期的研究生课程包括"发生与进化、细

[①]　薛攀皋：我国生物系的早期发展概况.《中国科技史料》，1990，11（2）：62。
[②]　当时国内设生物研究所的大学还有中央大学、燕京大学、中山大学（农林植物研究
所）和广西大学（植物研究所）。
[③]　国立清华大学研究院章程.《清华周刊》，向导专号，1934，41（13-14）：16。

胞学、原生动物学、鸟类学、寄生虫学、植物形体学研究、植物向性、原生动物学研究"等等。[1] 以今天的眼光来看，这一设置稍显稚嫩，导向性不足，"只是根据教师个人的专长和兴趣而定"。[2] 以生物学部毕业的第一名研究生萧承宪为例，他由陈桢指导攻读细胞学，其修习的专业课程包括有机化学、细胞学、原生动物学、植物解剖学、寄生（生）物学、人才论、动物学研究、动物社会学、原生动物学研究，[3] 不难看出，其中许多课程与"细胞学"这一方向其实关系并不是很大。

表6-4　生物学部研究生导师的指导范围（1934年）

导师姓名	指导范围
陈桢	动物社会学、遗传学、细胞学
李继侗	植物生理学、植物生态学
吴韫珍	植物分类学
彭光钦	试验原生动物学
赵以炳	原生质生理学

资料来源：《清华大学史料选编》，第二卷（下）。北京：清华大学出版社，1991年，第635页。

其次，研究生阶段的学习更应侧重于进行实验研究而非课程教育。1933年后，教授的指导范围逐渐确立，课程也随之精简，意味着研究工作时间的增长和专门化程度的提高。1934年后，随着戴立生、寿振黄的离开和彭光钦、赵以炳等教授的加入，研究生课程开始发生较大的变化。其一是实验生物学研究比重增加，这是教师结构变化的当然结果；其二，随着导师们指导范围的确立，课程范围也由此受到约束。指导教授通常只按当前研究范围开设一两门课程，到1935年后每位导师

---

[1]　《清华大学史料选编》，第二卷（下），第634—635页。
[2]　《清华大学校史稿》，第208页。
[3]　致教育部，呈报拟定参加本校生物学研究生萧承宪论文考试委员会之校外人员名衔，仰乞核准示遵由。清华大学档案，编号：1-2：1-51：3-023。

都只开一门课程；其三是各个指导教授开设的专门课程由必修改为选修，不再要求研究生接受"大而全"的课程学习，而是主要跟随指导教师进行学习讨论和研究，突出了研究生培养"专才"的目的。生物学部研究生课程设置上的前后变化，反映出早期国内高校生物学系在研究生的培养目标、教育方法上经历的由不成熟到成熟的阶段。

表 6-5　理学研究所生物学部课程（1934—1935 年）

学年	课程名称	学分	授课教师	预修课程
第一学年必修课程	生 201 生物学文献	3	全体教师	
	生 202 生物学研究技术	4		
第一、二学年选修课程	生 203—204 细胞学	6	陈桢	组织学、胚胎学及遗传学
	生 205 普通生理学	4	赵以炳、彭光钦	普通生物学、普通物理学、普通化学
	生 206 试验原生动物学	4	彭光钦	无脊椎动物学、普通化学
	生 207 遗传学专题研究	6	陈桢	
	生 208 植物生理学专题研究	3	李继侗	
	生 209 理论生物学	3	彭光钦	
	生 210 高级植物分类学	不定	吴韫珍	
	生 211 昆虫学专题研究[①]	不定	刘崇乐	

资料来源：《国立清华大学一览》，1934。

注：该课表内的课程，由于教师研究方向转变等原因，在此后两三年间仍有变化，如"遗传学专题研究"在 1935 年改为"动物社会学研究"。在 1937 年的课程表中，已无"理论生物学"。

　　按照章程，清华研究生的学制至少为两年，要申请毕业，需经过毕业初试和论文考试两个环节。前者不迟于毕业前三个月举行，"由考试委员就候选人所修学科中指定与论文有关之科目二种以上，以笔试行之，必要时并得在实验室举行实验考试"，后者不迟于毕业前一个月。但实际上生物学部研究生的毕业时间要长得多，考试的内容也不限于论文有

　　① 刘崇乐于 1934 年 7 月返回清华筹建农研所昆虫组，但翌年即到欧美各国考察，1937 年始回国。这一课程在 1937 年前是否已实际开设，不能确定。

关的科目。如萧承宪 1932 年入学，1935 年才参加毕业初试，1936 年参加论文考试，整个研究生阶段长达四年。初试科目包括细胞学、遗传学、普通动物学、普通植物学、组织学、胚胎学、动物生理学七门，[①]完全是对学生生物学基础的大检查，而不仅限于细胞学而已。另外，虽然生物学部自 1931 年秋季就开始招收研究生，但学生人数较少，"历年学生人数自一人至三人不等"。这一方面是教师研究范围的限制，如陈善铭本来跟随李继侗从事银杏果实的发育研究，但在考上研究生后又应刘崇乐和李良庆的邀请到北师大（后至静生所）工作，因为他自己"想选择一个更有兴趣的道路"。[②]另一方面，研究生毕业后虽然也有条件由清华资送出国（要求为各项成绩达到八十分以上，得到所在研究部的推荐，经过评议会组成的审查委员会审查通过），但名额少、要求严格，相比之下，担任助教再寻求考试出国的机会要更多一些。而且不容忽视的是，此时的研究生本土培养毕竟是初创时期，在崇尚"出洋"的时代，二者的地位高下立判。因而到抗战爆发前，自生物学部毕业的研究生仅有萧承宪一人。

迁滇后，清华和北大一样，于 1939 年恢复招收研究生。理科研究所生物学部设动物学、植物学、昆虫学和生理学四组。可知此时生物学部的研究生培养是由生物学系和清华农研所共同承担的（昆虫组设在农研所）。农研所植物生理组的娄成后还于 1942 年为研究生开设过生物学中的物理和化学原理（physical

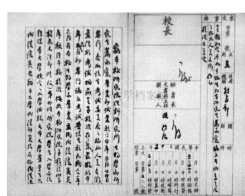

图 6-2 呈报教育部有关研究生萧承宪论文考试外聘评审教授的申请

① 致雍克昌、张子高等人及生物系全体教师，聘请添加本校生物学研究生萧承宪毕业考试委员会由。清华大学档案，编号：1-2：1-51：2-003。

② 金善宝主编：《中国现代农学家传》，第 1 卷。长沙：湖南科学技术出版社，1985 年，第 321 页。

and chemical principles in biology）一课，大受学生欢迎。由于缺乏资料，其他课程的性质和内容不得而知，但通过研究生的论文研究方向，可知此一时间内至少应设有植物分类学、植物生理学、动物生理学或生物化学、昆虫学等课程或专题讨论。吴韫珍去世后，植物分类、形态等方面研究生的课程教育和培养则完全交由北大负责。

联大时期生物学部教学研究的一个特征是定期举办的、由教师或研究生作报告的"科学讨论会"（seminar），每两周举行一次。[①] 除联大生物学系师生外，还有清华农研所和云南大学生物学系的师生参加（实际的举办方是农研所，地点也在农研所图书室），由教师或研究生在会上作报告。"通常是早一两天公布报告人的名字和题目，到时报告人先作报告，然后大家讨论"，"讨论有时十分热烈，学生们也有发言的，尤其是研究生"。[②] 当时很热门的青霉素、DDT、磺胺、维生素、多倍体等等，都在会上拿出来讨论，使学生们收获新知。除了报告国际生物学研究的新动向，教师们也把自己从事的研究带到讨论会上来讲，如汤佩松的呼吸作用研究、张景钺的泥盆纪和奥陶纪的古植物学研究、陈桢的果蝇细胞学研究，等等。其他系的教授也来参加这种讨论会。而作为联大生物学系主任的李继侗和农研所实际负责人的汤佩松，则会对报告人的发言"毫无保留"地提出意见，"毫不留情地指出报告人的错误"。通过这样的讨论，报告人和学生都感到受益匪浅。

联大时期毕业的研究生较多，理科研究所生物学部共毕业了八名研究生（1941 年入学但于 1947 年毕业的陈培生[③]亦算在内）。但其中可以确知的、由清华生物学系教师指导的，只有张友端、梅镇安和陈培生三人，他

---

① 也有回忆说是每周四下午四点定期举行。汤佩松曾说"几乎每周有一个下午"在农研所的图书室召开学术讨论会或者工作进度报告会。

② 毕列爵：从生物系看联大的教师队伍和科研工作。《西南联大北京校友会简讯》，1999，25：26。

③ 陈培生（？—2013），动物学家，湖南益阳人。早年毕业于长沙雅礼中学，随华中大学西迁至云南大理喜洲（雅礼早年亦有大学部，约 1928 年并入华中大学，故两校间关系密切），1941 年入读西南联大生物系研究生，1947 年毕业于清华后，前往瑞士苏黎世，后任苏黎世大学动物系教授、系主任。1952 年竺可桢曾尝试通过陈桢劝其回国，但未果。

们都跟随沈同进行生理学研究。[①] 王伏雄在 1939 年复学后实际上由张景钺指导，另外四人均应在农研所从事研究。其他的清华学生，如吴征镒在张景钺处攻读研究生，因教学需求提前肄业；曹宗巽跟随李继侗攻读植物生理学两年余，但此后她赴美继续攻读博士，未在国内完成硕士论文。

表 6-6　西南联大时期清华理科研究所生物学部硕士研究生毕业论文选题

毕业时间	姓名	专业方向	论文题目
1941 年	王伏雄	植物分类学	The Life History of Keteleeria Davidiana 云南油杉的生活史
	陆宝麟	昆虫学	Habitat Selection by the Dytiscidae of Kunming（order Coleoptera） 昆明鞘翅目龙虱科的栖息地选择
1943 年	张友端	生理学与生物化学	Part 1. Vitamins and Erythropoiesis：a Review with annotated Bibliography 第一部分：维生素与红细胞生成：文献综述及目录 Part 2. The effect of cobalt，ascorbic acid and other water soluble vitamins on Erythropoiesis in salamander，Triturus orientalis Davis 第二部分：钴、抗坏血酸和其他水溶性维生素对东方蝾螈红细胞生成的影响
	彭佐权	植物生理学	A Study of Effect of Indoleacetic Acid on the Growth of Sunflower Seedlings 吲哚乙酸对向日葵幼苗生长的影响研究
	郑伟光	生理学与生物化学	Charges（Changes？）in the Nitrogen Contents in the Silk Glands during Spinning，and in the Body during Metamorphosis in Bombyx Mori 家蚕吐丝期的丝腺及破茧期的体内氮含量的变化
1944 年	李宗珑	昆虫学	Bionomics of some Kunming Anopheles with special reference to Anopheles hyrcanus Var. Sinesis Wiedemann 昆明疟蚊的生活史（以中华按蚊专题文献为参考）
1946 年	梅镇安	植物生理学	Effects of light upon the ascorbic acid content and ascorbic acid oxidase activity in soybean during germination 光照对大豆发芽期抗坏血酸和抗坏血酸氧化酶活性的影响
1947 年	陈培生	动物生理学	兔白血球之研究

　　资料来源：研究生姓名、毕业时间、论文题目（英文）见《国立清华大学研究所毕业生名单（第一届至第十三届）》，清华大学图书馆藏。论文之中文题目为笔者所译，专业方向系根据论文题目所加。

---

　　① 沈琨、沈靖：舅舅给我们讲西南联大和联大人——记生物化学家沈同教授。见：云南省委员会文史资料研究委员会等编：《云南文史资料选辑》，第 34 辑，西南联合大学建校五十周年纪念专辑。昆明：云南人民出版社，1988 年，第 228 页。

联大时期虽然条件艰苦，但导师们对学生的要求却并未放松。此时的研究方向集中于动物生理和植物生理，与观察、统计性的实验相比，对研究者的数理化基础提出了更多的要求，因而导师们对于此前生物系学生数理化基础不足的情况，此时也予以高度注意。如李继侗就要求曹宗巽补修了普通物理学、定量分析化学、物理化学、微分方程等课程，并要求她也懂得动物生理，因为植物生理发展较晚，很多思路都得益于前者。体现出导师对研究生培养的仔细和认真负责。而与初期的探索相比，此时的研究生培养方式显然有了长足的进步。

在研究生的指导上，教师和学生"相处无间""打成一片"已如上述。师生之间的这种融洽被沈同视为科研能取得出色成绩的原因。其中的关键，是教师们本身对研究充满热爱，"从来没有听说有哪一位教师为了职称才做科学研究"。而且他们对待研究工作都是亲力亲为，既有言传，更有身教，在潜移默化之间造就学生的学习和求知精神。在这种环境下成长起来的学生，也能很快对学术研究工作产生兴趣、形成高度的学术认同感。曹宗巽就曾这样描述李继侗对她的影响：

> 在西南联大理学院南区东头植物生理实验室外面，有一块小小的实验地。李先生亲自从野外挖来紫花地丁，种在地里，并种了些花生。每天清晨和傍晚都可以看到他蹲在地里，长时间地聚精会神地观察，简直像在"和植物谈话"。他是在观察紫花地丁的闭花受精和花生结实的规律呢。他的这种精神对我产生了强烈的感染力和潜移默化的影响。我也兴趣盎然地学着做了许多实验。四十年代初正是生长素研究的盛期，我用生长素软膏在许多植物中诱导无子果实，使花生子房柄（即"果针"）弯曲，发现了许多有意义的新现象，真是乐在其中矣。我对植物发育生理特别感兴趣，其源盖出于此。①

---

① 曹宗巽：怀念先师继侗先生。《李继侗文集》，第 413 页。

复员后的生物学研究所仍继续开设研究生课程。但与前期相比，此时的专业方向大为减少，仅余动物生理学和动物社会学两个。战前开设的植物学方面的研究生课程——植物分类学、植物生态学、植物生理学无一留存。而且此时清华农学院也分别成立了植物病理学、昆虫学和农业化学三个研究所，从一定程度上也分去了相关领域的研究生。

表6-7 生物学研究所必修课程（动物学组）（1947年）

课程号码	课程名称	演讲	讨论	实验次数	每次实验时数	学分
生301—302	试验动物学讨论					8
生311—312	动物生理学专题讨论甲	1	1	3		4
生313—314	动物生理学专题讨论乙	1	1	3		4
生315—316	动物生理学专题讨论丙	1	1	3		4
生317—218	动物社会学专题讨论	1	2	3		6

资料来源：研究所必修学程一览（动物学组），《国立清华大学一览》，1947。

对上述五门必修课程的分析可以发现，动物生理学是此时生物学系师资和研究的重点。专题讨论的甲、乙、丙三门课程，应表示此时动物生理学研究的三个方向，可能是沈同、赵以炳和汤佩松分别领导的。从课程来看，这一时期的研究生课程均为讨论性质（包括基础课程在内），专题讨论已无讲课部分，而且另有实验课时要求，说明导师对于培养研究生学术专题研究和实验动手能力的重视。但从另一方面看，这种有限的科目，使研究生局限于导师的研究方向中，已不再像1935年前后的课程设置那样，使研究生也具有相对开阔的学术视野。此外，上述的"试验动物学讨论"课，从名称上看应是研究生的共同必修课，但却没有具体的时间安排，是否真正上课也不得而知。不过，和昆明时期一样，生物学系与燕京大学合作，每周仍然举行一次生物学讨论会，农学院的几位教授也来参加。[1]

---

[1] 虞昊、黄延复：《中国科技的基石——叶企孙和科学大师们》，第二版。上海：复旦大学出版社，2008年，第401页。

毋庸讳言，复员时期清华生物学系在师资结构和学术研究方面，由于各种因素影响，都未能恢复到战前，甚至也不如联大时期，因之研究生的课程质量亦随之下滑。这一时期入学的学生实际上只有陈宁生（1946）和林枚（1948）两人。[①] 如期毕业的仅有陈宁生（陈桢之长子），他是跟随陈桢进行动物行为学研究的。

总体来看，生物学部自 1931 年开始招收研究生，到 1952 年，共毕业硕士研究生十人，分别为早期一人，联大时期八人，复员时期一人。此外尚有部分肄业、出国以及前来进修者（如植物生理学家殷宏章在 1933—1934 年前来学习[②]），此处不一一进行统计。联大时期毕业的八人中，除王伏雄于 1939 年复学后由张景钺指导（此前由李继侗指导）外，仅有三人为生物学系教师所指导。因而二十六年间完全"出身"于清华生物学系的研究生仅五人。其中萧承宪、张友端为清华生物学系本科毕业，陈宁生本科毕业于西南联大。而梅镇安毕业于浙江大学，陈培生毕业于教会学校华中大学。

由于人数较少，对这五名毕业生进行的统计似不具有太多代表性，仅能作为一种参考。五人中除陈宁生外，所从事的均为实验生物学方面的研究。张友端、陈培生此后继续出国攻读博士学位。梅镇安此后陪同其夫、力学家董铁宝在美攻读，1956 年回国，但本人似并未进一步深造。因而这五名研究生攻读博士的比例仅有四成，并不算高。即使加上王伏雄，也仅达到半数。不过萧承宪在毕业后似亦在宾夕法尼亚大学进修一年，故五人中仅有陈宁生因毕业时间靠后无出国进修或深造机会而不曾留学，其余几人均有海外留学经历。

---

① 新入学研究生名录（1946 年度、1948 年度）。《清华大学史料选编》，第四卷，第 484–486 页。

② 根据殷宏章自述和《殷宏章先生生平大事年表》，他于 1933 至 1934 年休假，在清华研究院随李继侗进修，从事生长素方面的研究。由此看来，殷宏章并非在清华攻读真正意义上的"研究生"，部分工具书如《中国现代科学家传记》《中国科学家传略辞典》等记载有误。吴征镒在《纪念殷宏章先生》一文中说"殷先生 1934 年在清华当研究生，1935 年回南开"亦有偏差，因殷宏章于 1934 年考上清华留美公费生，在国内清华、中央、武大三所学校学习考察，并未在清华学习。吴征镒说"我（此时）并未接触到他"，所以应是误记。

理科研究所设立的目的，在于培养专门研究之人才，这五名毕业生此后也无一例外，均以生物学教学科研为终身职业。其中三人在国内外大学担任教授（萧承宪在云南大学，梅镇安在北京大学，陈培生在苏黎世大学），两人在中国科学院所属的研究所担任研究员（张友端在上海生理生化研究所，陈宁生在动物研究所）。但五人中也并无人此后成长为院士。但这同样可以归于人数太少以及有人出国未归等原因造成的基数太低，似不能就此质疑于生物学系的研究生培养。不过，就联大时期与复员时期，清华农研所和其后的清华农学院培养的研究生中，产生了陆宝麟和阎隆飞两位院士来看，由于战时清华基金对几个特种研究所的投入，使农研所以及农学院得以招揽优秀师资、投入学术研究，在战时的昆明后方成为生物学特别是植物生理学、昆虫学等学科的研究乐土，其研究环境、培养条件或已优于当时的生物学系。由此不难看出，对于研究生培养而言，在生源质量和导师水平相差无几的情况下，提供良好的研究条件和选择适宜的课题方向，才是造就人才的关键所在。

综上可见，清华生物学系在其办系的二十六年间，为中国现代生物学培养了一批优秀人才，而且他们之中的大多数此后都成为重点大学和重要科研机构的研究人员，在科研和教学两端都做出了出色的成绩。但分段来看，生物学系 1937 年前的成材率较高，联大时期次之，此后做出突出贡献的毕业生基本上是这一时期培养出来的。复员后至院系调整时的情况不如前二者。这些情况充分说明先进的办系理念、优秀的师资、高质量的生源是形成一个优秀生物学系的基础，而稳定的学术环境和充裕的经费，则是保证高水平人才培养的必不可缺的条件。

第七章

学术研究

一、"研究至上"

清华在 1925 年"改大"之时，其根底只是一所中等程度的留美学校，课堂教学仍然是占据主流的工作内容。校方对于大学内涵的理解，仍然相当稚嫩。生物学系成立之初，作为兼任教授的陈桢就呼吁把研究视作与培育人才同等重要的"第二种事业"。[①] 他引用美国植物学家寇特（C. M. Caulter）的话说：

> 研究工作是一所大学的神经系统，激励并主导着其他机能。即使对本科而言，研究也能使大学营造出一种截然不同于专科的气氛……我们须有热切的决心，保证不让其他工作挤占研究之机会，亦不能允许行政手段压抑研究之精神。

或许觉得这段话还不够直截了当，他又加上一句法国动物学家莫里斯·加纳利（Maurice Canllery）评论美国大学的话：

① 陈桢：清华大学的第二种事业。《清华周刊》，1926，366：966。

美国的知识分子，特别是科学家和工程师，无一例外地认为，科学研究即是大学全部的、至高无上的目标。

可见，虽然标题委婉，但在实际上，陈桢认为学术研究才是大学的"头等事业"。他"希望本校当局，认定这个研究学术的事业，至少要与培养人才同样的重要。在讨论学校大政方针，支配预算，聘请教授，购置图书仪器的时候，应该时时把这个第二种事业记在心里"。只是在"改大"初期，清华的学术根基还比较薄弱，这一呼吁尚未得到应有的回应。

在罗家伦主政时期，清华的学术氛围得到显著改善，生物学系的教研队伍日趋完整。1928 年 10 月 28 日，清华成立了一个生物学会。[①] 不仅罗家伦、刘崇乐等出席致辞，还邀请到秉志莅临演讲。秉志谈及生物学自身的发展与各学科的关系后，就生物学的学习与研究，向清华学子们发表了语重心长的讲话：

> 学者不应苟且，应精心学之，如以其易而学之，则动机即错。学校数年之学业，实为不足，欲有贡献，则非学三四十年不如功。学者非有耐性，一年如一日的做去，不论环境如何，亦如此。苟能致力者将来必有所成就。学者最好不必急于谋生，应继续研究。因学而不研究，则非自己之学问，非有研究经验，不能了解。翻译工作时期已过，现在应研究较深之学问，须先研究，而后始能有价值。学者不能以一国为限，应与世界学者相比，必须如此，学问始能有进步。应以研究为终身事业，虚心前进，而后中国始能多出几个专家。[②]

随着生物馆的落成和设备的完善，开展研究工作也有了充分的基础。对于学术研究的目标，陈桢表示："因为本系是属于理学院的，应

---

① 庆：异军突起之生物学会。《清华周刊》，1928，442：63。
② 清华生物学会成立大会志盛。《国立清华大学校刊》，1928-10-31：2。

该注重在纯粹学理方面"。[①] 他说：

> 　　纯粹科学之主要目的在推究真理，故专门研究最为重要。此后
> 生物系当竭力提倡学术上之研究；并设法谋研究上之便利，以便工
> 作。每年希望能产生若干具有学术价值之论文，其内容之深浅不必
> 问，但当力避陈腐；要以发前人所未发，迺为得体。此种论文常刊
> 布于本校学报，或投寄外国杂志，一视其所宜而定。或即由本系出
> 款印刷，作为本系之出版物，亦未为不可。[②]

　　根据教师的学术背景和研究专长，生物学系的学术研究主要分为
三个方向：（一）本国植物之采集与研究；（二）本国动物之采集与研
究；（三）以试验方法研究动植物之生理、遗传与进化等问题。[③] 有必
要指出的是，动植物采集与调查虽然被生物学系列为重要的工作，但
其目的并不像其他生物学研究机构那样是为了发现新种。对吴韫珍而
言，"是将前人发现的种类加以实际的考定和整理，目的在于建立系
统研究的基础"。[④] 对李继侗而言，则更多的是生态学方面的研究。
这是清华与其他以调查分类为主旨的研究机构或大学一个明显的不
同之处。

　　生物学系的教师不仅自己投入研究，也同样鼓励学生参与研究工
作。1930 年春，生物学系成立了一个生物学研究会（seminar）。学生们
戏称这个组织"除作研究与报告研究结果外，没有其他的工作"，"自此
会成立后，整个的生物学系，变成了一个工厂"。有人描写道：

> 　　有的看着金鱼的生产，有的看着鲫鱼与金鱼的肠子，有的研究

①　陈席山先生讲演。《国立清华大学校刊》，1932-6-10：1-2。
②　默：记陈席山先生谈话。《国立清华大学校刊》，1929-3-4：1-2。
③　陈桢：生物学系。《清华消夏周刊》，1930，（6）：60-61。
④　李继侗、张景钺：吴韫珍先生事略（1898—1941 年）。《李继侗文集》，第 179 页。
吴征镒：深切怀念业师吴韫珍先生。《百兼杂感随忆》，第 295 页。

鲫鱼的骨骼，有的观察金鱼鲫鱼的鳃盖或者鼻孔膜，有的或在荷花池前或在金鱼园内，观察旁皮鱼①的生活史。研究本地花木的，手里拿着放大镜，不住的看和画，研究生理的，一天到晚，在暗室中玩弄着五颜六色的花灯，还有研究植物生态的，负着铁筒，穿着破衣，喝的是生水，吃的是棒子面，成日的在森林之下，旷野之中，不怕烈日，不避风雨，去寻觅知识的宝藏。②

从事学术研究是一件十分辛苦的事，然而正是这样的途径引领着学生走上了学术之路。他们不仅掌握了研究的技术，对研究工作本身也有清晰的认识和明确的判断。刘曾复在晚年回忆说：

> 我在清华里面受过最好的训练就是做研究，看老师做研究，自己也学习做研究，这我才知道大学里面的要求是什么。不是拿着教学大纲、照着本子讲讲课。……清华的老师、学生都要做研究。但是做研究的要求应该有多高？我看还值得考虑。要说真正的研究，两年解决一个很普通的问题就算很快了。③

当然，科学是世界性的，但科学研究却不能脱离科学家所处的区域环境。特别是在战争年代，从事理论研究往往会受到更大的质疑和外界压力。1935 年后，生物学系也不再以"纯粹理论"为研究的唯一取向。最典型的如 1940 年后沈同进行的维生素 C 的营养学研究，除了学术价值外，还有很高的应用价值。然而，同样也必须看到，一个学科的发展自有其内在逻辑，作为理科的生物学，不可能完全向医学、农、林等实用学科转变。④ 此后，清华生物学系以学理带动实用的发展道路，正是

---

① 即鳉鲅鱼。
② 冰弟：由清华生物学系说到生物学的重要。《清华周刊》，1930，491–492：123–125。
③ 科艺留声——刘曾复口述。《清华记忆：清华大学老校友口述历史》，第 22–23 页。
④ 秉志即称生物学为"暗无华彩，又无显著实利"。

这种外在环境与内在发展两种需求之间的博弈，也是民国时期生物学在时代变局中曲折发展的一个缩影。

对于学术成绩如何发表，陈桢并不一味要求"国外杂志"，而是以有"学术价值"为准。这一方面说明生物学系教师对于自己所从事的研究的层次有着相当的自信；其次，这种鼓励可以减轻研究者的心理负担，对激发青年教师或学生的学术热情、参与学术研究有很大的好处。在这种策略下，生物学系的论文水准并未因此而降低，反而呈现一种百花齐放的局面。教师们也并不认为此举有损其学术地位，陈桢、李继侗、寿振黄等教授不仅在国内外期刊及国际会议上发表英文论文，也同时在《清华周刊》的专号上发表中文论文或综述性、介绍性文章。当然，随着生物学系校内出版载体完成向专业刊物的转型（从 1930 年的《清华周刊（生物学专卷）》，到 1931 年的《清华学报》，再到 1931年后的英文刊物《国立清华大学理科报告（乙种：生物学与心理学）》（*The Science Reports of National Tsing Hua University*，*Series B*：*Biological and Psychological Science*，以下简称《理科报告乙种》）。《理科报告乙种》成为生物学系师生发表论文的主要刊物，并与国内外机构交换期刊数十种）以及向外投稿的多元化，生物学系师生的学术发表物也就逐渐变成以英文期刊为主了。但生物学系并未因为《理科报告乙种》的存在而闭门造车，在做好自办刊物的同时，师生们也积极向外发表研究结果、与同行交流，其外文论文中有近六成是在校外发表的。[①] 其中有三十篇左右（主要是生理学、分类学）发表在《中国生理学杂志》（*The Chinese Journal of Physiology*）、《静生生物调查所汇报》（*Bulletin of Fan Memorial of Institute of Biology*）、《中国实验生物学杂志》（*The Chinese Journal of Experimental Biology*）等国内各专业的顶尖期刊上，与《理科报告乙种》的发表数基本持平。

值得一提的是，系中教授们对于论文的发表极为审慎，并不轻易发

---

① 《理科报告乙种》出刊周期较长也是其中一个原因。

表自己的成果，这一点在数十年后仍为学生所敬仰。[1] 陈桢在 1948 年评选为中央研究院院士的材料中，仅列有论文十二篇。[2] 沈同回忆说：

> 我作为陈桢教授的近三十年的学生，对于陈桢教授——我的敬爱的老师对待科学工作以及其他事务的认真、仔细、严谨的态度和工作方法，有十分深刻的印象。陈桢教授总是在每一段时期中，集中全力从事一件科学工作；有计划地、按部就班地注意到每一个细小项目，进行工作。所完成的科学工作都有极高的质量。但是陈桢教授在发表他的科学成果时，又总是抱着十分严谨的态度。因此陈桢教授所发表的科学论文，仅为他长期辛勤劳动所得成果的较小部分。[3]

以重质不重量为原则，有助于优质学术成果的产生。在上述 1948 年的中央研究院院士中，同为生物组的张景钺仅列有五篇论文和一本著作（即作者在西南联大时期的植物形态学讲义，后编著为《普通植物学——形态之部》出版）。这种情形在今天已愈加稀少。然而，如何衡量学者的学术成绩、平衡学术论文的质量和数量，在学术成绩愈加丰富、学术规范亟待完善的今天，却显得愈为重要。

二、自成一格的动植物调查采集与研究

生物学系成立初期，主要由钱崇澍在植物调查与分类方面做了一些工作。他在西山以及湖北宜昌等地进行了调查和采集，留下种子植物标本约六百五十号。钱氏在清华期间，还翻译了一些植物生理学的

---

[1] 汤彦承教授访谈。2014 年 3 月 27 日。
[2] 国立中央研究院编：《国立中央研究院院士录》，第一辑。1948 年，第 74–75 页。
[3] 沈同：陈桢教授的生平事略。《生物学通报》，1958（1）：63–64。

文章，如光与植物的关系、细胞的渗透性质、自养植物的光合作用、高温与气孔的关系等，并撰写了有关国内植物新种发现的综述。陈桢作为兼任教授来到清华时，亦准备把金鱼等实验材料运到清华，继续进行其遗传学研究，但不久后他即南返，这项工作并未在清华进行。刘崇乐来到清华后，逐渐开展了一些昆虫学方面的研究。但他们在清华的时间都不长，而且设备条件均有不足，故总体而言，此一时期的学术成果并不太多。

1928 年，寿振黄等到校后，即着手调查北京的两栖类，并有意对中国的鳖类进行调查整理。[①] 陈桢到校后也把生物调查作为首要工作。他认为"本国生物调查方面，各类动植物的状况，已经考察出来的都是很少，最低限度的教学上应该知道的知识现在还不够用"，[②] 因而"生物之调查为研究及教学上最切要之事件，故当积极进行"。[③]

动植物调查一开始是围绕着北京和周边地区展开的，"计划先从小范围入手，以清华为中心，其半径数十里周围之地域为调查区域"，如西山、东陵、妙峰山、百花山等地，此后又扩展到稍远的北戴河、小五台、昌黎等地。因为这些地方如东陵和小五台"森林面积极广，树木种类极多，不知名之树木亦常有之"，适宜进行资源调查和标本采集。寿振黄也在东陵等地考察并采集动物标本。[④] 师生在北京周边地区野外考察很快成为常态，如玉泉山、香山、八大处、大觉寺、黑龙潭，远至门头沟妙峰山，在植物生长季节，吴韫珍"几乎每星期都去"。[⑤]

除了在北京和周边地区外，生物学系的师生还利用暑期、深入全国各地调查并采集动植物标本。1930 年夏，就有赴吉林、绥远、青岛和烟台、宁波和舟山、广州和香港五个方向的采集工作。仅青岛和香港

　　① 当年 11 月间，为调查中国鳖类，生物学系致信国内专家，请代为收集并制成标本后邮寄。见：《国立清华大学校刊》，1928-11-16：2。

　　② 陈桢：中国生物学研究的萌芽。《清华周刊》，1931，（8-9）：73-76。

　　③ 校闻：生物系杂闻。《国立清华大学校刊》，1929-3-22：2。

　　④ 校闻：生物学系末次常会。《国立清华大学校刊》，1930-6-4：1。

　　⑤ 吴征镒：六十年前的清华生物馆。《校友文稿资料选编》，第三辑，第 93-96 页。

两地，就"带回标本三十余箱，内中珍贵标本颇多"。此后生物学系师
生在青岛、烟台一带采集动植物标本遂成为常例。杜增瑞对该地的海洋
无脊椎动物等的采集工作颇有心得，曾撰成长文在《科学》杂志上发
表。① 寿振黄的河北鱼类、两栖类以及在山东的烟台和四川等地的鸟类
考察也是在三十年代初期进行的。

表 7-1　1932 年前清华生物学系植物标本采集情况

类别	采集地		数量（种）	采集人	采集时间
种子植物	安徽黄山		400	钱崇澍	1926
	湖北宜昌		500	钱崇澍	1927
	河北	清华附近及西山	150	钱崇澍	
		妙峰山	约 450	吴韫珍、陈封怀	1929
		东陵		陈封怀	1930
		青龙桥		汪振儒	1930
		南口、昌黎、北戴河、小五台、百花山、妙峰山等	约 2000	本校	1931—1932
	绥远		300	杨承元	1930
	吉林吉敦线		700	陈封怀	1929、1930 夏
	广东广州		300	容启东	1930 夏
	山东青岛、威海		300	本校	1932
蕨类植物	吉林、安徽、河北		50	本校	
苔藓植物	吉林		50	本校	
菌类藻类			200	刘咸、汪振儒	

资料来源：《清华周刊》，1931，514-515：78-79；《清华暑期周刊》，1932（9、10）：39。

　　生物学系数年的调查采集，一方面迅速积累起大批标本供教学和对
外交换，更重要的是一些调查本身就是研究工作。如长期在河北、山东

---

① 杜增瑞：青岛烟台海滨采集记。《科学》，1932，16（7-9）：1094-1123。

甚至四川等地考察的寿振黄，1933 年前 [①] 已在《静生生物调查所汇报》上发表相关调查报告八篇，是生物学系动物分类学研究方面最主要的成绩。此外，戈定邦、薛芬进行了一些鱼类、两栖类和节肢动物的解剖研究；杜增瑞、汪振儒等青年教师进行了一些海洋藻类、淡水藻类的采集分类工作，各自在《理科报告乙种》等刊物上发表。在植物分类学方面，由于吴韫珍的研究并不以发表新种为目的，且对发表文章要求十分严格，所以论文较少。他曾于 1936 年至 1937 年间准备在《理科报告乙种》上发表对于华北植物区系的阶段性研究成果——《华北蒿类》《华北胡枝子》两篇文章，但在期刊付印前一天，又因为新发现一个蒿类标本，"觉得该文尚有问题"，于是找到担任期刊主编的李继侗，把文稿撤了回来。而这两篇文章均未付梓，最终在华北沦陷后全部遗失，只有一篇关于山西太白山菊科植物的论文见刊。此外，吴韫珍的助教杨承元发表过有关苔藓植物的研究论文。[②]

　　1930 年前后，生物学系教师也进行了一些形态学与生态学方面的研究。如 1930 年暑期在吉林的考察中，陈封怀不仅采集了一批植物标本，还初步考察了吉敦线（吉林至敦化，今为长图线之中段）沿途的森林群落分布，获得了一手资料。[③] 此外，李继侗所写的植被生态学论文《植物气候组合论》是"我国最早从全国范围谈及植被类型、分布及分区的一篇论文"。[④] 钱崇澍看到后，也"极为推崇，认为是当时少有的极有价值的论文"。[⑤] 寿振黄 1931 年发表的《鳑鲏鱼生活史》也是国内早期鱼类生态学的研究报告。[⑥]

　　从调查的组织形式、目的和方法等来看，清华生物学系进行的动植

---

①　1933 年后，寿振黄已全职在静生生物调查所工作，兼任清华之讲师。

②　吴征镒：九级生物系、化学系师友小忆。《百兼杂感随忆》，第 306 页。杨承元和王启无（生物学系 1933 届毕业生）两人被吴征镒称为"中国苔藓研究的先驱"。

③　陈封怀：吉敦路线间植物生态的初步观察。《清华学报》，1930（2）：131–144。

④　《李继侗文集》第 133 页脚注。

⑤　《李继侗文集》第 146 页。

⑥　曾健编：《生命科学创新能力结构及其拓展与攀升》。北京：科学出版社，2011 年，第 166 页。

物调查有着几个鲜明的特征。第一种形式是师生组队、教学与实践相结合，这也是大学生物学系和科研机构在调查工作方面的一大区别。前述在北京周边的调查，就是采用由系里提供器材、由教师提供指导、学生自愿报名，由师生组成"本地生物调查团"进行考察的形式。[①] 这种"调查团"模式也为此后所沿袭。如 1932 年暑假，生物学系师生三组分别往山东、河北、察哈尔等地采集动植物标本。[②] 第二种形式是在某一必修课程结束后，作为野外实践，利用暑期进行为期约一个月的野外采集实习。如 1934 年暑假，赵以炳带领无脊椎动物班学生到青岛进行为期一个月的无脊椎动物考察和标本采集；[③] 同一时期又有杨承元等带领的师生八人，"为补助课本之不足及研究华北植物起见"，前往小五台一带进行为期一个月的调查，采集到标本一千三百余号。[④] 第三种形式是毕业班学生的野外考察，或与毕业论文写作有关。如 1932 年 3 月，杜增瑞、汪振儒两位助教带领该年毕业学生娄成后、尹商藩、萧承宪共计五人前往青岛、烟台一带采集标本；[⑤]1936 年，吴韫珍、杨承元、周家炽带领植物专业五名毕业生经宣化、蔚县，上小五台山进行采集，在北台顶破庙中露宿两晚，又在汤池寺山沟搭帐篷住了两周，指导学生进行采集工作。可见，无论是上述哪一种类型，都是寓教学于实践之中，而后两种本身即是教学的一部分。

再以师生的采集地点来看，这一时期生物学系的调查与采集工作主要集中于河北省和周边省份或地区。这不只是出于教学实践的便利、也是教师在学术志向上的考虑。吴韫珍曾说："余意各大学生物学系当采取本省植物为教学之材料，且宜逐步整理并以熟识本地植物为职志，庶

---

① 从生物学会开会的记录来看，清华生物学会组织"本地生物调查团"，由生物学系负责指导并提供采集器具。见：生物学会常会记事.《国立清华大学校刊》，1929-3-22：2。

② 清华的生物学馆.《清华暑期周刊》，1932（9—10）：39-40。

③ 关于生物学系无脊椎动物学班学生暑期实习的通知及附件（1934 年 6 月 24 日）. 清华大学档案，编号：1-2：1-76-032。

④ 生物系绥远采集标本团业已归来.《清华暑期周刊》，1934（2）：78。

⑤ 清华大学生物学系采集员下榻本校.《国立青岛大学周刊》，1932-3-28：1。

几各省植物志得以大学生物学系为基础能逐渐完成"。[①] 而 1932 年后李继侗也是以河北为主要区域进行植被和生态调查的。同在北京的几个研究机构，如静生生物调查所和北平研究院植物研究所、动物研究所，它们工作的出发点是大量采集标本，搜求新种，因而考察地点较清华多且远，如静生所在华北和西南多省、北平研究院植物所在华北和西北等。当然，为了丰富一些模式标本，生物学系师生也曾深入其他省份进行调查采集，如上述安徽、广东以及湖南等地，但在程度和性质上都有明显的差异。

其三，和清华生物学系进行区域动植物调查采集一样，一些高校的生物学系也在本省或邻近地区进行类似的工作，如金陵大学在鄂西神农架、川南峨眉山等地，中山大学在广西大瑶山、贵州梵净山等地进行动植物调查采集。[②] 但是，除却丰富所藏标本之外，清华生物学系的工作还有着实用性的一面。如陈封怀等人早期在东陵一带的森林调查，就兼有种质资源保护和园艺美化方面的目的。陈氏认为，清华园里大量种植的"不过几种柳树、杨树、槐树"，"东陵的几种树木从美观说起来，比清华园的树好看多了"，"我盼望能够把几种有价值的树木移几株过来"。[③] 而且，由于当局在当地实行毁林开荒等政策，造成东陵等地的植物资源迅速减少，"十余年来，斩伐殆尽"，"东陵森林长八百余里，现仅存者只有二百余里"。因而移植树木不仅便于园艺，"更可以保存华北仅存之树种"，[④]"期使东陵所有之树种，均得移植于清华园内"。[⑤] 吴韫珍则希望把

————————

①　吴韫珍讲，徐仁、杨承元记：河北省植物发见史概略。《清华周刊》，1932（10–11）：97–110。

②　金陵大学森林系主任陈嵘是继英籍植物学家威尔逊（E. H. Wilson）之后前往神农架林区等地进行调查采集的，在金大建成了一个比较齐全的标本室。中山大学生物学系在系主任辛树帜教授的带领下，自 1927 年之后，在广西十万大山、大瑶山、贵州云雾山、梵净山以及湖南衡山等地进行过多次生物调查采集工作。特别是在大瑶山的成果最为丰富，发现新种甚多。其缘由是辛树帜在柏林大学的导师、植物地理学家狄尔斯（F. L. E. Diels）曾告诉他"瑶山是动植物分类学研究未开垦的处女地"，希望他去做一些采集调查工作。见：《中国近代生物学的发展》，第 327–335 页。

③　陈封怀：东陵采集记。《清华周刊》，1930（12–13）：77–87。

④　东陵树苗标本将到校。《国立清华大学校刊》，1930–11–17：1。

⑤　东陵树苗标本到校。《国立清华大学校刊》，1930–11–19：2。

引种的范围推广到全省，他说："清华园木本植物五十二种……考河北省木本植物约有二百六十余种，甚望清华园能逐渐推加本省植物种植之，不难一变清华园为河北省之植物园也"。①

重视本地资源的调查和整理利用，并不意味着他们忽略了新区域的考察。吴韫珍和杨承元在1937年暑期前往湖南采集植物标本的申请中，即如此陈述道：

> （一）湘省采集记载比各省为少，我校标本尤少足以代表华中者。
> （二）采集后可与各生物机关交换其他各省的标本，以立基础（河北省植物不甚为各机关所重视，甚少愿意交换）。
> （三）农事组病虫害之鉴定，必先鉴定受害之寄主。
> 地点：湘东森林区之资兴、茶陵、郴及衡山等县。②

从上述三个理由看，吴氏前往湖南调查的一个重要原因，是该省植物资源较少被人关注。此前仅有中山大学等机构做过一些调查。吴韫珍除了采集一些有代表性的标本供系里收藏和交换外，还帮助清华农研所病害、虫害两组进行寄主辨识与鉴定。这可能与1937年已部分迁至长沙的清华农业研究所开展的工作有关。

除了在国内进行标本采集外，吴韫珍还利用休假出国的机会，前往奥地利维也纳，在当时研究中国植物的权威韩马迪（H. Handel-Mazzetti）处抄写中国植物名录（当时韩马迪正在编写《中国植物志要》），以胡先骕的博士论文《中国植物属志》整理出的中国植物分类框架，抄写了三大本。③这份名录成为此后吴征镒整理中国植物卡片的重要资料之一。而吴征镒整理的卡片又成为此后编写《中国植物志》的重要资料。

---

① 吴韫珍：清华园花木记。《清华周刊》，1930（12-13）：63-76。
② 开具本年暑期教师特种调查费预算约八百三十元，请准在二十六年度采集调查费项下支用三百五十元，在仪器实验费项下支用四百八十元，并请准于六月中旬前预支（1937年5月15日）。清华大学档案，编号：1-2：1-76-023。
③ 汤彦承教授访谈，2014年4月6日。

生物学系的师生还很注意生物学史方面的研究。如吴韫珍的演讲记录《河北省植物发见史概略》，即是一篇自十八世纪前期至二十世纪初西方人考察华北地区植物的简要编年史，记载西人发现的河北植物千余种。这些记载原本"散见各杂志中，用各国文字发表，原有记载或亦语焉不详"。[①] 吴氏将其一一整理出来，进行其植物的系统研究。生物学系的其他师生，如寿振黄、容启东、汪振儒、徐仁等，也都写过一些生物学史方面的文章。而陈桢和戈定邦更是通过检索中国古籍中有关金鱼家化与变异的记载，为他的遗传学研究提供了不少旁证。

动植物调查采集基本不受地域限制，而采集者也极愿意考察不同地域、调查不同的动植物种类。清华南迁之后，生活上历尽艰辛，器材设备也远不如在北京便利，但这种横跨中国南北的大转移，对于分类学家而言却是一种难得的机遇。南方动植物种类普遍较北方为多，学术研究上的成绩多少可以冲淡学者们的流离播迁之苦。初迁到长沙时，吴征镒就在李继侗的安排下，和清华农研所的几名助教一起在岳麓山左家垅工作，他还在岳麓山、衡山附近进行过一些标本采集。[②] 这批标本运到了昆明，此后又随着复员带回北京。李继侗、吴征镒等人在"湘黔滇旅行团"的旅途中也采集了一些标本，只是沿途适逢雨季，而且缺乏干燥用的纸张等，最终无法保存而烂掉，相当可惜。

到达云南后，生物学系师生很快又投入到调查采集工作中。植物方面主要是由吴韫珍和吴征镒等人进行的。云南地处热带、亚热带交界处，地形上海拔差异较大，有着从热带雨林到高原山地的多种生态环境，由此所形成的生物多样性是进行动植物调查采集得天独厚的有利条件，所以吴韫珍"在北方时，每思至滇一行"。而吴征镒初到昆明，在昆明四郊考察了一个月，就"已大体认识到昆明一个县就有比河北一省还多的植物区系"，"不同海拔，不同岩性上有不同的植物和植被"，初

---

① 吴韫珍讲，徐仁、杨承元记：河北省植物发见史概略。《清华周刊》，1932（10–11）：97–110。

② 吴征镒：九十自述。《百兼杂感随忆》，第 38 页。

步认识到两千多种昆明植物，"一个月工夫，得标本一千余号"。[①]

联大刚到昆明的 1938 年，"系里经费较多，且助教人力较为充足"，在 8、9 月间组织过一次较大的植物采集工作，由张景钺、吴韫珍两教授带领助教吴征镒、周家炽、杨承元、姚荷生共六人，组成一个小型综合考察队，前往滇西大理苍山、宾川鸡足山进行调查。"目的是为了寻找实验材料，因此藻、菌、地衣、苔藓、蕨类和种子植物一应俱全"。他们坐着木炭汽车从昆明去下关，"狭窄逼人的座位使两位老师每天下车后都难以动弹"。吴韫珍由于劳累过甚而胃病大作，"时时就地卧憩"，但"上洗马塘，宿金顶，则振精神，耐劳苦，固犹昔也"。[②] 这次野外考察，加上当年年底所参加的滇西考察团，使吴征镒在一年中走遍了云南，他也由此萌生了整理云南植物区系的志向：

> 这一年来的横贯云南之行，向刚二十二岁的我提出了弄清楚云南植物种类，从而弄清楚全国植物种类的问题，为日后致力于云南植物志和全国植物志的课题打下了思想认识基础。又从"大西北"沿长江西上华中和湘、黔、滇一路的除人生以外的植物学感受，进一步提出了弄清植物的时空发展规律，弄清全国植物区系发生发展的变化规律问题，更加坚定了我的终身志向，一定要立足云南，放眼中国和世界植物的宏图大愿。

1939 年后，由于联大经费紧张，生物学系无力支持野外考察活动。"虽有回回马帮邀赴思茅茶场考察西双版纳的机会，也只好放弃"。[③] 直至 1942 年，借参加修大理县志的机会，吴征镒才再次登上苍山并前往鹤庆、剑川、丽江和玉龙雪山等地考察，"约采标本二千余号"。[④]

---

① 吴征镒：自叙传。《校友文稿资料选编》，第三辑，第 24 页。
② 江晓原、刘兵编：《好的归博物》。上海：华东师范大学出版社，2011 年，第 97 页。
③ 吴征镒：《百兼杂感随忆》。第 240 页。
④ 吴征镒：《百兼杂感随忆》。第 4 页。

在采集标本的同时，吴韫珍和吴征镒也在进行植物分类研究和整理工作。到昆明不久，为了研究本地植物，讲好植物分类学课程，吴韫珍"每天到近日楼花市上买些野花，边解剖，边绘图"，并依靠模式照片和记载云南植物的两本重要图籍——吴其濬的《植物名实图考》和兰茂的《滇南本草》，对云南的花草树木进行鉴别考证。他们醉心于考订工作中，"几乎忘却了当时的战局"。① 由此还鉴定了云南白药中的主要成分、此前被外国人错误定名的新属——金铁锁。以这些工作为开端，此后吴征镒等人花费三年功夫，自画自写自印，于1945年印成了二十五种二十六幅图的《滇南本草图谱》（第一集），成为中国"植物考据学"的滥觞之作。此外，自1939年开始，由于无经费外出考察，吴征镒对照吴韫珍从韩马迪处抄回的中国植物名录，加上秦仁昌从英国邱园（Kew Garden）拍回的一万八千多张中国植物模式标本照片，② 首先对昆明、滇西南等地的标本进行了系统整理和鉴定。此后又花费十年时间，整理出植物分类卡片三万余张。他自称"大约在1950年以前的中国植物的记载不致太短缺"，"其后'文化大革命'中，北京植物所的王文采、崔鸿宾、汤彦承等在编写《中国高等植物图鉴》时发挥了一些作用"。但实际上这一工作量很大，"包括对原有照片上很难辨认的采集记录、种名、正确名称的研究及分布"，③ 是生物学系在后方所做的出色工作之一。

动物分类和形态学方面较为突出的工作，是杜增瑞和助教黄浙二人对昆明附近涡虫的分类和生殖发育研究。自1939年10月至1940年9月的一年间，他们一同调查了昆明及近郊的涡虫分布，足迹遍及昆明的翠湖、小西门、大观楼、西山、海源寺、白龙潭、黑龙潭、金殿甚至呈贡县等地，进行每两周一次的采集④，首次记载了我国西南地区的涡虫属种。

---

① 吴征镒：《百兼杂感随忆》。第241页。
② 秦仁昌档案。中国科学院植物研究所档案，秦仁昌专卷。
③ 崔鸿宾：我所经历的《中国植物志》三十年。《中国科技史杂志》，2008，29（1）：73–89。
④ 黄浙、杜增瑞：昆明及其附近三角涡虫的分布和生殖的情况。《山东大学学报》，1956，2（4）：104–118。

除了上述成规模的几次采集，联大生物学系教师经常利用周末和假日，到昆明附近和周边进行动植物标本采集。此外，生物学系个别师生也参加了由其他机构或单位组织的考察活动。如 1938 年李继侗和吴征镒参加的由中央赈济委员会组织的滇西南考察团，1941 年生物学系学生钟品仁参加的由联大化学系教授曾昭抡组织的川康考察团等。[①]

联大时期的动植物调查采集工作，基于云南丰富的生物资源和师生们的不懈努力，仍然有着相当大的收获。在联大结束时，其标本室所藏标本已达数万号，联大师生也延续了在北京时的野外采集和实地考察学习的传统。然而对于调查采集而言，经费不敷始终是横亘在工作中的一大难题，这使得生物学系师生大多只能就近进行考察研究。吴征镒称其在联大最后一年，"除继续写卡片外，业务了无进展"，[②] 早年那种频繁的外出采集活动已难寻踪迹。

三、特色鲜明的实验生物学研究

发展"纯粹科学"

实验生物学是清华生物学系学术研究工作的一个重心。从 1929 到 1934 年，主要的工作集中于植物生理学和动物遗传学两个方面。此时外界环境较为安定（虽然受"九一八"事变的影响，但这一时期华北的局势表面上仍相对平静），教师得以按照意愿和专长各自进行学术研究，无须涉及太多"实用"方面的考虑。因而这些研究均可以视为"纯粹学理"方面的工作，深刻地体现出生物学系的学术旨趣。

植物生理学研究是李继侗在南开时即已开始进行的工作，包括光合作用机制以及植物生长素等方面的探索性工作。当时南开的教学研究条

---

① 裴立群：西南联大师生步行考察大凉山。《中国科技史料》，1994，15（2）：32—41。
② 吴征镒：《百兼杂感随忆》，第 40 页。

件相当简陋，"除普通显微镜和切片机以外毫无仪器设备"。[①] 他和学生殷宏章一起，利用简单的气泡计数法，[②] 详细描述了色光与光强改变对光合作用速率的瞬时影响，[③] 这是光合作用研究中两个光系统研究的先驱性工作之一。[④] 他也是在国内开始植物生理学研究的第一人。[⑤]

　　初来清华时，李继侗仍在继续其色光对光合作用速率影响的研究。但他似乎此后未再发表相关的论文。可能是以当时的条件已经很难再提高实验的精度，继续实验只是积累数据或验证已有的工作，对深入研究并没有更大的帮助，而深层次的生理机制研究又缺乏条件或理论模型。李继侗或许很快意识到了这一点，加上可能受到荷兰植物生理学家温特（F. A. F. C. Went）的影响，转而将研究侧重放在植物生长素方面。他以国外通行的模式植物燕麦[⑥] 为材料，对燕麦胚芽鞘去顶后再生的生理条件进行了测定，揭示出植物组织之间的相互制约关系和补偿功能。虽然实验本身并不复杂，但其实验结果却为研究植物组织再生作用和植物的向性机制提供了新的信息，从而受到研究者的重视。有意思的是，这一

---

　　① 殷宏章：我国植物生理学的奠基人——李继侗教授。《植物生理学通讯》，1984（3）：64–66。

　　② 取一段水生植物，观察其切口在一定时间内释放气泡的数量，测量植物光合作用速率。

　　③ 李继侗：光照改变对光合作用速率的瞬间影响。殷宏章译。《李继侗文集》，第87–96页。

　　④ 有人认为李继侗差一点就发现了由美国植物生理学家 L. R. Blinks 在 1957 年报告的光色瞬时效应。见：French C. S.：Light pigments and photosynthesis。McElroy W. D.、Glass B.，eds：*A Symposium on Light and Life*。Baltimore、Maryland：Johns Hopkins University Press，1961 年，第 459 页。必须指出的是，Blinks 观察到的现象和李继侗的基本类似，两人所作的曲线图形也基本相同，但 Blinks 的结论乃是建立在植物生理学研究的进展（如叶绿素 a、b 的作用）和先进得多的实验条件之上的。见：Blinks L. R.，Chromatic Transients in the Photosynthesis of a Green Alga。*Plant Physiology*，1959，34：200–203。此后的植物生理学家又根据 Emerson 所发现的双光增益效应，建立了两种光化学反应的概念。殷宏章认为，两个光系统（光系统 I 与光系统 II）的提出是多个科学发现累积的结果，"限于当时对光合作用内部机理的认识水平，（李继侗）不可能就这一观察一下子提出完整的理论"，"即 Blinks 和 Emerson 的结果，也只能说是重要发现"；就观察是理论的基础来看，"'瞬间效应'的发现，是应归功于李继侗先生的"。见《李继侗文集》，第 410–411 页。

　　⑤ 殷宏章在李继侗教授纪念座谈会上的发言稿（1962）。转引自：曹宗巽：李继侗教授与中国植物生理学。《植物学报》，1962，10（2）：174。不过，我国植物生理学的第一篇研究论文是钱崇澍发表的。

　　⑥ 燕麦胚芽鞘的向光性首先在 1880 年由达尔文发现，此后遂成为研究向光性及生长素的模式植物。

工作和他此前对光合作用瞬时效应的研究一样，所用的仪器设备都极为简单，但因为他文献基础扎实、对他人未能解决的问题或解答的薄弱环节有敏锐的嗅觉（两个实验都是前人已涉及但并未深入研究的内容）、善于进行分析，同时又有很强的实验操作能力（如光合作用实验的设备就是李继侗自行设计和组装的，他还自己拉玻璃管做成毛细管、以求恒定植物组织截面在水中逸出气泡的大小），因而依然能做出优秀的工作。这种利用简单仪器做出巧妙实验的才能，为汤佩松等人所称道。[①]

在用燕麦进行了一段时间的研究后，李继侗将研究材料改为中国特有的银杏。1934年，他在《理科杂志乙种》上发表了"光与银杏叶的发育"等五篇文章。其中"光与银杏叶的发育"一文"不仅开创了我国实验形态学研究，在国际上也是较早的尝试"；[②]而"银杏胚的发生"、"银杏胚在体外的发生"等文章，则是我国植物组织培养研究的开端。而且，对当时广泛采用被子植物进行胚培养研究而言，李继侗的工作也是一个别出心裁的尝试（银杏是裸子植物），且"第一次通过实验证明了胚乳中含有的营养物质可供胚的体外培养"。[③]这些研究也是利用简单的设备完成的，论文不长、内容也并不复杂，但却处处体现了他敏锐的观察力和实验设计的周密，特别是对当时国际植物生理学界正在探讨的前沿性问题的精准把握。他对于学术研究的热爱也到了痴迷的地步，有学生描述道："李先生对于白果有特别的好感……那时他的试验室，他的书室，都有白果的踪迹，大概他的梦中——假设晚上做梦的话，一定也有许多白果在那里生长"。[④]

---

　　① 汤佩松：《现代中国植物生理学工作概述》。上海：中国科学图书仪器公司，1955年，第2页。

　　② 钱迎倩、王亚辉主编：《20世纪中国学术大典·生物学》。福州：福建教育出版社，2004年，第530页。

　　③ Chu Chihching: Contributions of Chinese Botanies to Plant Tissue Culture in the 20th Century。*Acta Botania Sinica*，2002，44（9）：1075。

　　④ 教授印象记：李继侗。《清华暑期周刊》，1934（8）：465—466。

在经典遗传学领域，作为自摩尔根实验室回国的第一位中国学生，陈桢自 1923 年起即已开始利用金鱼为材料研究近代遗传学。从 1924 年到 1927 年，他采用普通鲫鱼与金鱼的杂交、回交等方法，经过八十三次实验、繁殖了四个子代小鱼共计一万七千多尾，[①] 分析了金鱼鳞片颜色性状是否符合孟德尔定律。他根据统计结果，发表了"金鱼的遗传：透明与五花"[②] 等文章。证明金鱼的体色受一对等位基因控制，还对基因的多效性和镶嵌显性[③] 的现象进行了仔细的观察与分析，这也是第一例在金鱼中得到证明的等位基因。这些研究也是早期在鱼类中证明孟德尔遗传定律的工作。

来到清华后，陈桢先对前期的工作进行了整理，并做了一个详细的中文介绍（即"金鲫鱼的孟德尔遗传"）。接着，在1930年至1933年间，他又通过研究金鱼的其他性状来确定其他等位基因的存在和功能。在对金鱼的蓝色和棕色两种颜色性状进行了仔细研究后（仅为确立蓝色性状的纯合性，就进行了五十七次杂交和回交实验，测定总数上万尾），他确定了蓝色是一对等位基因控制的隐性性状、棕色是由四对等位基因控制的隐性性状。[④] 他还发现了一种蓝色－棕色金鱼杂交后遗传稳定的 F_2 代蓝棕鱼。

陈桢一开始选择金鱼作为遗传学研究的材料，其原因和过程也是经过仔细思考的。他先接受了美国生物学家伯尔（Raymond Pearl）的遗传

---

①　陈桢：金鲫鱼的孟德尔遗传。《清华学报》，1930，6（2）：1–22。

②　Chen Shisan: Transparency and Motling, a case of Mendelian Inheritance in the Goldfish. *Genetics*，1928，13,（5）. 432–452。

③　李璞（1988）等人认为这一研究（透明性状和非透明性状产生的后代为五花性状）说明杂合体表型是不完全显性（即显性性状未充分表达），这一说法亦是目前绝大多数介绍陈桢金鱼遗传学研究的主流提法。但从陈桢的论文、配图，以及他数次在论文的结论部分提到"杂合状态……是二纯合型的嵌合体"的情况来看，金鱼的这种五花性状更应是一种嵌镶显性而非不完全显性。嵌镶显性是亲代性状在子代个体的不同部位分别得到表现的一种表型方式，通常认为由我国遗传学家谈家桢于1946年观察鞘翅瓢虫时发现。但亦有文献认为陈桢所描述的实际上就是嵌镶显性，如伍惠生等编著的《中国金鱼鉴赏与养殖大全》（1983）。

④　Chen Shisan: The Inheritance of Blue and Brown colours in the Goldfish，*Carassius auratus*。*Journal of Genetics*，1934，29：61–74。

学四种基本研究方法（即生物统计法、实验交配法、细胞学观察法和实验胚胎法）的观点，并认为遗传学家约翰森（Wilhelm Ludvig Johannsen）、摩尔根等人在实际研究中所采用的两种或以上方法的联用——"生物统计—实验交配"和"实验交配—细胞观察"法更有效。但"联合应用实验交配法和实验胚胎法的人至今还无所闻"，故而可以尝试开辟一个新的领域。不过，他也清晰地意识到，前人之所以未在这一方向有所作为，关键原因是实验材料的问题。"胚胎实验的材料常常是交配工作中的坏材料，交配工作中的好材料常常是胚胎实验上的坏材料。啮齿动物的卵不能用作研究人工孤雌生殖的材料，海胆不易在实验室内繁育作实验交配"。[①] 要找到一种实验材料同时满足遗传学和胚胎学研究的要求，并不容易。最终的选择是中国传统的金鱼。陈桢认为，虽然金鱼生长繁殖周期长，但它有变异多、易养殖、体外受精易于观察卵和胚胎的发育等优点。站在实验的角度挑选实验材料而不是利用已有的模式生物继续深入前人的研究，可以反映出陈桢对于实验方法和新视角的重视和对已有研究的局限性的准确判断。虽然他在生物学馆以及此后在昆明都曾培养果蝇，但并没有把它当作一个主要的研究方向。

　　除了实验方向上的考虑之外，陈桢选择金鱼或许还有一个重要的原因，就是来自达尔文的影响。据统计，达尔文在其著作中，涉及中国的引证资料部分，"引述分量最大、次数最多、意义最为典型的是有关中国古代培育金鱼的过程和其中的人工选择原理的事例"，[②] 这一点当为熟读达氏《动植物在家化中的变异》等论著的陈桢所熟知。[③] 通过中国的

---

① 陈桢:《金鱼的家化与变异》。北京：科学出版社，1959 年，第 1 页。当时的遗传学实验通常采用小鼠一类啮齿类动物作为实验生物，因这一类生物繁育快，且在进化中处于较高级的地位；胚胎学实验则通常常用海胆，因为后者的胚胎期胚胎细胞团易分散并能单独生长，是一种天然的同步化"克隆"实验材料，可以尽量减少实验中由于材料变量带来的影响。

② 唐文彰：达尔文的人工选择理论与中国古代文献中的金鱼——兼及达尔文对金鱼认知的偏差。《社会科学家》，2007（1）：70–76。

③ 他在 1954 年发表的"金鱼家化史与品种形成因素"中亦以达尔文在该书中大量用家鸽的变异为对比，认为金鱼作为研究进化与变异的材料较家鸽更优，但奇怪的是，他在此文中只字未提达尔文对金鱼的引述。

材料来证明和普及进化论，应该也是陈桢所乐为的。[①] 此外，选择金鱼又推动了他对中国古代生物学史的研究。1925 年，他"调查过全国所有金鱼的变异性之后，想根据一些古书中的资料，来查明金鱼的各种变异是在什么时候形成的"。[②] 为此，他和助手戈定邦一起查阅了不少古籍。在 1931 年发表的一篇测定金鱼各组织比重的论文的结论部分，陈桢明确指出，"比重改变已经发现是由于家化的影响"。[③] 中国古代生物学给陈桢提供了丰富的资料，他在晚年进行了不少中国古代生物学史的研究，并成为 1955 年中国科学院自然科学史研究室早期的指导专家之一。

适应与调和

清华生物学系在实验生物学方面的研究，在 1935 年后有一个较大的变化。首先是动物生理学研究的崛起。随着彭光钦、赵以炳两位教师的加入，动物生理学方面的学术研究比重迅速增加。仅 1936 年、1937 年两年，赵以炳在《中国生理学杂志》上就发表了七篇论文。另一方面，陈桢、李继侗也在 1934 年、1935 年左右调整了研究侧重。陈桢转向动物行为学，李继侗则将主要精力放在植物生态学研究上。关于这一变化，刘曾复认为经费是其中一个决定性因素。他说：

> 做研究没有钱是不行的，买文献、买杂志、买设备都要钱。那时候生物系主任陈桢老师，原来是研究鱼的，他研究鱼的遗传很有成就。后来养金鱼太费钱了，研究不起，就改研究动物社会学，主要研究蚂蚁的举止、行为，他跟学生做实验也都是用蚂蚁的。当年

---

① 陈桢说："用金鱼来作达尔文主义的教材，在中国，具有特别大的说服力，如果关于它的起源和品种形成经过了足够的研究。"作为一名遗传学家和现代达尔文主义者，陈桢给次子取名为"竞生"，亦可见他对达尔文主义的推崇。

② 陈桢：金鱼家化史与品种形成因素。《动物学报》，1954，6（2）：89–116。

③ 该文至少到 1983 年仍为国外研究者所引用，如：A. V. Defina、M. C. Kennedy：The Cochlear Nuclei in Colubridand Boid Snakes：A Qualitative and Quantitative Study. *Journal of Morphology*，1983，178：285–301。但是，陈桢在"金鱼家化史与品种形成因素"一文中，却没有提到 1931 年的工作。见：《金鱼的家化与变异》，第 75–91 页。

在生物系，钱还是很紧张的，也很舍不得花，都省着钱买仪器什么
的，绝不是大手大脚，瞎糟蹋钱，都是非常节约地、很困难地在做
研究。[①]

两位新教师的加入，或许是研究经费进行重新分配和再平衡的一个
原因。另一方面，从时代背景的角度，1935 年也是一个转折期。民族
危机的加重、华北事变的发生、清华大学校内外"实用救国"气氛的高
涨，也发生在这一时期。所以，这种调整也可能包含着动物行为学、植
物生态学比实验遗传学、植物生理学更为"实用"的因素在内。

植物生态学、动物行为学研究

和植物生理学研究一样，植物生态学研究也是李继侗在南开时就
已进行的工作之一。他将两者结合起来，在《生物学评论季刊》（*The
Quarterly Review of Biology*）上发表了"气候因素对植物吸水力的影
响"一文，这一交叉学科也是当时比较新的研究方向。1930 年前后，
中国西北部地区旱灾频繁，李继侗又写有"植物与水分之关系"一
文，一方面介绍苏联植物生理学家马克西莫夫在抗旱植物的形态及生
理方面的研究，一方面也是对抗旱植物和旱区作物品种所作的介绍
说明。[②]

1930 年后，李继侗逐渐回归到纯粹的生态学研究中，他于当年发
表的"植物气候组合论"是我国早期植被生态研究的经典论文。1931
年夏，李继侗开始在清华讲授生态学课程，此后隔年开课。出于教
学和研究需要，他自 1932 年起到抗战爆发前，几乎每年（特别是暑
期）都到野外进行植被生态调查，主要也是在北京附近山区以及周边
地区，如香山、八大处、妙峰山、潭柘寺、南口、八达岭和百花山等
地。跋山涉水，颇经艰险。1932 年，李继侗和学生徐仁、王启无前往

---

① 科艺留声——刘曾复口述。《清华记忆：清华大学老校友口述历史》，第 23 页。
② 李继侗：植物与水分之关系·附识。《清华周刊》，1930（12、13）：105。

察哈尔和河北省西北部两处野外考察两个月之久，大约"已得标本近千种，活树活花五十余种，木材十余种"，"尚有一部分标本，为无识官兵焚去，不然，成绩更有可观"。[①] 大概就是在同一次考察中，李继侗还在小五台山（在河北省西北部）附近的桃花堡[②] 遭遇土匪，被困山寺之中，与北京月余没有音信，"家人终日以泪洗面"，[③] 校中同事也极为挂念。然而在匪警解除后，他们可能还继续考察了一番，才带着大批标本返回，校刊称赞道"该队虽屡次受挫，然尚不屈不挠，冒险前进，精神可佩"。此一遇匪经历，使旁人均惴惴不安很久，但李继侗自己却不以为意，"未尝稍减对野外工作的热情"。1952 年到北大后，他仍然"每年都亲自带领北大师生去野外进行植被调查及植物采集"。[④]

李继侗进行野外考察的目的，是准备用数年时间，对河北省的植被情况作一深入了解，再整理成河北省植被研究的论文。但由于 1934 年前他的主要精力放在植物生理学上面，1935 至 1936 年他又以五年任教期满，休假到柏林大学访问一年，留给他整理研究植物生态学的时间并不多。此后抗战爆发，这一工作便无从继续下去。直到 1955 年，他的学生李博等人才在他的指导下，继续开展西山地区的植被调查研究。李博回忆说"这是他（李继侗）多年前未能做完的华北山地植被研究的一部分"，[⑤] 可见他并未忘却这一早年的工作。1955 年开始的这次考察还绘制了 1：10 万的大比例尺植被分布图，而我国此后二十多年的植被调查研究也基本沿用了这次研究所确立的方法。[⑥] 但是，在 1959 年发表的研

---

① 清华的生物学馆。《清华暑期周刊·欢迎新同学专号》，1932（9–10）：40。
② 在小五台山东北约十五公里处。
③ 李德宁等：纪念我们的父亲。李继侗文集编辑委员会编：《李继侗文集》，第 419 页。
④ 杨澄：北大植物生态学学科的开拓者——李继侗。萧超然主编：《巍巍上庠、百年星辰——名人与北大》。北京：北京大学出版社，1998 年，第 689 页。
⑤ 李博：李继侗先生的道德和治学精神。《科学的道路》，上，第 677 页。
⑥ 李博：李继侗。见：卢嘉锡主编：《中国现代科学家传记》，第 5 集。北京：科学出版社，1994 年，第 515 页。

究报告[1]中，李继侗提及了三十年代刘慎谔（1931）和杨承元（1937）的北京地区植被的研究，却"忘了"提及他自己曾经进行的工作。

在研究中，李继侗颇为注意植物生态学与生产与生活的联系，主张生态保护、合理开发。由于他是森林学出身，故特别重视造林对于生态环境的保护作用以及木本植物的经济作用。他在考察东陵植被受大面积砍伐时就已指出，"（东陵）山坡太斜，开垦后二三年，土即为雨水冲去，不但农作物，树木不长即草也不生，本来很好的林地，因利用方法不得当，全变成不毛之地"，[2] 建议恢复植被，使土地得到合理利用。1937年暑期，他还到淮河流域桐柏山一带进行造林工作的考察和设计。但可惜的是这些研究不久即因抗战爆发而中断。

与李继侗的生态学研究相比，陈桢的研究方向转向似乎较为突然。在1934年完成"金鱼的蓝色和棕色的遗传"后，他就未再发表有关金鱼遗传学方面的论文。[3] 但他在晚年仍然进行着金鱼遗传的实验。

陈桢为何以蚂蚁为对象研究动物行为学？正如他在论文中所说"蚂蚁的社会生活久已被许多昆虫学家详细地研究过"，这和他此前选择金鱼的思路是完全不同的。一方面，这很可能是由于金鱼的群体行为已被美国鱼类学家韦尔迪（J. C. Welty）等人研究过了，[4] 但从普通社会学的角度"还没有人研究过蚂蚁社会对个体活动的影响"。另一方面的因素则可能来自当时的社会环境。自"九一八"到"华北事变"，中国的知识分子无不对日渐深重的民族危机忧心忡忡。而现实则是，中国虽然面积广大，却内部松散、动员乏力，无法凝聚成一个整体，共同抵抗外敌的入侵。从今天的角度看，这是中国在近代尚未完全转型成一个民族国

---

① 即"北京的植被"一文，发表于《北京大学学报》自然科学版1959年第2期。原文署名为"（北京大学）生物学系地植物学小组"，《李继侗文集》收录时，注释为"作者为李继侗、李博、杨澄"。见《文集》第397页。

② 李继侗：土地之利用。《国立清华大学校刊》，1930-6-6：2。

③ 根据《国立中央研究院院士录》第一辑（1948年）中有关陈桢的介绍，见该书第74—75页；以及《金鱼的家化与变异》一书中所列的"陈桢教授著作目录"，见该书第180页。

④ J. C. Welty. Experiments in Group Behavior of Fishes. *Physiological and Biochemical Zoology*, 1934, 7（1）：85–128。

家，且政权在实质上并未完整真正的统一、缺乏凝聚力和动员能力的表现。但对当时的知识分子而言，蚂蚁作为常见的群体数量广大、单个力量微薄的意象，就成为中国民众的最佳类比，他们也希望蚂蚁那种严整团结的社会体系能为国人所效仿。1935 年前后，赞颂蚂蚁之群体协作、抵抗外敌的作品在报章刊物上时有出现。如有人认为"蚂蚁是我们的老师"，号召民众"合群"、"一心一德，抵抗侵略"。[①] 有的则从蚂蚁入手进行探讨人类社会的组织问题。在一篇名为"从蚂蚁的社会想起"的文章中，作者[②] 写道：

> 蚂蚁的力量是极其微薄……惟其它们有组织，所以它们能够生存于自然界……它们能够与侵害它们的敌人抗争，它们为着保存它们所有的生命，每一个份子不惜牺牲自身，拼命地抗斗。
>
> 社会变态其所表现的事实是非常之多的。我们应该就我们已经看出了的，尽量的暴露出来……当破坏者破坏之，不健全之处则设法弥补。这破坏、弥补、建设的责任，就得由社会中的每一个份子担当起来。这又正如蚂蚁之筑巢穴一样，每一份子都必须尽它的力量的。[③]（着重号为笔者所添加）

由于缺乏资料，上述因素只能是一种推测。但陈桢无疑对这一研究转向是极为认真的。他自 1934 年 8 月起即已开始着手此项工作，安排了一个长期计划。分为三步：（一）收集参考书与杂志论文，（二）研究北平各种蚂蚁的社会生活，（三）研究动物界的普遍社会现象。具体实验开始于 1936 年春季，"内容是对他们筑巢活动做系统的分析和

---

① 李常选：国民基础教育园地：蚂蚁当了爱国教育的老师。《广西普及国民基础教育研究院日刊》，1935（190）：8。

② 该文署名为"斯东"。编者按说"斯东先生是一位以教育为终身职志的青年"。查《清华周刊》等刊物上亦多次出现署名"斯东"的文章（1927 年后），其中即包括在"生物学专刊"上的《中国古代之怪生物》等。《清华周刊》上的"斯东"很可能是容启东，而容启东在 1934 年、1935 年间为陈桢的助手。

③ 斯东：从蚂蚁的社会想起。《民众先锋》，1935，1（1）：11-14。

综合的研究"。所写的两篇文章 [①] 均发表在 1937 年的《生理动物学》（*Physiological Zoology*）杂志上。

和一般知识分子对蚂蚁社会的协作的关注不同，陈桢着眼于研究群体对个体的影响。当时的社会学家认为群体合作有助于促进个体的工作效率，在人类以及不同的动物中进行的研究都证明，"合作的促进作用对群内最慢者最大，对最敏捷者最小"。陈桢对蚂蚁的研究"试验结果基本上同意前人在人类和其他动物中所证实的原理"。而且"社会性的增进在蚂蚁中比在人类或其它动物中要大得多"，只要有两只蚂蚁相互合作，就可以达到多只蚂蚁组成的群体所达到的工作效率。他认为"这种异常突出的社会性的增进可能是由于蚂蚁远较人类、鼠、母鸡、金鱼，具有更高度的社会性的缘故"。

陈桢的研究同样发现，在筑巢这一行为中，有的蚂蚁比其他个体更为活跃，起着领导者的作用，他将其命名为"领导蚁"，反之则为"随从蚁"。他对这两种蚂蚁的等级和行为、体态和一些生理指标进行了测定。他发现"领导蚁的活动……较不依赖于整个群体"，而领导蚁对于外界刺激更为敏感（更容易受到化学物质的刺激，易因干燥、饥饿而死亡），工作量也更大。

就陈桢对其研究所作的严谨的、就事论事的解释，我们很难从中分析他是否有意将蚂蚁的社会和人类社会进行某种程度的类比。强行附会未必符合作者的原意，甚至很可能得到错误的结论。但仅从这些研究结果来看，又很难不由蚂蚁个体的区别和群体的促进机制、联想到人类社会的"精英"与"大众"二者，特别是精英领导大众的模式；而"筑巢"这一行为又很容易与广义的"建设"概念联系起来。综合陈桢的两

---

① Chen Shisan C: Social Modification of the Activity of Ants in Nest-building. *Physiological Zoology*，1937，10：420–436。Chen Shisan C: The Leaders and Followers among Ants in Nest-building. *Physiological Zoology*，1937，10：437–455。两篇文章均由其长子、动物学家陈宁生译为中文，分别为"蚂蚁的社会对它们筑巢活动的影响"以及"蚂蚁筑巢工作中的领导蚁和随从蚁"。《金鱼的家化与变异》，第 138–179 页。本文在对照英文原文的基础上，均采用陈宁生的译文。

篇文章的结论可以看出，两种蚂蚁的组合更有利于促进随从蚁的工作效率。但他同时也指出，蚂蚁之中没有"统治—服从"的关系，但在人类社会中却是常见的。

本土化？世界化？两代实验生物学家之比较

1934年后，彭光钦和赵以炳两位年轻教授的学术研究成为生物学系实验生物学研究的主力。彭光钦于1933年博士毕业后，曾在德国柏林皇家生物学研究所和意大利那不勒斯动物研究站分别进行过一年和三个月的研究。[①] 他在柏林时的工作是有关原生动物的性生理和色素遗传方面的。[②] 回国后，彭光钦所从事的研究范围较广，材料也不仅限于原生动物方面，如1935年开始的研究课题"小鸡皮肤与骨骼颜色的遗传"，以及"数种有机物抗毒素对无机盐的抗性"。在研究计划中，彭光钦认为第一个题目较大，可能要安排五年时间来进行；第二个题目应在一年之内即可有结果。[③] 由于资料缺乏，这些工作不知是否有论文发表。但仅就研究所预期的时间来看，第一个课题恐怕没有来得及完全展开即为战争所打断。此外，他也以原生动物如草履虫等为材料进行过一些细胞生物学方面的研究，发表过一些成果，[④] 如1937年发表在《原生动物学档案》（*Archiv für Protistenkunde*[⑤]）的"有尾草履虫配偶时细胞之变迁再研究"[⑥] 等。

赵以炳在美国求学时，即利用每年夏天休假时前往伍兹霍尔（Woods Hole，旧译作"林穴"）海洋生物研究所进行研究兼度假。在那里，他进行了电解质对鲨心神经节和蛙骨骼肌影响的比较研究，"三年

---

①　彭平方：魂系胶园——记我国橡胶科研事业的拓荒者彭光钦教授。广东省政协文史资料研究委员会编：《广东文史资料》，第79辑。广州：广东人民出版社，1998年，第164页。

②　彭光钦：我之近况。《清华校友通讯》，1934，1（7）：45。

③　《全国专科以上学校教员研究专题概览》，上册。上海：商务印书馆，1937年，第92页。

④　《清华大学校史稿》提到"1934年回国以后，他（指彭光钦）在生物化学领域硕果累累，仅在1946年和1948年就先后出版了两本论文集，共收编论文三十六篇"。但这个数字应为彭光钦1948年前发表论文的总数。

⑤　1998年后改名为《原生动物》（*Protist*）。

⑥　原文标题不详。转引自：动物学论文提要。《学术汇刊》，1942，1（1）：81–82。

内做了两系列研究，颇有收获"，[①] 随后他以有关骨骼肌的研究完成了博士论文。可能正由于此，回国后他以蟾蜍为材料，继续进行骨骼肌的生理学研究。他在《中国生理学杂志》(*The Chinese Journal of Physiology*)上发表的第一篇文章即是钙离子和箭毒在神经肌肉之间传导的作用。此后他又单独或与助教陈耕陶、助手齐季庄、乔守琮等人继续研究骨骼肌在渗透压下的生理反应，以及氢离子等电解质对骨骼肌收缩的影响等问题。对骨骼肌的渗透性研究取得了丰富的成果。这些研究大多于 1940年前发表在《中国生理学杂志》上。

与陈桢、李继侗等 1920 年前后的留学生相比，1930 年前后留学的彭光钦、赵以炳与前者有一个约为十年的代际差。从研究的内容来看，两代实验生物学家之间也确实存在着几点明显的差异。其一是学科发展导致的研究内容更新。特别物理、化学和生物学三者的交叉，导致生物物理学、生物化学的出现，生物学进一步数理模型化并向微观水平发展，遗传学、生理学等分支的方法和内容也得到革新。这种两代学者在学识背景和学术研究方面的差异是随着生物学科的发展而自然形成的。其二是两代学者的国内外研究是否直接相连。陈桢、李继侗，包括吴韫珍，他们在回国后似乎都经历了一个研究的缓冲期或者重新选择期。如陈桢1921 年回国，1923 年开始进行金鱼遗传学研究；李继侗 1925 年回国，同时进行植物生理与植物生态学研究，直至 1934 年完全转向后者；吴韫珍在国外主攻植物生理学，但回国后依照兴趣改为研究植物分类学。但这种缓冲或重选在彭光钦、赵以炳两人身上则不存在。由上述研究课题可知，他们回国后很快就延续上了在国外的工作，赵以炳回顾说：

> 当时是日本军国主义分子准备大规模侵略我国的前夕，华北局势极不安定。我的实验室刚来了少量设备，已开展科研工作，但人

---

① 赵以炳：从冷刺激到冬眠，从原生质生理学到比较生理学的五十年。《治学之道——老一辈生理科学家自述》，第 69 页。

心惶惶，准备南迁。是继续工作，还是装备南运？我深信，大学教师必须进行科研，而且在留学回国后决不能停顿，必须趁热打铁，乘胜前进。（着重号为笔者所加）因此，抓紧时间，全面开展工作，并添聘一位化学系毕业生（注：应指齐季庄[①]）为研究助教（注：应为研究助理），研究骨骼肌的渗透特性。

　　除了时间上的"无缝对接"之外，彭、赵在研究的材料和方法上也采取了"全盘西化"的方法。可能正由于没有时间上的缓冲，第二代实验生物学家也就不像第一代那样，较多地考虑实验研究或材料目的"本土化"的问题。如彭光钦所用的草履虫、赵以炳所用的蟾蜍，并不是因为这两者是中国特有的或者较少经前人研究的生物，而是各自专业中使用较多的模式生物（如蟾蜍的股二头肌是神经肌肉接头实验使用最广泛的材料之一），同时在清华园里也便于采集获得而已。而陈桢选择金鱼、李继侗选择银杏，虽然也有材料选择上的便利考虑，但从其出发点来看，"本土化"的色彩要浓厚得多。这一对比似乎说明，彭、赵等人更为关注的是研究工作本身能否揭示普遍规律，是否本土材料已不再重要，或者说他们更重视的是中国科学研究的世界化而非强调其独立性。这种学术理念上的变化，使实验生物学家群体在专业化、世界化程度加深的同时，其社会性和本土化的色彩则明显转淡，对于附加在科学研究之上的社会意义的考虑也明显减弱。

　　关于中国科学家的"代际问题"，美国学者安德森（James Reardon-Anderson）曾以1928年南京国民政府成立为界，按"北洋军阀时期"和"国民政府时期"将自西方回国的中国科学家分为第一代和第二代。[②]若以时间来看，陈桢、李继侗、吴韫珍和彭光钦、赵以炳以及后来的沈

---

①　齐季庄（1913—2008），化学教育家，江苏常州人。1936年毕业于清华大学化学系，留校担任高崇熙的助教，并与生物学系合作，从事两栖类骨骼肌对电解质的渗透性研究。

②　J. R. Anderson：*The Study of Change：Chemistry in China，1840-1949*。纽约：剑桥大学出版社，2003年。

同，即很符合这一代际界定。安德森认为，第一代科学家回国的主要任务在于建立专门机构、成立学会、发行学术期刊等，故其科学色彩较弱；第二代科学家在国外接受的教育更好，回国后又要在已初具规模的研究机构中争得一席之地，故更为关注学术研究，对政治和文化的关注自然减少。不过，无论是大学的生物学系或是生物学研究机构，其建立的根本目的是为了学术而不是其他，其工作也是围绕学术研究和教育而展开。这些活动显然是科学工作的一部分，即使有为国家服务之作用与社会层面之影响，但并不能因其社会因素忽视其学术本质。而且，就清华生物学系来看，两代学者在治学的专注等态度方面并没有什么差异，且都表现出浓厚的学术研究兴趣和出色的研究能力。因而代际差异问题的解释，似乎并不在他们自身，而在于其身处的"千年未有之变局"的社会环境。在中国传统的社会结构中，由知识分子、特别是中小知识分子为主构成的士绅阶层，是维持传统中国社会这个"超稳定结构"的中坚，"扮演着国家权力形象和民众意愿表达的双重角色。"[①] 而在近代中国的巨变过程中，现代国家意识又逐渐在部分新式士绅中形成。[②] 如果说中国第一代生物学家表现出的较多的"社会性"，一方面是近代生物学在传入中国的早期阶段所必须进行的机构建设和社会普及等基础性的工作，另一方面，中国第一代生物学家大多诞生于 1890 年前后，清晰地表现出传统士绅阶层的社会责任感和新兴的国家意识。但是，随着社会转型期士绅阶层的衰微和中国知识分子的分化，现代意义的科学家群体进一步从中国传统知识分子的范围中分离出来，表现出明显的以关注"物"而非关注"人"为主的"纯粹"职业倾向，后起的中国第二代生物学家，其社会性色彩逐渐淡薄，也就是必然之事了。

战时的应用色彩

西南联大时期，清华生物学系的实验生物学研究包括植物生理学、

---

① 熊月之、熊秉真主编：《明清以来江南社会与文化论集》。上海：上海社会科学院出版社，2004 年，第 49 页。

② 任桐：现代国家意识在中国士绅阶层的萌芽与形成。《学海》，2001（3）：84–89。

动物生理学和生物化学几个方面。植物生理学方面主要是李继侗和他的研究生曹宗巽进行的有关紫花地丁的闭花受精现象以及其他一些研究。在动物生理生化方面，由于教师的去留变化，可以从 1940 年大致分为前后两段，分别是赵以炳利用滇池蝾螈进行的呼吸生理学和沈同此后进行的维生素 C 和营养学研究。

在长沙时，赵以炳借用湘雅医学院的实验室，带领林从敏等人进行生理学实验，"不仅可作离体平滑肌、横纹肌对电、化学刺激或抑制的记录，且可刺激或抑制麻醉的狗或乌龟的心脏，记录心脏对电刺激或药物之反应"。[①] 他还利用南迁的机会，和助手们一起，分别在北京、长沙和昆明测量了一批学生的红细胞和血红蛋白生理指标，以此研究海拔变化对中国人血相的影响。

到达昆明后，由于缺乏实验条件，有关原生质生理学的研究已无法进行，赵以炳转而采用滇池盛产的蝾螈开展肺呼吸和皮肤呼吸的比较研究。他们"用自己的第一手实验观察，证明蝾螈的肺和皮肤同样是有效的呼吸器官，否定了蝾螈的肺只是沉浮器官的论点"，[②] 推翻了国外某些专著中不正确的说法，是很有学术价值的研究。他还研究了蝾螈的水分调节（水盐平衡）问题。

沈同在联大时期所进行的部分研究，可能是生物学系教师的研究中与战时应用关系最近者。他在康奈尔就读时，即参与进行维生素对动物营养平衡的生理生化研究。沈同于 1939 年 8 月回国，先是应汤佩松之邀，在贵阳图云关中国红十字会救护总队工作了一年，并前往湖南、江西等前线地带考察部队的营养问题。返回联大后，他又调查了学生的膳食营养情形。如分析伙食团的账本，了解学生的营养状况。将调查所得写成"战时士兵与大学生的伙食"一文，发表于 1943 年的《科学》（Science）杂志。

---

① 林从敏：纪念赵以炳教授。《赵以炳先生诞辰一百周年纪念文集》。未刊稿，第 167 页。
② 赵以炳：从冷刺激到冬眠，从原生质生理学到比较生理学的五十年。《治学之道——老一辈生理科学家自述》，第 70 页。

沈同在联大期间的工作，仍以维生素 C 的营养生理生化研究为主。如维生素 C 促进红细胞增多效应、黄豆发芽过程中维生素 C 的增长曲线和相关酶的变化、单色光对黄豆发芽过程中叶绿素形成的效应、昆明不同茶叶的咖啡因和维生素 C 含量、云南白药对犬骨折的愈合效应（该文似未发表），等等。他们的研究还得到不少外界的帮助。沈同回忆说，"李约瑟博士曾了解我们的研究课题，及时提供文献资料和实验药品等；又如美国康奈尔大学的许多师友，集资购置各类结晶维生素，装成一木箱，登报征求来华医生带来，并寄来热忱鼓励的签名信"。[①] 他于 1943 年报告昆明产的余甘子（滇橄榄 *Phyllanthus emblica*）含维生素 C 的量是柠檬的十倍，引起广泛关注。英国《自然》（*Nature*）杂志很快转载了这一消息，认为"给盟军找到了一种价廉易得的维 C 来源"。[②] 有趣的是，"当这消息传到重庆去的时候，重庆人就大吃起橄榄（*Canarium album*）来，但是后来他又证实了重庆市场上的橄榄并不同于昆明的橄榄（余甘子），重庆人大感失望"，但味道酸涩的余甘子则逐渐流行起来。[③]1944 年 6 月 25 日，美国副总统华莱士短暂访问联大时，还曾参观动物生理学实验室。[④]

除了赵以炳和沈同的工作外，一些助教也进行了一些实验生物学研究。如北大助教陈阅增，在彭光钦的鼓励下进行了草履虫性别类型观察，区分并确定了草履虫的交配型及其分化的遗传性，于 1944 年发表了研究结果。牛满江利用蝾螈也进行了一些色素细胞和胚胎发育研究，从这个题目看，应当也有彭光钦指导的成分。

由上述情况可见，联大时期清华生物学系所进行的实验生物学研究，大体上仍是属于基础研究性质的，但也有一些变化。如沈同的一些实际研究成果，就有着学理之外的实用色彩。此外，就实验材料而言，

① 沈同：追求真理乐于教学。《生理科学进展》，1988，19（1）：1–3。
② A New Source of Vitamin C。*Nature*，1943，152：596。
③ 西南联大《除夕副刊》主编：《联大八年》。北京：新星出版社，2010 年，第 211 页。
④ 华莱士只在联大短暂参观了生物学系和图书馆两处地方。

如紫花地丁、滇池蝶螈或者余甘子、黄豆、茶叶之类，由于条件所限，都是就地取材，无形中也就淡化了"本国生物"和"模式生物"之间的选择问题。

鼎革之际

生物学系返回北平后，师生面临的是"仅有空屋一座"的困境。到1947年春，系里已经恢复了一些"简单研究工作"。[①] 不过，从实际情形来看，此时能开展的工作并不会很多。战前在清华开展的研究，早已被战争扫荡一空。陈桢回忆说，复员后"物价飞涨、研究经费缺乏，无法继续我的金鱼遗传研究工作"。[②] 而其他教师在昆明就地取材进行的研究也不可能在北京进行。此外，时局的变化也加重了师生们动荡不安的情绪，到1948年，政权易手在即，人心很"乱"。[③] 吴征镒等师生更已将大量时间精力投入到学生运动和迎接解放之中。可想而知，能保证正常的教学时间已属不易。到1948年年底，清华已事实上被新政权接管，此后教师又开始进行政治学习。[④] 在这种情形之下，是很难集中精力进行研究工作的。1947年后，虽然《理科报告乙种》《北平博物杂志》等也刊载了生物学系师生的研究论文十余篇，但这些文章绝大多数是昆明时期的，几乎没有多少复员后的工作。[⑤]

在动植物调查采集方面，由于吴韫珍去世、李继侗担任校内行政职务（代理训导长）、杜增瑞未返回北京，以及吴征镒参加解放工作等原因，似已陷于停滞。生理学方面的主要工作，是重返清华的赵以炳在1947年开始的刺猬冬眠生理研究。鉴于"当时几乎是一无所有的局

---

① 陈桢：生物学系。《清华校友通讯》，复员后第二期，1947-4-25：4。
② 陈桢：研究方法必须创新。《科学的道路》，上，第768页。
③ 汤彦承、虞佩玉、蔡益鹏均在访谈中提到这一点。
④ 沈同在回忆文章中说："1948年清华大学得到解放。在那段时期，我认真读了《列宁主义基础》《实践论》《矛盾论》等，发现不仅自然科学是实事求是的科学，革命理论也是实事求是的科学。"
⑤ 如1947年10月出版的《理科报告乙种》（此时该刊已改名为《国立清华大学科学报告（第二种）》，英文名称不变。为称呼简便，此处仍用中文旧名简称，下同）第3卷第1期，实是1941年为庆祝清华三十周年校庆时所编。但编好后太平洋战争爆发，上海沦陷，无法印刷（该刊印刷地在上海），故迟至1947年方才印出。

面", 他认为"刺猬是可能利用的生物材料, 可就地取材, 做些冬眠的观察大概是可行的"。赵以炳和助手叶甲壬一起, 利用普通的水银温度计、记纹鼓等, 研究了刺猬冬眠的体温调节、呼吸方式以及心血管活动、生殖周期等问题, 开始了他长达四十年的断断续续的冬眠研究。1946级学生、此后长期担任崔之兰和赵以炳助教的蔡益鹏回忆说:

> 我的印象, 回到清华后, 生物系没有东西, 就剩个显微镜了。就有显微镜, 一点高级东西也没有。因为生理生化就算是比较现代一点的, 不过当时也都是"空手"……你想赵先生做一点低温的工作, 哎呀那可怜了, 人和动物一块儿挨冻。
>
> 图书资料都是带来带去, 背来背去的, 背到云南去又背回来, 都过时了。那时候他们的工作全靠他们的老底子, 不是靠现代化设备, 一点都谈不上。就是靠他们在学术上的修养, 知道这个学科的发展。①

关于做冬眠研究时简陋的条件, 陈守良也有深刻的记忆:

> 49年前那几年, 47年48年, 打内战, 没有钱, 那真是破破烂烂。赵先生就在那种条件下, 还要研究刺猬冬眠。要说他的设备, 那一张照片(图7-1)里的就是最好的。他的设备也不全, 我们三年级做生理学实验, 有个记纹鼓, 肌槽就没有。我就跟我的同组同学, 冬天就用劈柴块, 劈成这么大, 不是跟肌槽差不多嘛, 绑在那个铁架子上, 然后把肌肉用大头钉钉在这个劈柴上面, 然后就画那个肌肉单收缩曲线, 画得还挺漂亮。②

---

① 蔡益鹏教授访谈, 2013年12月22日。
② 陈守良教授访谈, 2015年1月24日。

图 7-1 记录刺猬呼吸活动的装置（1947 年）

资料来源:《赵以炳先生诞辰一百周年纪念文集》，图片页。

值得一提的是，在鼎革之际，生物学系师生对于生物学在新政权下究竟会如何发展，也各自有不同的看法。1947 级学生狄源溟记录吴征镒（1946 年入党）谈及生物学在新社会的发展前景道:

> 我（注：指吴征镒）……感到中国科学的根底太差，所以正在发掘旧有遗产，想在这里面收集经验，作为今后改革我国的生产和科学之助。
> ……达尔文学说是资本主义全盛时期的产物。至于新社会中的生物学研究，自然是用与现在不同的另一套方法（但仍得由现在的方法扬弃而来），例如：有计划，大规模，以人民利益为目的（不再是帮闲）。①

---

① 狄源溟：1947—1949 年的几件事。清华校友总会编:《校友文稿资料选编》，第二辑。北京：清华大学出版社，1993 年，第 137–138 页。

此处所谓帮闲之说，似指民国时期的生物学研究主要凭借学者个人兴趣、也无统一组织，未对社会生产形成直接推动之意。这种批评，如中央研究院总干事萨本栋曾自嘲中央研究院是"战时的废物，平时的花瓶"一样，多少反映出那个时代中国科学的真貌。不过，此番谈话，似已能说明1949年后国内生物学（或者说自然科学）的发展倾向。

与吴征镒的信心和雄心相反，对于生物学特别是遗传学在新政权下的发展，陈桢则流露出不安的情绪。狄源溟同样记载了一则事例：

> 1949年春节，生物系师生聚在一起包饺子。系主任陈桢向大家敞开心怀："解放之后，生活苦一点，吃小米什么的，我都不怕。我只怕不让我再作果蝇、金鱼等的遗传研究。昨晚听美国之音广播说，苏联李森科等批判孟德尔－摩尔根学派，斗得很厉害，说那些都是资产阶级的学说。我只对这一条有顾虑。希望中国在这方面不要追随苏联。"讲时，陈师的情绪很激动。

无独有偶，类似的顾虑，其他遗传学家在言论中也有所表露。时在上海中研院植物所的李先闻就打定主意去台湾。对于同事们的挽留，他回答"遗传学是李森科那一套，哪能不走"。[①] 1950年后不堪乐天宇高压政策而被迫出走海外的李景均，更是发出了"遗传学在中国死亡"的悲鸣。[②] 面对哥伦比亚大学的邀请，陈桢并未选择离开中国，但1950年后他已将不少精力放在中国古代生物学史的整理研究上。此后他的金鱼研究虽然仍在进行，[③] 但并未再发表相关的研究论著。他编著的《复兴高级中学教科书——生物学》，已将现代遗传学部分删去而增加米丘

---

① 《李先闻自述》，第202页。
② C. C. Li：Genetics Dies in China。*Journal of Heredity*，1950，41（4）：90。
③ 根据张瑞清等的回忆，陈桢在1956年仍然"抱病工作，一坐就是半天，在金鱼产卵季节里，几乎每天都到实验室"。

林和李森科方面的内容，但仍不免遭到尖锐的批评[①]并于 1952 年停止使用。而赵以炳的冬眠研究也被认为是"浪费人民的小米"，不得不于 50 年代初一度中止，他本人在"三反"运动中还作过思想检讨报告，此后转向翻译苏联的动物生理学教学大纲等工作。[②]这些有限的学术积累，终究没有免于意识形态或政治运动的干预和损害。

四、"实验派与调查派之争"中清华生物学系学人的态度

1932 年，北京大学心理系教授汪敬熙在《独立评论》杂志上发表"中国今日之生物学界"[③]一文，质疑当时的中国生物学过于偏重分类和形态学研究，而现代生物学的新兴生长点——遗传学、胚胎学等"实验生物学"反而处于弱势的情形。由此引起的断断续续五年有余的"实验派"与"调查派"之争，成为中国近代生物学史上的一个重要事件。[④]站在汪敬熙的对面为"调查派"力辩的主将，是著名的植物分类学家胡先骕。论辩双方站在各自的角度，都激烈地为本方的合理性和重要性进行了辩护，显示出双方对中国生物学发展方向的极大关注。而在这种表面的方向之争背后，一方面是研究经费分配之争，另一面则是科学发展的观念之争和文化之争。[⑤]

这场以《独立评论》为主战场的论辩双方，除了汪敬熙、胡先骕二人外，还有分别"附和助威"的协和医学院生理学教授张锡均以及北京

---

① 如发表在 1952 年《生物学通报》上的两篇署名文章，即批判其修正本"毫末抛弃腐朽的旧观点"，云云。而该教材自 1952 年后亦被停止采用。

② 王伯恭：人民的清华大学。《人民日报》，1952-9-29：3。

③ 汪敬熙：中国今日之生物学界。《独立评论》，1932，12：8-11。

④ 关于这一事件，学界已多有论述。如陈胜崑的"中国生物学实验派与调查派之论战"、薛攀皋的"部分生理学家同分类学家、形态学家的论战"、李昂的"20 世纪 30 年代中国生物学发展方向的一场争论及其文化根源"以及《中国近现代科学技术史》一书中曹育编写的生物学相关部分。

⑤ 李昂：20 世纪 30 年代中国生物学发展方向的一场争论及其文化根源。《科学文化评论》，2009，6（3）：69-81。

大学理学院院长、生物系主任张景钺等人，都是当时国内一流的生物学家。其观点可以说基本上各执一端。作为中国近现代生物学最重要的奠基人之一的秉志则在 1933 年的一次讲演中说："有人……以为分类学家的工作轻易，……这实在是说者本人，他自己未曾着手做过什么分类工作，一些不知此中甘苦的浅见陋学之人。"秉志本人主要以动物分类学见长，与胡先骕、钱崇澍等植物分类学家同创中国科学社生物研究所，成为中国近代生物学建制化的标志。他批评那些"自己没有干出什么，却看轻别人的工作，或即使自己有研究的工作，而漫骂别人的工作为不需要者，都是浅陋寡闻的人，并非真正的学者。"[①] 这样的批评显然是极为严厉的。[②] 毫无疑问，在这场论争中，每个人所发表的言论都带有自身专业背景和所处环境的深刻烙印。

有意思的是，对这一中国生物学发展的现状问题之争，除了上述学界"领袖人物"，两位清华生物学系的年轻学者、此时尚属"后辈"的植物学助教汪振儒和生理学专任讲师彭光钦也不甘沉默，先后在《独立评论》上发出了自己的声音。[③] 汪文发表于论战之初，彭文则适在论战之末。前者鼓吹各个方向"齐头并进"，后者则倾向于鼓吹实验生物学研究。不过，此时回国不久的彭光钦尚不如生物学系第一届学生、1930年又返回清华担任助教的汪振儒那样，深受清华生物学系这个小学术共同体的学术氛围的影响。如以陈桢、吴韫珍、汪振儒等人在此时间前后所发表的文章中表达的观点相互对照，更能反映出清华生物学系学人对此一问题的态度。

汪振儒在文章一开头即认为，汪敬熙以实验生物学是现代生物学

---

① 秉志讲演，林文记录：动物学之研究基础。《国风》，1933，3（9）：1–9。

② 作为以动物分类和形态学为主的生物学家，在此一论战中，秉志基本上与胡先骕保持同一立场，有极为接近的观点。秉志在 1933 年的一次演讲中，即强调胚胎学、生理学研究都要具备坚实的分类学和形态学基础，并举了数个反例来说明。1934 年，胡先骕在"读科学杂志随笔"一文中，也表达了同样的观点，但用语还要尖锐得多。

③ 汪振儒：读了"中国今日之生物学界"之后。《独立评论》，1932（15）：10–15。彭光钦：试验的科学。《独立评论》，1934（197）：16–18。

发展之大趋势、要在国内努力提倡实验生物学的观点，"十分合理"、
"我个人颇表同意"，但对其分类学的看法则不以为然。汪振儒认为，
国内对分类学和形态学方面的研究，根本不是太偏，而是不足，而分
类学更是"一点还没有做研究"，"全是属于调查报告的性质"，"中国
现在之如此集中在这方面，实在因为中国在这方面的基础太差"。至
于汪敬熙说国际上"分类学大见衰颓"，他也通过 1927 年、1930 年度
国际生物学论文发表的学科分布和增长情况来说明并非如此。接着汪
振儒话锋一转，提出了自己的意见：

> 看了以上的话，或者有人会想到我是反对提倡实验生物学的研
> 究的。果真如此，那真是一个不幸的误会。……我个人觉得，一门
> 学问有种种方面的研究，其所以分为许多项目去研究的缘故，不外
> 是求对于人的便利。不过我们知道生物或生命现象却是一个整的，
> 是不可分的，要解决生物或生命的问题，无论在理论或实用上，全
> 非从各方面一齐探讨不可……各面的研究，只要有关于生物或生命
> 现象的，全都重要，不应歧视。

这种观点当然不是平均主义的和稀泥，作者接着分析道：

> 事实往往是这样，有一方面若是进步得太快，与其他方面的程
> 度相差太远，当其与他方面失去联络时，也每会就停下来，……换
> 而言之，若一方面进步得太慢，也会连累得他方面不能进步。……
> 总之，各方面的研究是要保持平衡的，其间是全有联络的。我们应
> 当整个地以生物或生命现象作对象来提倡生物学的研究。所研究的
> 在那一方面却似乎可以不必计较。
> 现在中国生物学界的现象，并不是那一项研究已发达，已被偏
> 重的问题，而是全生物学界的工作人员及经济不充分的问题。若工
> 作人员增多，财力也扩充，则研究的范围也自然向普遍发展，而其

进步也自会突飞猛进。

由此可见，作者的观点乃是一个"木桶理论"：生物学只有"全线发展"，才能保证各个分支也得到充分地进步；反之亦然。从这个角度，中国生物学的发展还任重道远，存在的问题"决不止大体上就分为形态分类的研究被偏重、而实验生理的研究被忽视两项所能包括的"；断定国内刚刚起步的生物学工作已经出现畸形发展，"似嫌稍早"。这种态度实际上已经超出了两派之争的纠葛，而明显具有"多研究些问题，少谈些主义"的精神。

必须指出，对于当时中国生物学不发达的情况，清华的学人一直洞若观火。1929 年，时为理学院院长的叶企孙就在一次演讲中谈到："生物科学方面的工作，例如采集标本，编辑图谱等，只能说是方在起头，并且还是初步的生物学研究。"①1931 年，陈桢在一篇文章中，也表示国内的生物学各方面的发展都只不过是"萌芽"状态，他说：

> 许多专门杂志里发表的研究论文可以分为两大类。一类是关于中国动植物的调查和考察。一类是普通生活现象的研究。这两方面的研究在最近十年里都有了不少的进步，然而与欧美日本生物学界的状况比较一下，仍然不过是萌芽时期的工作，距成长时期还远得很呢。②

陈桢在这里所提到的"两大类"分法，只能说近似、但并不同于实验派与调查派的区分。例如，与当时的采集工作热衷于搜求新种相比，清华生物学系所做的动植物调查，更多地志在整理分类体系、研究生态学等。吴韫珍在整理已有文献时，即希望国内的各个大学可以编写各省

① 叶企孙讲，R.M. 记略：中国科学界之过去现在及将来。《国立清华大学校刊》，1929-11-22：2。
② 陈桢：中国生物学研究的萌芽。《清华周刊》，1931（8-9）：73-76。

植物志，"至于调查所及研究院以发扬国光为急务，刻意于新种之发现，则又另当别论也"。[①] 但是，归根到底，在陈桢等人看来，实验也好、调查也好，都是生物学研究的方法。方法如何选择，应视研究的目的而定。对于不同的研究者来说，这些研究或者在次序上有先后、在知识需求上有程度之分，但本质上并无冲突，相反，却是彼此相接、浑然一体的。1932 年 6 月，即"两派之争"爆发约两个月前，陈桢在一次讲演中用形象的比喻、讲述生物学各个分支的作用和研究内容时，曾详细描述过这种相互关系：

> 生物学研究的材料是植物与动物，研究的方法有归纳的、试验的、数量的许多种。研究的问题可以分为以下几类：
>
> （一）动植物的调查与分类……我们如果想要充分利用图书室里的书籍，必定要先知道图书室里有些什么书，收藏在什么地方，书面上有什么标记，这许多书是怎样分类的；（二）动植物的结构——单看一本书的封面不能算真知道这本书是什么。动植物的第二部研究是把身体解剖开来，细心考察内部的详细构造，各器官互相的关系，与各种植物或者动物结构上的异同；（三）动植物的生理与生态——我们知道了生物的结构以后，再进一步就要研究这种结构怎样才能发生生活的现象；（四）发生，衰老，遗传，进化——生物的身体普通［遍］都是到［从］一个细胞发生出来的。……这个简单的细胞怎样变成一个生物的身体？身体怎样长大？长大以后为什么又有衰老的时期与死亡的结局？[②]

在上述这段话中，陈桢不仅概括了生物学研究的四个方面的内容，对这些方面之间的相互关系也做了清晰的阐述。这种关系，也即这些研

---

① 吴韫珍讲，徐仁、杨承元记：河北省植物发见史概略。《清华周刊》，1932（10—11）：97—110。

② 陈席山先生讲演。《国立清华大学校刊》，1932-6-10：1—2。

究彼此承接和紧密关联的内在原因，就是汪振儒文中指出的"生物或生命现象却是一个整的，是不可分的"；之所以会有研究类别，"不外是求对于人的便利"。可见，汪振儒的观点实际上是对陈桢一文在"两派之争"的背景下所作的进一步说明。这种观点上的一致性和继承性，在两人对中国生物学发展的期望上也可以得到印证，陈桢说：

> 希望十年之后，于中国动植物的各门类都有了很多的研究的专家，他们努力研究的结果，可以把中国各地方动植物状况的大概情形考察明白。在普通生活现象方面，希望国内生物学家研究的成绩，不但在量上增加许多倍并且在质上有了引起国际学术界注意的贡献。

汪振儒则在其文末说道：

> 我希望中国的生物学家认清此点而作普遍的努力，一方面努力普及生物学的智识，使国人普遍地认识其重要，庶可容易得到财力的补助，一方面要努力提倡生物学的研究，促起多数人的兴趣，收入这集团来做生力军。总之，中国现在的生物学，还太落后，中国的生物学家或提倡生物学的人，应以促进生物学的全线进步作目标来鼓舞提倡，而千万不可存了门户之见，限于小范围的发展。

作为一名时年仅有二十四岁的国内生物学界的年轻学者，汪振儒能发出如此掷地有声之评语，实属难得。与陈桢等人的观点相参照，不难发现二者之间的诸多共性和相关性。而文末中号召国内生物学者"一方面普及智识，一方面提倡研究"，和清华生物学系的进行方针也完全一致。这一文章背后有无陈桢等主要教师的意见或修改不得而知，但无论从主旨还是内容，都深深地反映出清华生物学系在发展上"全面""均衡"的一贯理念。对这样一篇文章，汪敬熙亦无太多过硬的反驳，在

"答汪振儒先生"一文的末段，他已从先前"至少应该用一大部分的财力和人力致力于实验生物学"的疾呼，改为"我的意思是我们现在应设法使这点财力有一部分是用在提倡实验生物学"的陈述，[①] 前后对比已委婉了许多，不能不说是受到清华生物学系所倡导的"全线进步"观念以及所表现出的务实作风的触动。另一方面，在 1934 年中国植物学会第二届会议上，胡先骕提出"理应编纂《中国植物志》"，并希望全体会员同心协力共同完成这项工作。若以胡氏提出的倡议内容而言，则更像是接受了吴韫珍的主张（该会于 1933 年成立，发起者十九人之中即有吴韫珍和李继侗二人，清华生物学系亦为该会之团体成员之一）。可见，清华生物学系的学术理念，已不仅限于清华园之内，而是通过与学界的互动，进而影响着民国时期的中国生物学发展。

"实验派"和"调查派"之争并未得出一个明确的结论，即被全面爆发的抗日战争所打断。在共赴国难的时代背景下，如何在求得自身生存的同时，寻找生物学研究与抗战建国目标的结合点，在追求"实用化"的环境下保存中国生物学研究幼弱的根苗，成为彼时生物学家们关注的一个重点。换言之，在战时条件下，当基础研究的合理性都受到质疑时，研究的方向和路径之争已不再重要。因此，著名微生物学家巴斯德在普法战争中坚持科学研究、为法国在科学和经济上争得莫大荣誉和利益的例子，就颇得钱崇澍等人所注意与推崇。此后，虽然仍有关于实验科学应当受到重视的零星呼吁，两派生物学家也基本上沿着各自的道路继续前行，但再未发生大的思想交锋。

时间来到 1950 年。此时，"两派"论战已经结束十余年，在新政权建立、百废待兴的空气之下，中国的生物学家对中国科学的发展自然有了更多的期待。秉志在"国内生物学工作之展望"一文中谈及中国科学的前景，满是感慨和希冀，他说：

---

① 汪敬熙：答汪振儒先生和胡先骕先生。《独立评论》，1932（15）：22–23。

以科学之全体而论，如一有生之物然。其发展也，彼此皆有关系。各种科学，须一齐前进。绝不容谓某一种科学重要，须辅其发展，某一种科不重要，不妨暂行搁置。而在各种科学之中，每因某一门科学努力之人较多，成绩斐然，其他各门多受刺激，亦相率猛进。甚似生物之体中，某一部往往影响于他部。生物学之同人，若皆努力深造，各种科学之同人，亦不甘当仁而让。大家一齐奋斗，国内之科学，当日新而月异。[①]

---

① 秉志：国内生物学工作之展望。《科学》，1950，32（12）：353–356。

结语

时代变革中的国立清华大学生物学系

　　十九世纪中叶，中国固有的历史进程被西方的工业化文明的侵略所打断。随着一连串的外辱，特别是甲午战争的惨败，让中国的有识之士意识到在这一"数千年未有之变局"中，必须走上向西方学习的道路，而近代科学技术恰是西方文明最为直观的体现。自"睁眼看世界第一人"之林则徐，到鼓吹社会变革之严复、梁启超，无不将"格致之学"视为摆脱落后局面的良方。中国近代生物学奠基人秉志亦说："中国近日之贫弱，其原因虽多，而科学之不发达，实为最要原因之一。"[1] 西方近代生物学即是在这样一种背景下，开始被逐渐引进国内。[2]

　　作为庚子赔款的产物，清华既带着先天的屈辱烙印，又承载着一个古老民族奋发图强的强烈愿望。因而历任校长不甘于清华仅仅做一留美预备学校，且"退款终期，该校亦必随之停止"，遂有不断改办大学之申请与尝试。在此一过程中，作为理科课程之一的生物学的地位逐渐升高，与物理、化学等其他自然科学课程平齐。在提倡科学"本土化"、"解决中国实际问题"的理想下，1925 年清华"改大"时，生物学成为备受关注而得到第一批通过的学科。但在建系之初的两年间，由于时局

---

① 秉志：科学三点。《科学画报》，1934，1（21）：801。
② 罗桂环：《中国近代生物学的发展》。北京：中国科学技术出版社，2014 年，第 2 页。

不靖、师资不稳，一直发展缓慢。直至 1928 年中，深受德国以及美国大学办学思想影响、提倡"纯粹科学"研究且对生物学颇为看重的罗家伦担任清华校长，生物学系才得以迅速发展起来。

近现代生物学，特别是实验生物学，为一探究生命现象及其内在机制之学科，它可以部分通过农、林、医、药等学科惠及社会民生，但其研究本身并不与实利发生直接关系。这既要求生物学家不以咫尺之功利为研究目的，也要求外界环境给予其稳定的研究环境，并理解其"纯粹科学"的特点。清华的崛起为生物学系的发展提供了良好的条件，其一为稳定的经费支持和国内首屈一指的硬件建设，其二则为重视"基础研究"的学术氛围。1929 年后，生物学系在学术研究、课程教育、学生培养等方面均做出了详细规划并得到顺利执行。1931 年，生物学系也从此前拥挤的实验室，搬迁至宽敞明亮的生物学馆，图书、仪器、设备等也迅速增加，一跃而成为国内的顶尖机构。

清华生物学系着力提倡中国生物学的全面发展。但在当时的情况下，国家层面对科学发展规划缺乏、管理无力、经费不足，这种"全面发展"实际上表现为各自进行的无组织情形。清华生物学系所进行的研究多数出自教师本人的专业或兴趣，而这也是民国前期生物学发展的普遍情况。如彭光钦便认为"统制科学的研究，不但与研究事业没有补益，而且足以障碍科学的进步"。[1] 但到了战时，这种无序状态造成政府与科学家之间的隔膜和埋怨，如钱崇澍等生物学家就认为政府的组织动员能力不足，也未能利用生物学家已有的研究成绩，[2] 而政府则认为自然科学家未能自行组织参与战时建设。正如卢于道描写的那样："政府说：你们科学家为什么不组织起来，贡献你们的力量呢？科学家说：政府为什么不将我们科学家组织起来，使我们可以效劳呢？"[3] 另外，近代自然科

---

① 彭光钦：论科学研究之统制。《独立评论》，1936，214：8。
② 钱雨农等：抗战期自然科学家的实践问题。《读书月报》，1939，1（2）：9-10。
③ 卢于道：抗战七年来之科学界。谢幼伟等著：《中国战时学术》。南京：正中书局，1946 年，第 166 页。

学之传入中国，即被赋予"救亡图存"之使命；加以中国的实用主义传统，作为"纯粹科学"之一的生物学在中国不得不面对实用性和非功利性之间、学科本土化与世界化之间的双重矛盾。"政府说，我们要国防民生的科学建设，请科学家起来参加。科学家说，科学理论为国防经济建设事业之基础，请政府要特别注意。"[1] 国民政府大力提倡和支持发展应用科学和技术，对于基础研究则相当淡漠，尤以战时为甚，[2]"上至独立的研究院，下至各大学之研究院与研究所，多是经济困难，不能发展"。[3] 在后方，生物学系虽然也进行了一些与应用有关的研究，但受到经费和环境条件的制约，总体上只能维持基本的教学和研究。

鼎革时期政权的转换，使生物学系旧有的学术研究从形式到内容上都发生了极大的转变。新政权所具有的组织动员和统筹分配能力远胜于旧时期，而科学技术服务于工农业生产的宗旨，把对实用性的重视抬到了一个新高度，基础研究再度蜷缩于生产应用的阴影之中。另一方面，二十世纪五十年代初期，受意识形态和学习苏联的影响，李森科学说的传播使摩尔根学派的学者遭到不公正的打击，而对巴甫洛夫的推崇则使生理学得以保持和延续。随着院系调整的进行，清华生物学系整体合并到北大。而到北大不久，陈桢又担任中国科学院动物标本整理委员会主任，李继侗则远去内蒙古大学开创了生态学专业。除生理学外，原有的学术传统大多转移或停滞。1936 年毕业的王志均曾感慨道："当我们每次返校时，看到原来朝夕学习的生物楼人去楼空，心中感到无限怅惘，真有点像母亲改嫁了老家中没有了亲人一样。"[4] 汤佩松则更为直言不讳地说："清华分解了，清华这一批有名望的教授就分散了，清华现在

---

①　卢于道：抗战七年来之科学界。《中国战时学术》，第 166 页。

②　程雨辰主编：《抗战时期重庆的科学技术》。重庆：重庆出版社，1995 年，第 38 页。

③　郝景盛：抗战七年来之科学。见：谢幼伟等著：《中国战时学术》。南京：正中书局，1946 年，第 185 页。

④　王志均还提到，他接待回国探亲的同学李瑞轩时，李"因怀念母校，让我陪他回清华母校看看。当时的生物楼已改作校医院，我们在楼前徘徊良久，唏嘘长叹，大有不胜今昔之感"。见：孙之荣等编：《光辉的历史，灿烂的未来：庆祝清华大学生物系建系七十八周年复建二十周年》。未刊稿，第 87 页。

已不是过去的清华。"①

　　清华作为民国时期国立大学中之佼佼者，为典型的精英教育。生物学系的学生人数较少，师生比很高，故学生得以时常与教师进行交流，保证了学习效率。教师们通过行之有效的教学法，不仅传授给学生以知识，更重要的是引导学生以学术研究思维的训练。此外，生物学系还开设多门课程，普及生物学知识、传播科学思想。生物学系的学生们通过参与实验研究、野外考察实习和做毕业论文，较早地进行研究工作，在学术研究的实践和方法两个层面都得到了良好的训练，为他们将来从事专门研究打下了很好的基础。教师亦以培养学生成才为己任，极具自我牺牲之精神。李继侗表示："自己当科学家，未必就伟大，但如果能培养出一大批科学家来，倒是很伟大的。"② 在良师教育下，生物学系毕业生成才率较高，大多成为生物学领域的专门人才，还有数人此后成为院士一级的学界领袖人物。李先闻在战后考察美国科学，认为美国科学工作者之研究精神有三点：能守、合作、手脑并用③。此言固然是针对美国生物学家之群体，但对清华生物学系之师生而言，他们同样并不缺乏上述精神。但对于研究生培养而言，由于专门人才的训练对研究设备和学术研究选题水平的要求远高于一般性质的通才培养，在民国时期，国内与国外差距十分明显，清华生物学系也不例外，其研究生的培养水平不如本科生，这说明在当时的条件下，除了分类学等较不依赖实验条件的少数学科外，国内实际上很难自主培养出达到世界水准的生物学专门学者，而这又进一步强化了学界对留学的重视与依赖。

　　国立清华大学生物学系是中国近代生物学的一个重要机构，它的发展史也是二十世纪上半叶中国近代生物学发展的一个缩影。生命之所以为生命，对环境变化的适应是一个重要的特征。而先辈们在那个不断变革的时代中所表现的坚毅和智慧，相信能给今人提供更多有益的借鉴。

---

　　① 汤佩松：忆清华生物系的历史。孙之荣等编：《光辉的历史，灿烂的未来：庆祝清华大学生物系建系七十八周年复建二十周年》。未刊稿，第 84 页。

　　② 李德宁等：纪念我们的父亲。《李继侗文集》，第 419 页。

　　③《李先闻自述》，第 177–182 页。

附录一

清华大学生物学系历届本科生走向

毕业年份	姓名	深造经历与学术荣誉	工作经历	研究领域
1929	薛芬	1938年英国利物浦大学海洋生物学博士	清华生物系助教；复旦大学生物系教授兼系主任	海洋生物学
	容启东	1935年赴芝加哥大学进修	清华生物系助教、教员；1938年任岭南大学生物学教授，历任系主任、理学院代理院长、岭南大学教务长；1951年任香港大学植物学高级讲师；1959年任香港崇基书院院长；1963年任香港中文大学首任副校长	植物分类学
	汪振儒	1936年康奈尔大学硕士；1939年美国杜克大学森林生态学博士	中国科学社生物研究所助理；清华生物系助教；广西大学农学院教授；国立北京大学农学院教授；北京林学院教授，学术委员会主任	植物生理学藻类学
1930	—	—	—	—
1931	陈善铭	1936年出国，1943年美国明尼苏达大学植物病理学博士；1978年全国科学大会奖；1988年国家自然科学二等奖	北京师范大学生物系助教，静生生物调查所兼任助理；1945年任中央农业实验所技正；1957年后历任中国农科院植物保护研究所研究员、副所长	植物病理学
	刘发煊	1937年（？）英国伦敦大学博士	清华生物系助教、教员；1937年任山东大学教授；湖北省立农学院院长；1951年任台湾大学动物系教授、渔业生物试验所所长	鱼类学动物分类学

毕业年份	姓名	深造经历与学术荣誉	工作经历	研究领域
1931	石磊	1936年赴德国波恩大学研究植物病理	清华生物系助教；1934年转至农业研究所	
	童家骅		武汉大学生物系助教；1937年曾返回清华大学理科研究所生物学部就读研究生	
1932	娄成后	1939年美国明尼苏达大学植物学博士；1980年中国科学院学部委员（生物学部）	1932年任岭南大学助教；1939年任清华大学农业研究所副教授；1949年后任北京农业大学教授，1980年任副校长	植物生理学
	萧承宪	1936年清华大学理科研究所生物学部毕业，硕士	西南联大生物系教员，云南大学生物系讲师、教授	细胞生物学
	尹商藩		曾在天津南开中学任教，1940年前后在鲁苏战区党政分会任机要科上校帮办	
1933	沈同	1939年康奈尔大学生物化学博士	清华生物系助教，1940年任西南联合大学生物系副教授，1941年任教授，1946年任清华大学生物系教授，兼协和医学院教授，1952年任北京大学教授	生物化学、分子生物学
	顾昌栋	东吴大学硕士	清华生物系助教，1938年任西南联大助教，后任教于国立师范大学生物系、南开大学生物系	寄生虫学
	潘次依		静生生物调查所助理，西南联大助教，抗战期间似跟随其夫顾昌栋前往国立师范大学，后任教于南开大学	软体动物、组织学、胚胎学
	徐仁	1946年印度勒克瑙大学古生物学博士；1980年中国科学院学部委员（地学部）	清华生物系半时助教；北京大学生物系助教；1939年任云南大学生物系讲师、副教授；1948年任印度萨尼古植物研究所副教授、代所长；1952任中科院古生物所研究员；1959年任中科院植物所研究员	古植物学
	王启无	耶鲁大学林学硕士；哈佛大学生物学博士	静生生物调查所助理研究员，广西大学副教授，美国爱达荷大学生物系教授，佛罗里达大学教授、明尼苏达林学院研究员	植物分类学、森林学

续表

毕业年份	姓名	深造经历与学术荣誉	工作经历	研究领域
1934	陈耕陶	1946年美国明尼苏达州立大学化学博士	清华生物系助教，西南联大生物系助教，1946年任中央农业实验所技正，1949年后任中国农业科学院研究员	农业化学
	关克俭	1941—1942年在日本东京帝国大学留学一年	北京师范大学助教、静生所图书管理员，北大（日占时期）生物系助教、东北大学副教授、1955年后任中科院植物所副研究员、研究员	植物分类学
	马飬云	留学德国柏林大学、哥廷根大学	同济大学植物系教授	
	郑重	1938年留学英国，1944年阿伯丁大学博士	清华生物系助教；阿伯丁大学助教；牛津大学动物系研究助理；1947年任厦门大学海洋系教授，1954年任厦门大学生物系教授	海洋浮游生物学
	王希庆		志成中学高中生物学教员；国立第一侨民师范学校教员；1947年后曾任教于燕京大学生物系；解放后任教于北京农业大学	植物形态学
	杨承元		清华生物系助教；西南联大生物系助教，西南联大先修班生物学教员	
1935	杨协芳（后改名杨伯仑）		昆明省立云端中学教导主任；大理喜洲中学校长；云南大学生物系教授（存疑）	
	沈善焜		清华生物系助教，同济大学助教，铭贤农工专科学校讲师，成都清华中学、重庆清华中学教员；清华生物系教员、讲师	植物分类学
	朱弘复	1945年美国伊利诺伊大学博士；1978年全国科学大会重大成果奖	1935—1941年任清华大学农业研究所助教，1947年任北平研究院动物研究所研究员，1949年后任中国科学院昆虫研究所（后并入动物研究所）副所长、代所长	昆虫学
	张鼎芬	1944年美国密苏里州立大学进修；1957年美国加州大学进修	台湾大学畜牧系教授	动物生理学
	李祖桂		清华生物系助教	

续表

毕业年份	姓名	深造经历与学术荣誉	工作经历	研究领域
1935	赵修谦		厦门大学生物系教授	植物学
1936	陈熙泽		保定培德中学生物教员，印尼雅加达巴城中学生物教员（？）	
	梁其瑾		清华生物系半时助教、助教；西南联大助教；广西医学院讲师；香港大学生理系教师	
	张尔琼		清华生物系助教；西南联大生物系助教、讲师；广西大学副教授，台湾师范学院附中教员	
	郭海峰		清华农业研究所虫害组助教；昆明师范学院生物系教授；云南大学生物系教授、系主任	
	李瑞轩		清华生物系助教；明尼苏达州立大学生理学教授	
	庞士铨		1946—1949 年任国立东北大学植物系副教授，1949 年任沈阳农学院副教授，1950 年后任东北农学院副教授、教授	植物生理学
	王志均	1936—1939 年于协和医学院进修；1950 年美国伊利诺伊大学医学博士；1980 年中国科学院学部委员（生物学部）	清华生物系助教；中正医学院生理学讲师；贵阳医学院生理学讲师；北京医学院（北京医科大学）生理学教授。1985 年当选为中国生理学会理事长	消化生理学
	王伏雄	1941 年清华理科研究所生物学部硕士；1946 年美国伊利诺伊大学博士；1980 年中国科学院学部委员（生物学部）	中央研究院植物研究所副研究员、研究员；1950 年任中国科学院实验生物所研究员；1951 年任中国科学院植物研究所研究员。1988 年当选中国植物学会理事长	植物胚胎学
1937	李有术		不详	
	薛容（后更名薛公绰）		1938 年任八路军卫生学校生理学教员；1945 年任东北民主联军通化医学院副政委；中国医科大学教育长；1954 年任北京医学院副院长；1956 年任中国医学科学院副院长；1965 年后任外交部西欧司、非洲司副司长；1973 年后任卫生部外事局局长	

续表

毕业年份	姓名	深造经历与学术荣誉	工作经历	研究领域
1937	刘曾复	1938—1942 协和医学院生理系研修	1943 年任北平中国大学生物学系讲师；1945 年任北京医学院生理学讲师；1960 年任首都医学院生理学教授	动物生理学
	郑学经		四川大学生物系教授	植物学
	齐颐		扬州震旦中学教员；早逝	
	黄瑾		清华生物系助教；解放后在中国科学院编译局工作	
	宋光遂		不详	
	丁延祉	1947—1949 美国康奈尔大学进修	中央研究院生理研究所助理研究员；1949 年后任北京医学院生物化学副教授、教授	生物化学生理学
	吴征镒	1942 年清华理科研究所生物学部肄业；1955 年中国科学院学部委员（生物学部）；2007 年获中国国家最高科学技术奖	清华生物系助教；西南联大生物系教员；清华生物系讲师；中国科学院植物研究所研究员、副所长；中国科学院昆明植物研究所研究员、所长	植物分类学
	胡鸿仪		上海医科大学生物学教员；重庆医科大学生物学教授	
1938	林从敏	1952 年伊利诺伊大学医学院医学博士	西南联大生物系助教；中正医学院生理学教员、协和医学院生理学讲师；1952 年任伊利诺伊大学生理学助教授；1956 年任礼来公司研究员	人体生理学
	姜淮章	1948 年明尼苏达大学昆虫学博士	清华农研所昆虫组助理；1948 年后历任明尼苏达大学助教授、副教授，1960 年任正教授；兼任美国农业部顾问	昆虫学
	姚荷生		西南联大助教；江苏医学院讲师、副教授、医学系主任；南京医学院生物学教授、副院长	
	张德澍		贵阳医学院、广西医学院生理学助教、讲师；1948 年后历任协和医学院生理科助教、讲师；1963 年后在中国医学科学院医疗仪器械研究所工作；1979 年任中国医学科学院基础医学研究所研究员	动物生理学

续表

毕业年份	姓名	深造经历与学术荣誉	工作经历	研究领域
1938	许如琛	1946 年明尼苏达大学硕士	四川大学农学院植物病害组助教、讲师；南京大学农学院教授；南京大学生物系教授	植物病理学、微生物学
	潘琼婧	1978 年全国科学大会奖；1985 年国家科学技术进步奖二等奖	贵阳清华中学教员；中央卫生实验院寄生虫系助教；上海卫生局卫生试验所副技师；中国医学科学院肿瘤研究所研究员	肿瘤细胞生物学
1939	金大勋		中央卫生实验院营养组助教；中国医学科学院卫生研究所营养与食品卫生研究室研究员	营养学
	王懋蔚	1939—1941 年协和医学院解剖科进修	北京医学院基础医学系组织胚胎教研组教授	组织学
	黄浙	1948 年赴比利时布鲁塞尔大学进修	西南联大生物系助教、教员；山东大学生物系讲师、副教授、教授	鸟类胚胎学、发育生物学
	刘金旭	1946 年澳大利亚悉尼大学畜牧系进修；1952 年美国康奈尔大学营养学博士	1939 年任清华农研所助教；1954 年于美国农阿华州立大学畜牧系任教；1956 年任中国农业科学院畜牧研究所研究员	动物营养学
	曹骥	1941 中央大学农科研究所硕士；1949 年明尼苏达大学昆虫学博士	西北农学院讲师；华北农业科学研究所病虫害技正；农业部植物检疫研究室副研究员；中国农业科学院作物品种资源研究所研究员	病虫害学
1940	方纲	1939—1941 年协和医学院进修；1948 年美国哈佛大学进修	中央卫生研究院细菌研究室主任；中国医学科学院抗菌素研究所研究员、室主任、副所长	微生物学、抗生素学
	赖镇东		江西永修高级农林科职业学校教员；南昌中正大学教员；江西农学院教员；农林部东江水土保持实验区技正	
	金德璋		贵阳战时卫生人员训练所助教；开封医学专科学校副教授；河南大学医学院寄生虫系教授	寄生虫学
	高潜		清华生物系助教	
	张友端	1943 年清华理科研究所生物学部硕士；1950 年英国剑桥大学生物化学博士	西南联大生物系助教，清华生物系助教、教员，中国科学院上海生理生化研究所研究员，中国科学院上海生化所研究员	生物化学
	尚之二		大连市轻化工研究所高级工程师	生物化工

续表

毕业年份	姓名	深造经历与学术荣誉	工作经历	研究领域
1940	曹宗巽	1948年美国威斯康星大学生物化学博士	西南联大生物系半时助教；美国亚特兰大大学副教授；北京大学生物系教授	植物生理学
1941	窦振威		国立甘肃科学教育馆、甘肃省博物馆干事；1979年后任西北师范大学生态学副教授、教授	鸟类生态学
	简焯坡		西南联大生物系助教；中国科学院植物研究所副研究员、研究员、副所长	植物分类学
1942	汤佩勤	美国西雅图华盛顿大学生理学博士	华盛顿大学医学院讲师；得克萨斯州立大学医学院助教授；芝加哥医学院教授；北京医科大学客座教授	生理学
1943	梁家骥		昆明五华中学教员；1946年任清华生物系助教；北京大学生物系讲师、副教授、教授	植物系统学
1944	乔曾鉴		北京师范大学生物系教授	植物分类学
1945	无			
1946	无			
1947	钟品仁		卫生部北京生物制品研究所研究员	实验动物学
1948	杨传任		清华农学院助教；北京农业大学助教、讲师、副教授、生理学教授	动物生理学
	林枚			
	方绍慈		青岛大学医学院教授	
	周东阳		去英，后任教于德国法兰克福的一所大学	
	蒲以森		国家计划生育委员会科学技术研究所研究员	神经解剖学
1949	李璞		中国医科大学助教；哈尔滨医科大学医学遗传学教授	医学遗传学
	方春英		北京育才学校生物学教师，北京一零一中学副校长	
	王华敦		中国医学科学院医药生物技术研究所研究员	

续表

毕业年份	姓名	深造经历与学术荣誉	工作经历	研究领域
1949	刘东来		中国林业科学院研究员	
	陈兰生		哈尔滨医科大学生理学教授	
	乐大鹏		乐家老铺"少掌柜",参加南下工作团后返回北京,未从事与生物有关的工作	
	周以良		东北农村植物调查研究所助教;东北林业大学讲师、副教授、教授、副校长	植物分类学
1950	闵嗣霓		不详	
	汤彦承		中国科学院植物研究所研究员	
	史少颐		北京农业大学副教授	家畜胚胎学
	吴允		北京农业大学生理学教授	
	黄导		1949 年前赴美,不详	
	黄文浩		湛江水产专科学校教授	
1951	蔡益鹏		北京大学生物系生理学教授	动物生理学
	傅佑中		不详	
	方天祺		内蒙古大学生物系主任;内蒙古大学校长	细胞生物学、分子生物学
	邓国刚		不详	
	梁业楷		去美,不详	
1952	马德如		南开大学生物系教授	分子生物学
	徐秉烜		中国科学院上海生理研究所研究员	生理心理学
	金元祯		中国科学院生物物理研究所研究员	生物物理与生物化学

西南联合大学生物学系其他
本科毕业生走向

（此表不计入清华毕业生，共五十七人。P 表示北京大学，N 表示南开大学）

毕业年份	姓名	深造经历与学术荣誉	工作经历与学术成就	研究领域及专长
1938	郝天和 P		云南大学生物系、北京大学生物系助教、教员，1946 年后任北京大学生物系讲师，后升至教授	脊椎动物学
	喻娴令 N		重庆蜀光中学教员，后任天津第二南开中学教师	
	冯致英 N	1942 年协和医学院博士毕业，1949 年获约翰霍普金斯大学公共卫生学院硕士学位	1942 后任北京道济医院内科医师、天津第三卫生所所长，1949 年后历任天津立第二结核病防治医院院长、苏州医学院附属第二医院院长、副教授，南京医学院副教授、教授	医学
1939	朱基 P		不详	
	祝宗岭 N	曾获斐陶斐金钥匙奖，1947 年赴英国伦敦大学植物系攻读硕士研究生，曾获国家自然科学奖二等奖	中央大学生物学系、清华农研所植物生理学组助教、助理，1951 年回国后历任中国农业大学讲师、副教授、教授	植物生理学

毕业年份	姓名	深造经历与学术荣誉	工作经历与学术成就	研究领域及专长
1940	董愚得 P		云南大学生物系、北京大学生物系助教，1952 年后调任北京师范大学生物系，后升任教授并长期担任副系主任	植物生理学
	孙兆年 P	似在美攻读博士，专业不详	联大生物系助教，后留美未归，情况不详	
	万黔麟 P		联大生物系助教，黄海水产研究所助理，后任中国水产科学研究院淡水渔业研究中心副研究员、研究员	鱼类学
	王国屏 P		联大生物系助教，其余不详	
	毛兰珍		西南联大生物学系助教，其余不详	
	郑伟光	1943 年生物学部研究生毕业，获 1943 年度丁文江奖金（生物科学）	西南联大生物学系半时助教、助教，清华农研所生理组教员，此后经历不详（似出国）	
1941	黄伯义 N		不详	
	潘俊德		云南大学附中教员，四川丰都（今重庆丰都县）适存女中教员，后在天津三中、女一中任教师、教务主任，四十二中教师、图书馆负责人	
	沈月槎		西南联大优秀毕业生，经历不详	
	柏铨	1943 年清华研究生肄业	中学教员，东北保安司令部长官部少校参谋，1948 年任台湾大学植物系讲师（殷宏章介绍），1952 年后旅居韩、日	
	凌琬瑜		1946 年短暂于燕京大学担任助教，1947 年后赴美留学	
	陈瑞铭	1951 年获英国剑桥大学博士学位，1978 年获全国科学大会奖	联大生物学系助教，1951 年后曾任剑桥大学斯敦兹威司实验室高级研究员。1954 年回国，历任中国科学院实验生物研究所副研究员、研究员，上海细胞生物学研究所研究员。在国内首创了擦镜纸青玻璃培养法。1960 年培养成功国际上第一株人体肝癌细胞	肿瘤细胞生物学

续表

毕业年份	姓名	深造经历与学术荣誉	工作经历与学术成就	研究领域及专长
1941	沈淑瑾	1946 年赴美，1952 年获美国费城医学院博士学位	西南联大生物学系助教，兼联大附中教员。1952 年后在伊利诺伊州、康涅狄格州担任儿科医师。1957 年回国，历任中国医学科学院儿科研究所基础研究部主任、生化室主任等职，1978 年后任首都儿科研究所研究员	儿科医学
	熊南英		贵州务川中学教员，1947—1949 年短暂任贵阳清华中学教员，后返回吴川中学，历任教师、教导主任、副校长	
	陈珍庄		不详	
1942	刘次元 P		贵阳医学院助教，1946 年后任北京大学动物系助教，1952 年后历任讲师、副教授	
	陶维正 N		留美未归，居旧金山，成为一名银行家	
	李卓韶		去香港	
	林少容		去香港	
	曾昭楣		1949 年前去台湾	
	陈德明	1950 年获荷兰阿姆斯特丹大学理科博士学位	清华农研所助教，1950 年回国后，历任北京大学动物系副教授、教授、生物学系主任、分子生物学研究所所长、生命科学中心主任，中国科学院动物研究所研究员及昆虫外激素研究室主任兼南开大学教授，中国科学院海洋研究所研究员，海洋生物活性物质研究中心副主任。曾任中国动物学会理事会秘书长	动物生理学、生物化学
	范文洵		清华农研所助教，1944 年到中央卫生实验院任助理研究员，此后历任中国医学科学院、中国预防医学科学院营养食品所副研究员、研究员	营养学，生物化学
	徐琼书		不详。似曾留美进修或攻读	
	李仲璆		东北药学院生药教研组教师	药物学
	李毓进		去台湾	

续表

毕业年份	姓名	深造经历与学术荣誉	工作经历与学术成就	研究领域及专长
1942	马振汉		不详	
	刘德仪		先后在山东医学院、沈阳药学院、天津中药研究所、南开大学、上海水产大学任教	药物学
	谢广美		赴美	
	沈善炯	1947年赴美，1950年获美国加州理工学院生物学博士学位。1980年中国科学院学部委员（生物组）	1942年后任清华农研所助教、华中大学生物系讲师、中央研究院植物研究所助理研究员、北京大学研究助教。1950年后历任浙江大学医学院副教授、中国科学院实验生物学研究所、上海微生物研究所、植物生理研究所副研究员、研究员。曾任植物生理研究所副所长	
1943	沈霭如 P		北京大学植物系助教、讲师，内蒙古大学生物系主任	植物胚胎学
	朱宁生		中央研究院动物研究所助理研究员，中国科学院水生生物研究所副研究员	鱼类学、鱼类遗传学
	易伯鲁		中央研究院动物研究所助理研究员，华中农业大学教授	鱼类学
	郑师拙	1946年赴美攻读植物生理学，后获博士学位	清华农研所助教，留美后未归，任教于美国西北大学生理系	生理学
	李正理	1948年赴美，1953年获伊利诺伊大学植物系博士学位	云南大学生物系助教，中央研究院植物研究所助理研究员。伊利诺伊大学植物系、耶鲁大学植物系副研究员。1957年回国后，任北京大学生物系教授、植物形态学教研室主任、北京大学学术委员会委员	植物形态学
	何申	似曾留学法国	中国医学科学院基础医学研究所研究员	生物化学
	吴应祥	1958—1959年赴民主德国进修	中国科学院植物研究所研究员	园艺学、兰属植物研究
	程鸣琴		丽江省中教员，后不详	
	梅祖彤		联大生物系助教，后定居英国	

续表

毕业年份	姓名	深造经历与学术荣誉	工作经历与学术成就	研究领域及专长
1944	蔡德惠		联大生物系助教，早逝	植物分类学
	唐曜曦		不详	
	刘治国		河南师范大学教授	
	戴广述		译员从军，经历不详	
1945	马毓泉 P	1950 年毕业于北京大学研究生院，获硕士学位	北京大学植物系助教、讲师，内蒙古大学讲师、副教授、教授	植物分类学
	殷汝棠 N		云南大学生物系助教，地下党员，此后投身于党政工作，担任过北京人大常委会委员	
	刘月影		中国科学院水生生物研究所，职务不详	
	陈自重		不详	
	杜继彦		马来西亚峇株巴辖华仁中学教员	
	王应天	1952 年毕业于北京大学理科研究所	似先后在北京大学生物系、中国科学院上海细胞研究所工作，职务不详	胚胎学、生殖内分泌学
	孟庆哲		联大生物系助教，北京大学动物系助教、讲师，后调任中央宣传部科学处，1976 年后任陕西师范大学生物系副主任	
	沈圆		北京药品检验所研究员	药物学
1946	孙德芬		不详	
	陈宁生		中国科学院动物研究所研究员	昆虫学、动物行为学

附录三

清华生物学系毕业研究生走向

毕业年份	姓名	深造经历与学术荣誉	工作经历	研究领域
1936	萧承宪	1938—1939年美国宾夕法尼亚大学进修	西南联大生物系教员，云南大学生物系讲师、教授	细胞生物学
1943	张友端	1943年清华理科研究所生物学部硕士、1950年英国剑桥大学生物化学博士	中国科学院上海生理生化研究所研究员	生物化学
	梅镇安		北京大学生物学系教授	生物物理学
1947	陈培生	1947年赴瑞士苏黎世大学攻读，获博士学位	1954年任瑞士苏黎世大学动物学系讲师，1968年担任教授，1988年退休	生物化学
1949	陈宁生		中国科学院动物研究所研究员	昆虫学、动物行为学

附录四

1952 年院系调整时清华生物学系教职员名录

职别	姓名	性别	年龄	籍贯
教授兼主任	陈桢	男	58	江苏邗江
教授	李继侗	男	55	江苏兴化
教授	崔之兰	女	48	安徽太平
教授	赵以炳	男	42	江西南昌
教授	沈同	男	41	江苏吴江
兼［任］教授	张肇骞	男	51	浙江永嘉
兼任副教授	陈阅增	男	38	河南灵宝
讲师	沈善炯	男	43	浙江嘉兴
讲师	梁家骥	男	34	河南光山
名誉讲师	于振周	男	61	北京
助教	李建武	男	30	江苏淮阴
助教	臧文娣	女	31	河北清苑
助教	段金玉	女	26	河北保定
助教	汪安琳	女	26	江苏苏州
助教	乔曾鉴	男	41	河南新野
助教	蔡益鹏	男	27	江苏扬州
书记	赵润良	男	41	北京

续表

职别	姓名	性别	年龄	籍贯
书记	刘燕祥	男	25	北京
技术员	张瑞清	男	39	北京
技术员	孔世培	男	37	北京
熟练工	董元忠	男	48	山东济南
熟练工	堵桂林	男	39	北京
熟练工	吴德明	男	29	河北雄县

后记

　　本书是在我的博士论文的基础上完成的，试图对民国年间特色鲜明、成就突出的清华大学生物系做一个系统深入的考察，以期让人们对当时国内高等生物学教育，尤其是一群颇负使命感的学者如何克服艰难，教书育人，为祖国生命科学的发展奋斗不息有更多的了解。希望引发人们为更好地发展生物学高等教育进行必要的思考，并为今天提供某些启发和借鉴。虽然笔者也曾孜孜以求，但限于自身学养水平，自知很难如愿，就当抛砖引玉的一种粗浅尝试吧！

　　本书的写作，笔者荣幸得到中国科学院自然科学史研究所内外不少师长的指教，尤其是几位国立清华大学生物学系的亲历者。已是耄耋之年的陈守良教授、蔡益鹏教授、汤彦承教授、汪劲武教授接受了我的当面访谈或数次电话采访，为我展示了那个时代读书求学的真实面貌，对我提出的问题也一一给予详尽的解答。汤彦承教授、汪劲武教授和方天祺教授还以书信的方式详细回答了我提出的问题。在此谨对几位先生的热心、慷慨的帮助致以诚挚的谢意。

　　在文献资料的搜集查阅过程中，我得到清华大学档案馆朱俊鹏老师、中国科学院自然科学史研究所图书馆孙显斌馆长、上海交通大学校史馆姜玉平博士、四川绵阳一中冯永康老师、深圳大学郑鑫女士、南京大学校史馆牛力副研究员、中国科学院自然科学史研究所张钫博士，以及清华大学图书馆、国家图书馆和国家科学图书馆工作人员等提供的帮助，易社强（John Israel）教授和饶佳荣先生在我询问疑难时给予热心回答，在此一并深表感谢。

徐丁丁

2020 年 6 月